AF316445

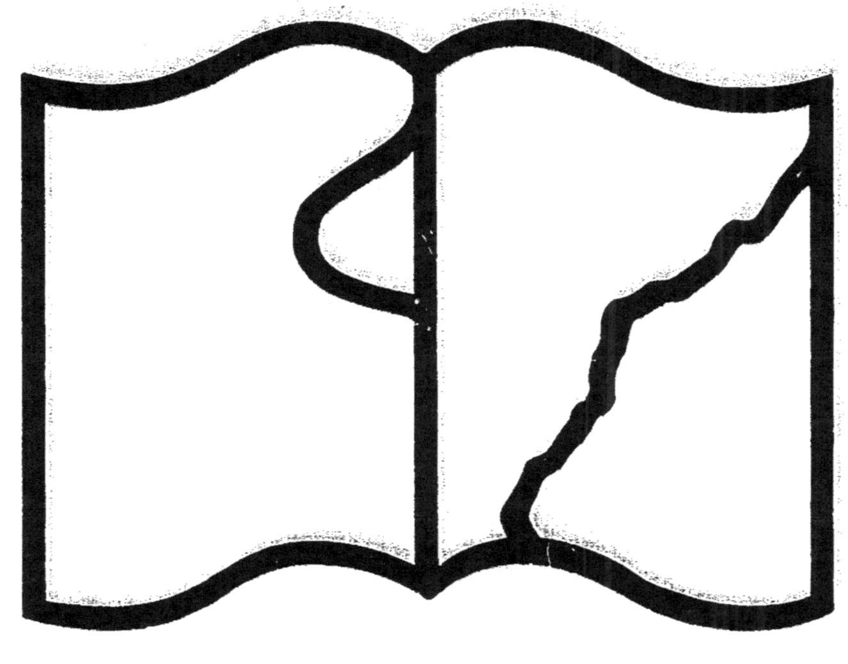

Texte détérioré — reliure défectueuse

NF Z 43-120-11

DU MÊME AUTEUR

CUISINE CLA

CUISINE ARTIS

CUISINE DE TOUS

TROISIÈME ÉDITION

ÉTUDE

SUR LA

NATURALISATION

Corbeil. — Typ. et Stér. de Crété.

ÉTUDE

SUR LA

NATURALISATION

EN DROIT ROMAIN

CIVIL ET DANS LE DROIT DES GENS

précédée d'un

EXPOSÉ SUR LA CONDITION POLITIQUE DES PERSONNES A ROME

PAR

Constantin J. STOICESCO

DOCTEUR EN DROIT DE LA FACULTÉ DE PARIS

LAURÉAT DE ROUMANIE (MÉDAILLE D'ARGENT)

AVOCAT

PARIS

A. MARESCQ AÎNÉ, LIBRAIRE-ÉDITEUR

20, Rue Soufflot et rue Victor-Cousin, 17

1876

DROIT ROMAIN

DE LA CONDITION DES PERSONNES

AU POINT DE VUE DE LA CIVITAS

ET DE LA NATURALISATION A ROME

Usu Urbis prohibere peregrinos ... inhumanum est.   CICÉRON.

GÉNÉRALITÉS.

La distinction entre les citoyens et les étrangers, au point de vue des droits civils et politiques, ne fut jamais mieux accusée dans une société, que chez les Romains. Il fut un temps où celui qui n'était pas citoyen n'avait chez les Romains aucune espèce de droit. De là résultait cette fierté nationale ; de là, cet orgueil qui caractérisait le peuple romain ; de là leur égoïsme, si bien exprimé par ces trois mots, qui à eux seuls signifient tant de choses : *Civis Romanus sum.*

La *civitas Romana* conférait aux citoyens des droits politiques et des droits civils. Dans l'ordre politique, les *cives* avaient ce qu'on appelait le *jus suffragii*, c'est-à-dire le droit de participer aux comices ou le droit de participer aux élections ; en second lieu, ils avaient le *jus honorum*, en d'autres termes, le droit d'aspirer aux fonctions publiques : ces fonctions, gratuites en principe, s'appelaient *honores* ou *magistratus*.

Mais ce qui caractérise essentiellement la *civitas*, ce sont les avantages qu'elle offrait aux citoyens, au point de vue des droits civils ; dans le domaine civil, la *civitas* conférait le *jus commercii* et le *jus connubii*. Du *commercium* dérivait pour les citoyens le droit de figurer dans la *mancipatio*, espèce de vente solennelle très-usitée et très-estimée chez les Romains ; de là dérivaient aussi les droits de succéder et de faire son testament, *jus hereditatis legitimæ* et *jus factionis testamenti* ; enfin le *commercium* conduisait à la propriété quiritaire, *dominium ex jure Quiritium*, dont nous aurons à donner de plus amples explications au cours de ce travail.

Pour la vie privée, le *connubium* était encore plus intéressant ; c'était le droit de contracter le mariage, produisant les effets reconnus par la loi ; or, ce droit n'appartenait qu'aux citoyens romains : *Connubium habent cives Romani cum civibus Romanis*, dit le jurisconsulte Ulpien. Du *connubium* dérivait la *patria potestas*, droit de puissance paternelle accordé au père sur ses enfants légitimes ; de là provenait l'*agnatio*, droit de parenté qui réglait la succession de ceux qui étaient morts sans testament ; enfin le *connubium* impliquait le *jus sacrorum*, d'où résultait le droit d'avoir un culte domestique et de participer au culte public, et nous savons quel respect religieux et quelle importance attachaient les Romains à leurs pénates.

La *civitas* présentait aussi des priviléges d'un second

ordre : ainsi elle donnait aux citoyens le droit d'en appeler au peuple contre la sentence du magistrat ; ce droit, connu sous le nom de *jus provocationis*, remonte jusqu'aux temps les plus anciens de la législation romaine ; Cicéron, d'après les livres des pontifes, place son origine à l'époque des premiers rois : « *Provocationem a regibus fuisse, declarant pontificii libri* (1). » La loi Valéria *de Provocatione* consacra ce droit dès la première année de la République (2). Puis vient la loi Porcia, deux siècles avant l'ère chrétienne, qui protégeait les citoyens contre certains genres de peines, comme la flagellation ; aussi voyons-nous Cicéron accuser Verrès (3), entre autres choses, d'avoir battu de verges le citoyen Gavius sur le marché public de Messine. Enfin, sans compter toutes les incapacités civiles dont les étrangers étaient frappés, et que nous ferons mieux ressortir en nous occupant des pérégrins, nous remarquerons ici que les Romains ont tout fait, pour que la ligne de démarcation entre les citoyens et les étrangers soit bien tranchée. Ainsi, ils avaient défendu aux étrangers d'emprunter les noms des familles romaines ; ils sont allés même plus loin : ils avaient défendu aux étrangers de porter le costume des citoyens, afin que rien ne pût établir une confusion même apparente entre les citoyens et les étrangers : il est certain que les *peregrini*, du moins sous la République (4), ne pouvaient pas porter la toge.

Tous ces priviléges appartenant exclusivement aux

(1) Cicéron, *de Republica*, II, 31.
(2) Cette loi Valéria fut proposée par Valérius Poplicola, l'an 509.
(3) Mayuz, *Droit romain*, I, 83. — Troisfontaines, *Antiquités romaines*, I, p. 151 et suiv.
(4) Giraud, *Histoire du Droit romain*, 113.

citoyens romains, et l'importance qu'on y attachait, justifient assez la valeur inappréciable du titre de *civis Romanus* et la nécessité de distinguer soigneusement entre les *cives* et les *peregrini*.

Mais la condition fâcheuse dans laquelle se trouvaient les pérégrins à l'origine était incompatible avec le degré de civilisation auquel arrivèrent plus tard les Romains. Leurs amis, leurs alliés demandèrent le droit de cité. On commença par l'accorder à quelques villes du Latium; puis vint la guerre Servile, et ensuite la guerre Sociale, qui aboutirent à étendre aux habitants de l'Italie ce droit de cité réservé jadis aux habitants de Rome et de ses environs. Enfin, au commencement du troisième siècle de l'ère chrétienne, une constitution de l'empereur Caracalla accorda le titre de citoyen à tous les sujets de l'empire.

Ce désir des peuples de l'Italie d'obtenir la *civitas Romana*, devons-nous l'attribuer exclusivement à la perfection du droit romain, comme l'ont prétendu certains auteurs? M. de Savigny (1) repousse énergiquement cette opinion; car les Romains n'ont jamais défendu aux autres peuples de se servir, chez eux, de lois identiques à celles qui se pratiquaient à Rome. Au contraire, au point de vue politique, ils désiraient voir les peuples vaincus adopter les mœurs et les lois romaines. C'est donc probablement une autre considération qui faisait que tous ces peuples alliés ou vaincus cherchaient avec avidité à obtenir la *civitas*; d'après Savigny, cette considération se trouve dans le désir de

____

(1) Savigny, *Droit romain*, II, p. 7b.

participer aux *honneurs*, aux droits politiques des Romains. Cette opinion, fondée sur des raisons pratiques, nous semble très-ingénieuse ; elle traduit bien cette faiblesse humaine, qui a dû exister du temps des Romains comme elle existe aujourd'hui, d'aspirer aux honneurs. Mais il y avait peut-être un côté encore plus pratique de la *civitas*, pour faire d'elle un titre dont tous les étrangers étaient jaloux : c'était de pouvoir s'allier aux familles romaines, afin de partager l'éclat du nom des familles illustres et les grandes richesses des familles aisées. Cette dernière considération était même pour les Romains un stimulant puissant pour accorder la *civitas* aux étrangers ; car ils pouvaient ainsi introduire dans leurs familles les riches étrangers.

Avant d'entrer dans le développement de l'étude sur les personnes au point de vue de la cité, il est indispensable de donner certaines idées sur les personnes en général.

Des Personnes.

La personne, au point de vue juridique, c'est le sujet du droit ; car tout droit suppose nécessairement un sujet auquel il compète.

On désigne souvent par *persona* la capacité d'avoir des droits en général, ou d'exercer tel ou tel droit déterminé ; c'est ainsi que Cicéron emploie l'expression *sustinere plures personas* : ainsi le tuteur a une double personnalité, la sienne et celle du pupille qu'il représente ; le fonctionnaire réunit la personne privée et la personne publique, car il représente l'État (1).

Quelques exemples nous feront voir les conséquences importantes que produisait cette multiplicité de personnes dans un seul individu. — Ainsi, un testament peut être attaqué comme inofficieux, quand le droit des héritiers est lésé ; mais les héritiers sont censés avoir renoncé à ce bénéfice, qu'on connaissait sous le nom de *querela inofficiosi testamenti*, s'ils acceptent un avantage qui leur est assuré par ledit testament. Cependant, si nous supposons que l'héritier du *de cujus* est le tuteur d'un mineur qui se trouve être le légataire du défunt, le tuteur peut accepter le legs au nom du *pupille* qu'il représente ; et cela ne nuit point à son droit d'intenter la *querela inofficiosi testamenti* en *son propre nom. (Inst. De inofficioso testamento*, lib. II, tit. xviii, §§ 4 et 5.) Quant aux fonctionnaires publics, Cicéron nous donne un exemple frappant dans son discours *de Officio consulis :* en effet, d'après la loi Ælia Sentia, dont nous aurons l'occasion de parler plus loin, le mineur de vingt ans ne pouvait affranchir son esclave qu'après avoir prouvé devant le *consilium* une *justa causa manumissionis* (2). Cicéron suppose un consul qui n'a pas encore vingt ans ; comme consul il peut affranchir, mais comme mineur il ne le peut pas : « Consules apud se servos suos manumittere posse, nulla dubitatio est. Sed si evenerit, ut minor XX annis consul sit, apud se manumittere non poterit, cum ipse sit qui ex senatus-

---

(1) Cicér., *de Orat.*, II, 24 : « *Tres personas unus sustineo summa animi æquitate : meam, adversarii, judicis.* »

(2) Instit., § 4, *Qui quibus in causis manumittere non possunt*, liv. I, tit. VI.

consulto consilii causam examinet; apud collegam vero,
causa probata, potest. »

Arrêtons-nous donc sur le sens et la signification du
mot *persona* en droit romain ! Notre savant maître,
M. Labbé, définit la personne : *l'être capable d'avoir
des droits et des devoirs ;* ou bien : *le rôle que le citoyen
est appelé à jouer dans la société,* par exemple comme
père, fils de famille, mari, tuteur, etc. Cette double
définition est donnée, à peu près dans les mêmes termes, par notre excellent et regretté professeur M. Ortolan, dans le titre des *Personnes* de son *Explication
historique.* Maynz entend par personne : *le sujet actif
ou passif du droit* (1).

En droit naturel les mots *personne* et *homme* sont
synonymes. Il n'en est pas de même dans le droit
strict, surtout dans le droit romain. D'un côté, les esclaves, quoique des hommes, n'avaient pas de droits, et
certains textes leur refusaient le titre de *persona :* ainsi
Théophile, dans sa *Paraphrase sur les Institutes,* appelle
les *servi,* les esclaves : ἀπρόσωποι, et dans la Novelle de
Théodose, tit. XVII, nous trouvons : « *Servos... quasi
nec personam habentes.* » Cependant nous croyons que
les jurisconsultes romains ne refusaient pas aux esclaves
le titre de *persona ;* de nombreux textes du Digeste et
des Institutes témoignent que les Romains entendaient
par *personne* tous les individus sans distinction, et partant de là même les esclaves ; ainsi dans la loi 215, *De
verborum significationibus,* il est dit : « *In persona servi*

(1) M. Labbé, à son cours. — Ortolan, *Explication historique du
Droit romain,* I, p. 405. — Maynz. *Explication du Droit romain,* I,
p. 289.

dominium..... » et le « principium » de la loi 22 *de Reg. juris* contient ces mots : « *In personam servilem nulla cadit obligatio.* » En outre, la vie de l'esclave était protégée par des règles qui n'ont jamais été applicables aux animaux et aux choses : le meurtre d'un esclave était dernièrement puni comme celui d'un homme libre. L'esclave pouvait s'obliger par son délit : *injuriam fecisse dicitur* ; et plus tard, quand on eut reconnu que l'esclavage était contre le droit naturel, une institution *contra naturam*, comme dit Gaïus, on admit que suivant le droit naturel l'esclave pouvait devenir débiteur ou créancier même de son maître (loi 32, Dig., liv. L. tit. xvii). Enfin le titre *De statu hominum* (Dig., liv. I, tit. v) divise les *personnes* en *libres* et *esclaves* ; cela veut dire que l'esclave, *servus*, est une subdivision, une particularité de la *personne* (1). Savigny et Maynz partagent cette opinion. M. Accarias, dans son excellent ouvrage sur le Droit romain, cherchant une conciliation entre ces textes de nature différente, pense que *logiquement*, « strictissimo jure, » les Romains, considérant les esclaves comme l'objet d'un droit de propriété, devaient nécessairement les ranger parmi les *res* ; mais que, le *bon sens* l'ayant emporté sur la logique, on a reconnu à l'esclave sa *personnalité*, à plusieurs points de vue, notamment en matière testamentaire.

D'un autre côté, on a étendu le principe du droit naturel, en donnant la qualité de personne à des êtres qui

(1) Théophile, *Paraphr.*, ad § 2, 1, *De hered. instituendis.* — Instit. II, 15. — Accarias, *Droit romain*, I, p. 63. — Savigny, II, p. 31, note *d*. — Maynz, I, 287. — Labbé, à son cours, année 1874. Gaïus, *Com.* I, §§ 120 et suiv.

n'ont qu'une existence fictive ou juridique : ce sont les *personnes morales*, des personnes qui n'ont pas une individualité concrète ; tels étaient les temples ou les églises, les cités, etc. Nous ne trouvons pas de terme propre dans les textes romains ; une loi du titre *de Fidejussoribus* (1) dit que ces personnes sont fictives, de conception juridique, *personæ vice funguntur ;* dans les Institutes il n'en est pas même question, et quand on parle de personnes, on entend les personnes réelles, les personnes physiques. Mais il est incontestable que les Romains ont connu des personnes morales, qui généralement étaient des collectivités d'individus répondant à un but déterminé, comme l'église ou un établissement de charité. Ce qui est aussi certain, c'est que les jurisconsultes romains avaient posé le principe, qu'une personne morale ne peut exister que par la volonté du législateur (2) : « *Ex senatusconsulti auctoritate vel Cæsaris,* » dit le jurisconsulte Marcianus (3).

Notre sujet n'embrasse pas les personnes morales ; par conséquent, nous ne pouvons pas en dire davantage. Mais disons un mot sur les personnes physiques.

Des Personnes physiques.

Pour qu'un individu soit capable d'avoir des droits et des devoirs, pour qu'un individu puisse avoir la qualité de *persona*, il faut qu'il soit né *vivant*. Paul, dans son

(1) L. 22, *De fidejuss.*, Dig., liv. XLVI, tit. v.
(2) L. 3, § 1, Dig., *De collegiis et corporibus*, liv. XLVII, tit. xxii.
(3) Labbé, à son cours, année 1874.

livre Ier, *ad legem Juliam et Papiam*, dit : « *Qui mortui nascuntur, neque nati, neque procreati videntur...* » (Loi 129, *De verb. sign.*, Dig., liv. L, tit. xvi). Paul a soin d'ajouter *neque procreati ;* car, par dérogation aux principes et pour favoriser l'enfant conçu, on le supposait déjà né, et on invoquait pour lui des droits ; ces droits restaient provisoirement suspendus jusqu'à la naissance de l'enfant, car il fallait que l'enfant naquît *vivant*. De là, ce brocard si connu et dont on fait très-fréquemment usage, même aujourd'hui : « *Infans conceptus pro nato habetur, quoties de commodis ejus agitur* (1). »

Il faut, en outre, que les enfants qui naissent aient la forme humaine, comme nous dit Paul dans ses *Sentences :* « *Non sunt liberi, qui contra formam humani generis converso more procreantur.* » (L. 14, Dig., *De statu hom.*, I, v.) Donc les monstruosités ne comptent pas pour personnes : « *Non sunt liberi... si mulier monstruosum aliquid, aut prodigiosum enixta sit.* » Les irrégularités plus ou moins grandes de conformation ne privent pas l'individu de la qualité de personne.

Mais à quel signe reconnaître les monstres ? Certains commentateurs, fondés sur une loi tout à fait étrangère à cette matière (la loi 44, *De religiosis*), ont soutenu que c'est la tête qui est le signe caractéristique pour reconnaître les monstres : «... *Caput, cujus imago fit, inde cognoscimus* (2). » Maynz repousse avec raison cette opinion ; car la loi romaine, parlant de *partus monstruosus*, dans le titre *De statu hominum*, ne dit rien sur ce point.

---

(1) Ce principe est formulé dans d'autres termes, dans la loi 231 *De verb. sign.*, (Dig. L).

(2) Loi 44, *De relig.*, Dig., liv. XI, tit. vii.

Donc, pour invoquer la qualité de personne, il faut que l'enfant naisse *vivant* et ayant la *forme humaine*. Mais faut-il ajouter, comme troisième condition, que l'enfant naisse *vitalis*, c'est-à-dire viable ? On a soutenu cette opinion, en se basant sur la loi 12, *De statu hominum*, qui exige six mois écoulés après le mariage, pour que l'enfant soit légitime. Paul cite l'opinion d'Hippocrate : « *Septimo mense nasci perfectum partum, jam receptum est propter auctoritatem doctissimi viri Hippocratis ; et ideo credendum est eum, qui ex justis nuptiis septimo mense natus est, justum filium esse.* » Cependant il n'y a pas à tirer argument de cette loi, car elle est relative à la *légitimité* et non pas à l'*existence* de l'enfant. Certaines autres lois, au contraire, n'exigent pas cette condition ; du reste, la question avait été longtemps agitée entre les Sabiniens et les Proculéiens : les Sabiniens exigeaient que l'enfant fût *vitalis* ; Justinien, en 530, a rendu une constitution sous le consulat d'Oreste et de Lampadius, par laquelle il tranche la question et n'exige pas que l'enfant naisse *vitalis : « ... hoc tantummodo requirendo, si vivus ad orbem totus processit* (1). » La question est longuement discutée et avec beaucoup de talent par M. de Savigny dans son *Traité sur le droit romain*, et il décide comme Justinien, en admettant l'opinion des Proculéiens.

Ces idées générales sur les personnes sont les préliminaires nécessaires et indispensables qui devaient précéder la division des personnes au point de vue de la cité. Après avoir montré qui est citoyen romain et qui

______

(1) Loi 3, Code, *De postumis heredibus instituendis*, liv. VI, tit. xxix. Savigny, t. II, Append. II, p. 373 et suiv.

ne l'est pas, nous nous occuperons des modes d'acquisition de la cité par ceux qui ne sont pas citoyens.

Division des personnes.

La division des personnes, comme toute division, comme toute classification, est différente suivant le point de vue qu'on veut envisager. Il n'entre pas dans le cadre restreint de notre modeste travail de nous occuper de toutes les divisions qu'on peut faire sur les personnes ; nous ne prendrons que celle qui est basée sur la *civitas*.

Tous les citoyens sont libres ! Cette idée conduit naturellement à une autre : c'est qu'il y a des personnes qui n'ont pas la cité, et des personnes qui ne sont pas libres. Pour faire l'antithèse au *civis Romanus*, et pour comprendre toutes les personnes qui ne jouissent pas de la cité romaine, nous emploierons l'expression vague de *non civis*. Donc la première division des personnes au point de vue de la cité est en : *cives* et *non cives*.

Nous allons prendre chacune de ces divisions et nous allons chercher comment elles se subdivisent.

Les *cives* sont citoyens par la naissance, ou ils sont devenus citoyens. Ceux qui ne sont pas citoyens par le fait de la naissance peuvent devenir citoyens par les modes suivants : *a)* par une disposition législative ; *b)* par une faveur accordée à un peuple, à une ville, ou à un individu ; *c)* par l'affranchissement.

Les *non cives* sont esclaves, ou libres. Pas de sub-division pour les esclaves. Les *non cives* libres se sub-divisent en : *a)* *peregrini*, *b)* *Latini*, *c)* *Italici*.

Pour résumer cette division, nous croyons qu'on peut la formuler dans le tableau suivant :

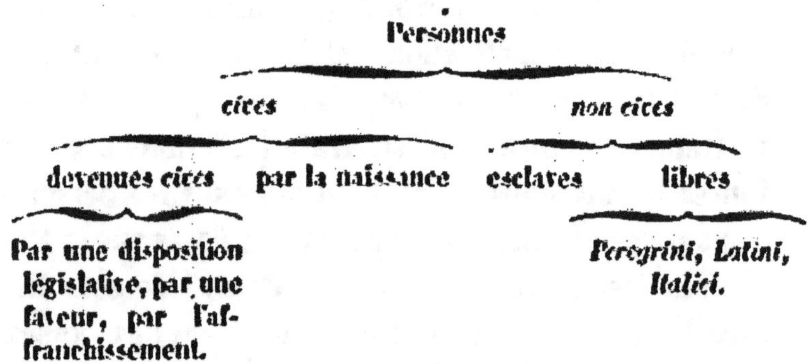

Ce qui nous importe principalement, c'est une des branches de cette division : les moyens par lesquels on arrive à la cité; mais nous ne saurions traiter ce sujet, du moins il serait peu intelligible, si nous ne donnions pas des notions précises sur les autres branches de notre division. En effet, en cherchant quels sont les moyens par lesquels on peut obtenir le titre de citoyen, on est naturellement porté à se demander : Qui peut l'obtenir ? Cela nous conduit à diviser notre matière en deux parties : la première comprendra les différentes classes des personnes au point de vue de la *civitas;* dans la seconde nous montrerons quels sont les modes par lesquels les *non cives* deviennent citoyens romains.

PREMIÈRE PARTIE

DES DIFFÉRENTES CLASSES DES PERSONNES AU POINT DE VUE DE LA CITÉ.

Cette section sera divisée en cinq chapitres, correspondant chacun à l'une des classes formées par la division des personnes au point de vue de la cité. Nous parlerons donc : 1° des citoyens romains; 2° des pérégrins; 3° des Latins; 4° des Italiens; 5° des esclaves.

CHAPITRE Ier

DES CITOYENS ROMAINS (CIVES).

Les *cives Romani* étaient, comme nous l'avons dit, citoyens par le fait de la naissance, ou ils le devenaient par l'un des modes dont nous aurons à nous occuper dans la seconde section de notre travail. La qualité de citoyen, une fois acquise, devenait un titre indélébile; aucune puissance, même la volonté du peuple — juge souverain en toute autre circonstance — ne pouvait le détruire. La jurisprudence romaine, si féconde en subtilités juridiques, avait trouvé, c'est vrai, des moyens détournés pour priver une personne de la cité; mais on ne pouvait pas la lui enlever d'une manière directe :

Civitatem vero nemo unquam ullo populi jussu amittet, dit Cicéron (1). Ainsi la qualité de citoyen était, chez les Romains, plus précieuse que la vie ; on pouvait ravir à un citoyen la vie, en le condamnant à mort, mais on ne pouvait pas lui enlever, malgré lui, la qualité de citoyen.

Aussi, dans les premiers temps, il n'y avait d'autres citoyens que ceux qui étaient domiciliés à Rome, ou dans ses environs : « *Nisi qui Romæ aut in agro Romano domicilium haberent* (2). » Certains auteurs pensent qu'à cette époque primitive, même les pérégrins qui obtenaient la naturalisation, *adlecti*, devaient fixer leur domicile à Rome ou sur son territoire (3). Du reste on n'accordait cette faveur que bien rarement et avec beaucoup de difficulté ; on était avare d'un titre si précieux.

Du titre de citoyen découlaient, comme nous l'avons déjà dit, une foule de droits, l'un plus important que l'autre : le droit de contracter un mariage légitime, la puissance paternelle, les droits de succession active et passive, le droit de faire partie de la milice légionnaire, de participer aux honneurs du sacerdoce et du suffrage ; tout cela était le privilége attaché à la qualité de citoyen, l'apanage exclusif du *civis Romanus*. Aussi les Romains étaient-ils fiers de porter le titre de citoyen ; extérieurement cette fierté se manifestait par le port de ce vêtement de dessus qu'on appelait la *toge* ; les citoyens avaient seuls le *jus togæ* ; et si quelquefois on l'accordait à certains amis ou *socii*, c'était exceptionnellement et à titre honorifique (4).

(1) Cicér., *Pro domo*, 29.
(2) Tite-Live, VI, 4.
(3) Troisfontaines, *Antiquités romaines*, I, p. 178.
(4) La couleur de la toge était généralement blanche ; le plus sou-

Il y avait cependant du plus et du moins dans l'étendue des priviléges qui se rattachaient à la cité romaine. On distingue généralement quatre classes, d'après l'étendue des droits qui leur sont accordés. Sans trop insister, nous devons cependant nous arrêter une minute sur cette classification, et donner brièvement quelques notions sur chacune d'elles.

1° En premier lieu se placent les citoyens qui avaient tous les droits que nous avons énumérés; ce sont les *cives optimo jure*, connus sous le nom générique de *Quirites*. On fait dériver ce nom de la lance primitive, *quiris*, qui était l'arme distinctive des Romains; à l'origine tous les citoyens étaient armés de cette lance : c'était ainsi qu'ils allaient dans les comices, c'était ainsi qu'ils allaient au-devant de l'ennemi. Les citoyens de cette première catégorie avaient le *jus Quiritium*, synonyme de *jus civitatis* plein et entier; rien n'y manquait.

2° En second lieu venaient les *Cærites* ou *ærarii*, ayant des droits moins étendus que les *Quirites* ; ceux-ci n'avaient ni le *jus honorum* ni le *jus suffragii*. On place l'origine des Cérites à l'époque de l'invasion des Gaulois ; Rome étant prise, grand nombre des citoyens, surtout des prêtres et des vestales, trouvèrent un asile et un accueil amical dans la ville de Cæré. Rome accorda par reconnaissance aux habitants de cette ville le titre de citoyens, mais sans suffrage. L'impôt que ces nouveaux citoyens payaient n'était pas proportionnel à leurs biens, comme l'était celui des Quirites, mais une

tent elle était bordée de rouge : les riches avaient cette bordure en pourpre ; la toge foncée indiquait la pauvreté.

« capitatio », *æs pro capite*; c'est pourquoi on les appelle indifféremment *Ærarii* ou *Cærites*. Puis, ce titre devint générique et désigna tous ceux qui obtenaient la qualité de citoyen *sine suffragio* : car, comme nous le verrons par la suite, on n'accordait pas toujours la cité dans toute son étendue (1).

3° Les *proletarii* formaient une troisième classe ; c'était la classe des pauvres : ceux-ci ne payaient pas d'impôts ; mais, en revanche, ils ne pouvaient pas servir dans les légions. Or, comme pour remplir les fonctions publiques il fallait préalablement satisfaire au service militaire dans les légions, c'était interdire par là aux prolétaires l'accès des hautes dignités ; bref, ils n'avaient pas le *jus honorum*. Quant au *jus suffragii*, ce n'était qu'un droit illusoire pour les prolétaires ; car ils étaient tous relégués dans une seule centurie. Plus tard, après la guerre de Tarente, ils eurent en droit les mêmes priviléges que les *cives optimo jure*, mais en fait ils restèrent toujours ce qu'ils avaient été à l'origine.

4° Enfin les *nexi* formaient une quatrième classe : leur nom vient de *nexum*, contrat. Ceux-ci étaient des citoyens qui, ayant contracté une dette, avaient engagé la liberté de leur personne pour le cas de non-payement. Si à l'échéance l'obligation n'était pas exécutée, le créancier s'emparait de son débiteur, et l'employait à des œuvres serviles : *Nexus servi loco est*. Ainsi, comme le fait remarquer un savant allemand, Rein (2), les *nexi* ne jouissaient en fait d'aucun des droits qui dérivaient de la qualité de citoyen. Plus tard, une loi

(1) Troisfontaines, *Antiquités*, 166.
(2) Rein, *Privatrecht der Römer*, pp. 652 et suiv.

Petelia, dont la date est inconnue, déclara nul tout contrat de prêt, qui conduisait par ses clauses à ce fâcheux résultat : *cautum ne in posterum necterentur* (1).

Il est bon de remarquer qu'en parlant de citoyens, nous entendons par là ceux qui ont la plénitude des droits, les *cives optimo jure.*

Voyons maintenant qui était citoyen romain par le fait de la naissance. Dans cette catégorie nous devons ranger l'enfant né du mariage légitime d'un citoyen romain avec une citoyenne romaine ; nous faisons ici l'application d'un principe général posé par Ulpien (2) : « *Connubio interveniente, liberi semper patrem sequuntur.* » Ceci est très-simple ; mais, voici ce qui est un peu plus compliqué : Ulpien pose un autre principe général qui fait le pendant du précédent : « *Non interveniente connubio, matris conditioni accedunt (liberi)* ; » de là, on devrait conclure que : si un pérégrin, n'ayant pas le *connubium*, a un fils d'une *civis Romana*, l'enfant devrait être Romain comme sa mère. Cependant une loi *Mensia* décida que l'enfant naît pérégrin : « *Ex alterutro peregrino natum deterioris parentis conditionem sequi jubet.* » D'après M. Demangeat (3) il n'y a que ce fragment d'Ulpien qui parle de cette loi *Mensia* ; aussi, Puchta pense que son vrai nom doit être *Ælia Sentia* ; mais quel que soit son nom, la règle qu'elle établit est certaine.

Un passage de Gaïus (4), qui malheureusement ne nous est parvenu que très-incomplet, fait allusion probable-

---

(1) Troisfontaines, *Antiquités romaines*, 171.
(2) Ulpiani, *Regulæ*, V, 8.
(3) Demangeat, *Droit romain*, I, p. 170.
(4) Gaïus, *Commentaires*, I, § 79.

ment à cette loi *Mensia*, ou *Ælia Sentia*, dont nous avons parlé, et il est dit que : « *Ad alios Latinos pertinet, qui proprios populos propriasque civitates habebant, et erant peregrinorum numero.* » C'est ainsi que se termine le § 79 (liv. I) de Gaïus. D'où M. Demangeat se croit autorisé à soutenir que la loi *Mensia* s'appliquait seulement aux *Latini veteres* et aux pérégrins proprement dits : car, comme nous le verrons par la suite, il y a aussi des Latins d'une autre condition, comme les *Latini Juniani* et les *Latini coloniarii*. Eh bien, le § 80 de Gaïus fait allusion au mariage d'un *Latinus (coloniarius)* avec une *civis Romana*, et décide que l'enfant issu de ce mariage sera *civis Romanus* : « *Eadem ratione ex contrario, ex Latino et cive Romana qui nascitur (?) civis Romanus nascitur.* » Du reste, c'est ce qui est décidé par un sénatus-consulte de l'empereur Adrien.

Mais le père, ou la mère, qui transmet à l'enfant sa condition, peut changer d'état dans l'intervalle qui s'écoule entre le moment de la conception et la naissance de l'enfant. En pareil cas, on peut se demander : Quelle sera la condition de l'enfant ? Nous ferons ici l'application du principe, qui régit ce point, en matière d'esclavage ; seulement, au lieu de supposer que le père, ou la mère, devient esclave, nous supposerons qu'il est devenu pérégrin. Voici quelle est la décision donnée par Ulpien : « Si c'est le père qui transmet à l'enfant sa nationalité, — ce qui arrive toutes les fois qu'il y a *justæ nuptiæ* entre les parents de l'enfant, — on considère la condition du père au moment de la conception : « *In his, qui jure contracto matrimonio nascuntur, conceptionis tempus spectatur* (1). » Que si, au contraire, c'est la mère qui transmet à l'enfant sa condition et sa nationalité, — ce qui arrive quand il n'y a pas de *connubium* entre elle et le père de l'enfant, — on regarde le moment de l'accouchement : « *In his autem, qui non legitime concipiuntur, editionis tempus spectatur,* » dit Ulpien.

Gaius fait, dans son *Commentaire*, plusieurs applications de cette idée. Ainsi, il suppose qu'une citoyenne romaine, pendant la gestation, devient pérégrine, ayant perdu la cité par suite d'une condamnation pénale. Eh bien, l'enfant suivra la condition qu'avait son père au moment de la conception ; il sera, par conséquent, citoyen romain : « *Si cui mulieri civi Romanæ (?) prægnanti aqua et igni interdictum fuerit, eoque modo, peregrina fiat, et tunc pariat, complures distinguunt et putant, siquidem ex justis nuptiis conceperit, civem Romanum ex ea nasci ; si vero vulgo conceperit, peregrinum ex ea nasci* (2). »

Plus loin, Gaius fait une autre application de la même idée : il suppose qu'une pérégrine devient citoyenne romaine durant la gestation ; au moment de l'accouchement, elle est *civis Romana* ; alors, l'enfant sera citoyen romain, *si vulgo conceperit.* Si, au contraire, elle était valablement mariée à un pérégrin, d'après la loi de leur pays, quoique ce mariage ne dût pas produire d'effet aux yeux de la loi romaine, néanmoins un sénatus-consulte de l'empereur Adrien décida que l'enfant serait pérégrin (3).

Cela suffit, croyons-nous, pour indiquer quels indi-

(1) Ulpiani Fragmenta, *De his qui in potestate sunt,* tit. v, § 10.
(2) Gaius, Comment., I, § 90.
(3) Id., ibid., § 92.

vidus sont citoyens romains par le fait de la naissance. Ceux-ci sont les citoyens romains par excellence : *optimo jure cives*. On les appelle « ingénus » *ingenui*, ce qui veut dire qu'ils n'ont jamais porté le joug de la servitude ; — peu importe, du reste, si les parents de cet enfant ont été eux-mêmes libres et citoyens dès leur naissance, ou ne sont devenus citoyens que par la suite ; c'est ce qui est dit dans une constitution de Gordien : « *Ingenui sunt, qui matrem habuere liberam ; nec solum si ex ingenua, sed et quod ex liberta muliere nascitur.* » Nous allons voir maintenant quels sont les individus qui ne sont pas citoyens romains de naissance, et qui ne peuvent devenir citoyens que par un fait postérieur.

CHAPITRE II

DES PÉRÉGRINS (*PEREGRINI*).

Anciennement, le mot *peregrinus* avait chez les Romains un double sens.

Dans un sens très-large, on entendait par « pérégrins » tous ceux qui n'étaient pas citoyens romains ; on faisait ainsi au point de vue de la cité une distinction *per saltum et omisso medio*, en mettant d'un côté les *cives*, et de l'autre côté les *peregrini*. Ainsi, *lato sensu*, le mot « pérégrin » comprend : d'abord ceux qui n'ont aucune capacité de droit, c'est-à-dire les esclaves ; et puis, d'un autre côté, les membres des nations qui n'ont aucune relation avec le peuple romain (1). Cicéron et Varron enseignent

(1) Savigny, II, p. 37, liv. II, chap. II, § 66.

que, dans l'ancienne langue latine, le mot *hostis* servait aussi pour désigner les étrangers en général ; ce n'est que plus tard que *hostis* prit la signification spéciale pour désigner ceux avec lesquels le peuple romain était en guerre, avec lesquels il avait une guerre légitime (*justum bellum*) (1).

Dans un sens plus étroit *peregrinus* désignait celui qui n'avait pas la capacité du *jus civile*, mais qui avait la capacité du *jus gentium*. Un passage de Marcien, dans le Digeste, en fait la mention dans les termes suivants : « *Item quidem ἄπολις sunt, hoc est : sine civitate, ut sunt in opus publicum perpetuo dati, et in insulam deportati, ut ea quidem quæ juris civilis sunt non habeant, quæ vero juris gentium sunt habeant* (2). » Savigny pense que c'est une règle générale, que la fin de cette loi s'applique à tous ceux qui n'ont pas le *jus civitatis* ; le mot « déporté » se trouve ici par rapport à la matière, *ratione loci*, car c'est dans le titre *de Pœnis* ; mais aucune raison ne s'oppose à appliquer la même règle à ceux qui n'ont pas la cité et qui ne l'ont jamais eue, comme à ceux qui n'ont pas la cité parce qu'ils l'ont perdue par une condamnation pénale (3).

La pérégrinité n'avait rien de dégradant pour certaines personnes ; les premiers Romains, entourés de peuples aussi puissants qu'eux, reconnaissaient même une sorte d'égalité entre eux et les étrangers voisins : ainsi, Festus fait dériver le mot *hostis* de *hostire*, qui est synonyme d'*æquare* ; or, nous savons que *hostis* roulait

(1) Cicer., *de Officiis*, I, ch. xii. — Varro, *De lingua latina*, lib. V, §3.
(2) L. 17, § 1, *De pœnis*, Dig., liv. XLVIII, tit. xix.
(3) Savigny, *Droit romain*, II, p. 37.

dire anciennement « pérégrin ». Aussi, même plus tard, il y eut des pérégrins qui ne rougissaient pas de ce titre ; ce sont : 1° avant la constitution de l'empereur Antonin Caracalla, les habitants de presque toutes les provinces de l'empire ; 2° les membres des nations qui entretenaient avec les Romains des relations amicales.

Au contraire, il y en avait d'autres, pour lesquels la pérégrinité avait quelque chose de déshonorant, de dégradant. Ce sont : 1° ceux qui avaient subi (étant Romains) une condamnation emportant la perte de la cité, et qui, par conséquent, n'ayant plus le *jus civitatis*, sont au nombre des pérégrins ; 2° les *déditices*, dont nous aurons l'occasion de parler plus loin, quand nous nous occuperons des affranchissements, parmi les modes d'acquisition de la cité. Ulpien, à propos du droit de faire le testament, dit pour ces derniers : « *Is qui dedititiorum numero est ...nec quasi civis Romanus testari potest, QUUM SIT PEREGRINUS, nec quasi peregrinus, quoniam nullius civitatis civis est...* (1) » Ces deux catégories de pérégrins étaient, parmi les *peregrini*, ce que les *servi sine domino* étaient parmi les esclaves : aussi, quand on parle de pérégrins en général (2), on se rapporte aux deux premières classes dont nous avons parlé.

Mais quelle était au juste la condition des pérégrins ? La *civitas* étant le privilége exclusif des citoyens romains, les pérégrins ne jouissaient pas du *jus civile* et des avantages qui en étaient la conséquence. Chez eux, dans leur pays, ils invoquaient leur droit national ; mais à Rome, les pérégrins ne pouvaient invoquer que le *jus*

______
(1) Ulp. xx, 14.
(2) Savigny, II, 37, note *c*.

gentium, qui est défini par Cicéron : « *quod naturalis ratio inter omnes homines constituit* (1). » Leurs propriétés, leurs obligations, leurs mariages, n'étaient pas protégés par ces garanties efficaces que le droit avait établies pour la sauvegarde des citoyens romains. Dans le principe, d'après le témoignage de Tite-Live et de Cicéron, les pérégrins ne pouvaient obtenir aucune protection à Rome, s'ils n'avaient pas cherché à se mettre sous le patronage de quelque citoyen romain (2). Sous la République surtout, la condition des pérégrins à Rome était très-fâcheuse : ils n'avaient aucune des capacités civiles des citoyens ; ils ne pouvaient jamais se marier avec une Romaine légitimement, et par conséquent ils ne pouvaient pas exercer la *patria potestas* sur les enfants issus de leur union ; ces droits étaient l'apanage des *justæ nuptiæ* et les pérégrins n'avaient pas le *connubium.* Si le pérégrin affranchissait son esclave, il n'avait pas les droits dérivant du patronage. Ils étaient exclus activement et passivement de toute succession ; leurs biens tombaient en déshérence, à moins qu'ils n'eussent fait choix d'un citoyen romain pour patron ; et dans ce dernier cas, les biens, au lieu de venir au fisc, étaient recueillis par ce patron. Le pérégrin ne pouvait jamais porter la toge, ni emprunter le nom d'une famille romaine ; des peines sévères étaient édictées contre les pérégrins qui contrevenaient à ces dispositions.

Notre illustre maître, M. *Charles Giraud* (3), a tracé

(1) Cicéron, *De legibus,* I, 5, 6. Isidore, *Origines,* V, 6 : « ..... Inde *jus gentium, quod eo jure omnes gentes utuntur.* » Mayoz, t. I, p. 126, § 33, note 16, et § 39, note 2.

(2) Tite-Live, XLIII, 20. Cicéron, *Divinatio in Cæcilium,* 20.

(3) Giraud, *Histoire du Droit romain,* p. 113.

avec beaucoup de talent, dans son travail sur l'histoire
du droit romain, la condition peu avantageuse qu'on
avait créée aux pérégrins à Rome. Il paraît que les pérégrins, dans certaines circonstances, pouvaient être
chassés de la ville ; on pouvait même les battre de
verges ; car la loi *Porcia*, qui défendait les verges, ne
protégeait que les citoyens romains. Mais à mesure que
les relations des Romains avec les étrangers devenaient
de plus en plus fréquentes, on recula les limites du droit
des gens, et on constitua même une autorité judiciaire,
chargée de rendre la justice aux étrangers ; c'était le
Prætor peregrinus.

Puisque nous venons de nommer ce magistrat, il est
nécessaire de dire quelques mots sur son institution (1).
Joannes Lydus, et d'après lui Maynz et Ortolan, placent
la création du préteur des pérégrins à l'an 507 : à cette
époque la soumission de l'Italie était un fait accompli ;
les étrangers venaient à Rome en masse, comme dit
Pomponius : « *Multa turba peregrinorum in civitatem ve-
nerat ;* » ils venaient là, en effet, pour exercer les professions mercantiles et les arts, que les Romains dédai-
gnaient, trop fiers de leurs succès et de leur bravoure
militaire ! Or, la présence de tant d'étrangers à Rome
donnait lieu à des contestations, qui avaient leur raison
d'être, non-seulement dans les rapports de ces étrangers entre eux, mais encore dans leurs rapports avec les
citoyens romains.

L'opportunité d'une institution nouvelle se fait tou-

___

(1) Voici comment s'exprime Lydus : « Ἐπὶ δὲ τῷ πρώτῳ καὶ δευτέρῳ τῶν βασιλέων τρόπῳ προσελήφθη Πραίτωρ, ὥστε τοῖς ξένοις δικάζειν (*De magistr.*, I, 38, 5). Maynz, *Droit romain*, I, p. 66, § 27, et note 13. Ortolan, *Histoire du Droit romain*, t. I, p. 191.

jours sentir par les nouvelles exigences sociales. Il fallait donc un juge pour rendre la justice aux étrangers, qui, d'après les lois romaines, manquaient de toute protection. Dans ce but, on institua le préteur des pérégrins. Honorifiquement, ce magistrat avait la même dignité que le préteur de la ville, *prætor urbanus*, à part quelques petites nuances : par exemple, le préteur urbain avait des licteurs, tandis que le préteur pérégrin n'en avait pas.

Revenons maintenant à l'idée que nous avons énoncée, pour prouver que les pérégrins n'étaient pas protégés dans leurs droits comme les citoyens. D'abord les pérégrins ne pouvaient pas avoir la pleine propriété sur une chose, comme les citoyens romains ; le *dominium ex jure Quiritium* était exclusivement réservé à ces derniers. Le *jus Quiritium* n'est autre chose que le *jus civitatis* ; cependant cette assertion a été contestée. Certains auteurs, fondés sur quelques passages de Pline le Jeune (1), ont prétendu que le *jus Quiritium* contenait quelque chose de plus que le *jus civitatis* ; d'autres ont soutenu l'idée, moins admissible, que le *jus Quiritium* exprime la différence entre le *jus civitatis* et le *jus Latii*. Maynz et Ortolan ont repoussé avec raison cette prétention ; le *jus Quiritium* et le *jus civitatis* sont synonymes ; seulement le premier est une dénomination plus ancienne du droit des citoyens ; le second, une dénomination plus moderne. Ce qui le prouve, c'est d'abord un fragment de Pline l'Ancien, qui emploie l'expression de *jus Quiritium*, à propos

____

(1) Pline le Jeune, *Epist.*, X, 4, 6, 22.

d'un pérégrin qui avait obtenu la *cité* romaine. De plus, Gaïus, parlant de la succession des affranchis, dit qu'ils sont *cives* (1), parce qu'ils ont obtenu le *jus Quiritium* : « Aliquando tamen *civis* romanus... si ab imperatore *jus Quiritium consecutus fuerit*. » Il y a là une assimilation évidente entre ces expressions. Les autres jurisconsultes romains nous fournissent la même preuve ; ainsi Ulpien dit dans un passage : « Latinus *civitatem Romanam* accipit, si ab imperatore *jus Quiritium* impetraverit (2). »

Les pérégrins n'avaient pas, avons-nous dit, la pleine propriété ; mais les auteurs sont d'accord pour leur accorder ce qu'on appelle la *propriété bonitaire.*

Une parenthèse est encore nécessaire pour indiquer la différence entre ces deux genres de propriété. Cette différence, d'après l'opinion de M. Accarias, ne date pas du commencement du Droit romain :

« Un législateur, dit notre savant maître, ne consacre pas systématiquement deux sortes de propriété ; et s'il y a quelque chose d'évident, c'est que la propriété bonitaire s'introduisit par réaction contre les principes trop étroits du droit civil (3). »

Les Romains, très-formalistes et grands amateurs de subtilités juridiques, avaient attaché une importance excessive au droit de propriété. Ils avaient réservé la pleine propriété seulement aux citoyens romains, et, pour transmettre cette propriété, ils avaient imaginé une foule de formalités, que les citoyens romains seuls pou-

(1) Gaïus, Comment., III, § 72.
(2) Ulpiani Regulæ, De Latinis, tit. III, § 2.
(3) Accarias, Droit romain, I, 493.

vaient remplir. Ainsi toutes les choses *mancipii* ne pouvaient être transmises que par la *mancipatio*. Cette forme de vente était entourée de nombreuses solennités ; il y avait huit personnes qui devaient intervenir : le vendeur, l'acquéreur, le *libripens* et cinq témoins. Des paroles solennelles étaient prononcées de part et d'autre, comme dans les revendications. Il n'y a que de cette façon que la chose passait en pleine propriété entre les mains de l'acquéreur. Eh bien, si une *res mancipi* n'était pas transmise dans cette forme solennelle, l'acquéreur ne pouvait pas dire qu'il a sur elle le *justum dominium*, mais il l'avait *in bonis*. La propriété bonitaire s'acquérait par la tradition ou l'usucapion. Celui qui a la chose *in bonis* est plus qu'un possesseur ; car il commence une usucapion que personne ne peut empêcher de s'accomplir ; même celui qui a le *dominium* ne pourrait, ni enlever la chose à celui qui l'a *in bonis*, ni la retenir si par un moyen quelconque il avait recouvré la possession.

Celui qui a la chose *in bonis* est donc *propriétaire*, partant de là, il a le *jus utendi, fruendi et abutendi*, qui sont les trois attributs de la propriété. Mais, de ce que le propriétaire bonitaire n'a pas le *dominium ex jure Quiritium*, son droit est en quelque sorte restreint. Voici quelles sont les conséquences de cette restriction :

a) Le propriétaire bonitaire, ayant perdu la possession de la chose, ne peut plus intenter la revendication ; c'est tout naturel, car, n'ayant pas le *dominium ex jure Quiritium*, il ne pourrait pas prononcer les paroles solennelles, qui sont d'usage dans la *rei vindicatio :* « *Aio hanc rem meam esse ex jure Quiritium ;* » il n'a que l'action prétorienne appelée action Publicienne, qui arrive au recouvrement de la chose par un moyen détourné.

L'action Publicienne était une action *in rem*, de bonne foi, accordée dans deux cas :

1° Quand je n'ai pas le *dominium* d'une chose, je ne puis pas la revendiquer, si je perds la possession ; mais comme je l'avais reçue de bonne foi, j'aurais pu usucaper ; or, si par l'effet du hasard je perds la possession avant trois ans, je n'ai pas usucapé, mais comme j'ai un juste titre, il n'est pas équitable de perdre la chose. Le préteur a accordé une action de bonne foi, fictice, par laquelle je réclame la chose comme si j'avais usucapé.

2° Quand celui qui possède une chose, s'est absenté *reipublicæ causa*, par exemple, pour être ambassadeur, l'usucapion court à son profit, et je ne puis l'interrompre ; mais c'était peu équitable ; donc, quoique à son retour, *stricto jure*, je ne puisse pas revendiquer la chose, par des motifs d'équité l'action Publicienne me donne le droit de réclamer la chose, comme si l'usucapion ne s'était pas accomplie (1).

b) Si l'aliénateur revendique la chose, car il conserve le *dominium*, son action est fondée *stricto jure ;* le propriétaire bonitaire ne peut pas repousser la demande par une raison tirée du fond du droit, et il n'a que l'exception *rei venditæ et traditæ* dont l'insertion doit être nécessairement demandée au magistrat dans la formule : le juge ne peut pas juger autrement, si le magistrat n'a pas inséré cette exception ; il va sans dire que le magistrat ne refusait jamais de l'insérer, car elle était équitable.

(1) L. 1 pr. et § 1 : l. 7, § 8; Dig., *De Publ. in rem actione.* — Gaïus, *Com.,* IV, § 36.

c) Celui qui a la chose *in bonis* ne peut pas la transmettre par les modes civils de transmission de la propriété ; il n'a que la tradition.

d) Si la chose *in bonis* était un esclave, on ne pouvait pas le léguer *per vindicationem ;* de même, si on l'affranchissait, il ne devenait que Latin, non pas citoyen.

Comme nous le voyons par cette énumération, la différence n'était pas bien grande entre la propriété bonitaire et le *dominium.* Et encore la pratique fit, peu à peu, disparaître cette différence, introduite plutôt par des subtilités juridiques que par des raisons de droit ; de sorte que sous Justinien, quand les *res mancipi* ont perdu leur caractère particulier, le *dominium* n'est plus qu'un mot.

Quand les différences étaient encore accentuées entre le *dominium ex jure Quiritium* et la propriété bonitaire, les pérégrins ne pouvaient pas, d'après ce que nous avons dit, avoir le *dominium,* mais ils pouvaient avoir la chose *in bonis.* Ils ne pouvaient avoir le *dominium,* parce qu'ils n'avaient pas la *civitas* : ils n'avaient pas le *jus Quiritium ;* donc, ils ne pouvaient pas intervenir dans la *mancipatio* et l'*in jure cessio,* où des paroles solennelles étaient prononcées ; car ces paroles sacramentelles supposaient que celui qui les prononçait avait le *jus civitatis.*

La propriété bonitaire était de droit naturel. Théophile dans le titre V de sa *Paraphrase :* « Περὶ ἀπελευθέρων », des Affranchis, fait la distinction entre le *dominium ex jure Quiritium* et la propriété bonitaire dans les termes suivants : « Il y a aussi, comme je l'ai dit, une *propriété naturelle* (φυσικὴ δεσποτεία) et une propriété légitime (ἔννομος δεσποτεία). La propriété naturelle est appelée *in bonis* et propriété bonitaire, et la pro-

priété légitime est appelée *ex jure Quiritium...*, etc. (1). »
La propriété *in bonis* est donc la propriété naturelle, la
propriété d'après le droit naturel. Or, les pérégrins
jouissaient du *jus gentium ;* ils jouissaient du *jus
naturale ;* ils pouvaient donc avoir la chose *in bonis.*

De là, nous tirons tout de suite deux conséquences
importantes : les pérégrins jouissaient de l'*actio furti*
qui leur garantissait la chose volée ; en second lieu, ils
jouissaient aussi de l'*actio legis Aquiliæ,* pour répa-
ration de la chose endommagée ; car ces actions étaient
accordées au propriétaire bonitaire. Ces deux conséquences sont formellement exprimées par Gaïus, (IV,
§ 37) : « *Civitas Romana peregrino fingitur si eo nomine
agat, aut cum eo agatur, quo nomine nostris legibus
actio constituta est, si jmodo ustum sit eam actionem
etiam ad peregrinum extendi....* » (il donne la formule
de l'*actio furti* intentée contre le pérégrin fictivement),
puis il ajoute : *Item si peregrinus furti agat, civitas
ei Romana fingitur.* Gaïus donne la formule de l'*actio
furti* instituée contre le pérégrin ; mais il ne la donne
pas pour le cas où l'action serait intentée par le pérégrin contre le voleur. Puis, venant à l'*actio legis
Aquiliæ,* Gaïus ajoute : *Similiter si ex lege Aquilia peregrinus damni injuriæ agat, aut cum eo agatur, ficta
civitate Romana judicium datur* (2). »

Voici quant à la propriété. Prenons maintenant
les *obligations* des pérégrins. Sans doute, leurs obligations ne valaient pas *jure civili,* car ils n'étaient pas
cives ; mais elles étaient plus que des obligations natu-

_____

(1) Théoph., tit. v, § 3. Traduction, p. 162.
(2) Savigny, *Droit romain,* t. II, page 39.

relles ; elles étaient garanties par des actions. Les actions fictices calquées sur le modèle des actions civiles, étaient un moyen qui garantissait les obligations contractées entre Romains et étrangers, et les rendait efficaces. Ces actions fictices, fondées sur l'équité, étaient accordées aux pérégrins, ou contre eux, en faisant abstraction de leur qualité d'étrangers, et en leur accordant un droit de cité fictif. Du reste, les préteurs et la jurisprudence n'ont fait que lutter contre les théories étroites du droit civil ; on cherchait toujours des moyens détournés, et, tout en laissant entier le *jus civile*, en réalité, ils le modifiaient sensiblement. Les actions fictices sont le résultat de cette lutte ; on les introduisit parce que l'équité l'exigeait.

Enfin, venons aux *droits de famille*. Les pérégrins ne pouvaient pas contracter *justæ nuptiæ*; leur mariage n'était pas, comme celui des citoyens romains, un *justum matrimonium*. Pour contracter un mariage légitime à Rome, il fallait avoir le *connubium :* or, nous avons dit que le *connubium* était un des attributs de la *civitas*, et que les pérégrins ne l'avaient pas. On l'accordait quelquefois à certains pérégrins, comme une faveur personnelle ; mais c'étaient là des concessions exceptionnelles de l'un des attributs de la cité, dont nous aurons l'occasion de parler à propos de l'acquisition de la *civitas*.

Mais faut-il conclure de là que le mariage des pérégrins n'était point respecté à Rome ? Non; le sentiment moral aurait été choqué d'une manière trop sensible. Les Romains accordaient, en effet, des faveurs

à leurs concitoyens, mais leur égoïsme n'allait pas
jusqu'au point de mépriser tout ce qu'il y avait de
plus digne chez les étrangers comme chez eux, l'honneur de la famille.

Les jurisconsultes de l'époque classique nous prou-
vent, au contraire, que les Romains respectaient les
mariages réguliers des pérégrins. Ainsi, l'infidélité conjugale des époux, même étrangers, était considérée et
punie comme *adultère;* les époux étrangers se devaient
fidélité réciproque, comme les citoyens qui avaient contracté *justæ nuptiæ;* ce devoir, la base fondamentale
de la famille et de la société, s'impose à tous les époux
par la loi morale, quelle que soit leur nationalité!

Voici ce que dit à ce sujet le jurisconsulte Ulpien :
« *Plane sive justa uxor fuit, sive injusta, accusationem
instituere vir poterit;... hæc lex ad omnia matrimonia
pertinet* (1). » Puis il invoque l'autorité de *Cæcilius,* et
remonte jusqu'à Homère, dont il cite le vers suivant :

« ἦ μοῦνοι φιλέουσ' ἀλόχους μερόπων ἀνθρώπων
Ἀτρεΐδαι;... »

(Iliade, IX, 340.)

Et puisque nous parlons de citoyens romains, nous
pourrions dire comme le grand poëte : « *Nec soli cives
Romani uxores suas amant.* » L'amour conjugal a existé
depuis que le monde est monde; c'est l'ordre normal
des choses; la conséquence de ce principe est la *fidélité
conjugale;* eh bien, ce devoir imposé par la loi morale
a dû exister chez tous les peuples. Disons donc, pour
l'honneur des Romains, qu'ils n'ont pas méconnu ce

_____

(1) Ulpien, Dig., loi 13, § 1, *De adulteriis,* XLVIII, 5.

3

principe, qu'ils n'ont pas méprisé cette loi morale ; au contraire, il les ont respectés, puisqu'ils ont puni l'adultère, l'infidélité même des époux, qui n'avaient pas contracté *justæ nuptiæ*, et nous entendons par là les pérégrins.

De plus, les enfants des pérégrins n'étaient pas réputés enfants naturels. On les considérait comme enfants légitimes et on leur appliquait en quelque sorte la maxime : « *Pater est is quem nuptiæ demonstrant,* » quoique le jurisconsulte Paul ait posé ce principe pour les enfants nés *ex justis nuptiis*. Ainsi, Gaïus nous dit que : Si un étranger épousait une citoyenne romaine — ignorant sa condition — et que de ce mariage naquît un enfant, le père et le fils pouvaient devenir citoyens, en prouvant l'erreur devant le magistrat (1). Ulpien donne la même décision, en parlant de l'*erroris causæ probatio*, quand le mariage avait été contracté *inter disparis conditionis personas* (2). Nous savons pourtant qu'entre un pérégrin et une citoyenne romaine il n'y avait pas de *justæ nuptiæ*, car : *Connubium habent cives Romani cum civibus Romanis*. Néanmoins Gaïus et Ulpien donnent à cet étranger le titre de *pater* ; et, puisque c'est justement la naissance de l'enfant qui fait parvenir le père à la cité romaine, on présume que l'enfant est né de ce pérégrin ; il y a donc présomption de paternité ; en d'autres termes, on y applique en quelque sorte la règle : *Pater est is quem nuptiæ demonstrant*. C'est-à-dire, on accorde au mariage du pérégrin, au point de vue de la paternité, à

(1) *Inst. de Gaïus*, liv. I, § 68.
(2) *Ulpiani Regulæ*, tit. VII, § 1.

peu près la même valeur qu'aux *justæ nuptiæ* (1).

Ce que nous venons de dire sur la condition des pérégrins à Rome, nous conduit à la conclusion suivante : Les pérégrins ne jouissaient que du droit des gens; mais la pratique et la législation prétoriennes cherchaient, par tous les moyens, à effacer autant que possible la distinction entre le droit civil et le droit des gens, à mesure qu'on avançait vers la civilisation.

CHAPITRE III

DES LATINS (*Latini*).

Une de nos célébrités modernes, à qui la science du droit doit plus d'un éclaircissement sur les questions historiques, surtout en ce qui concerne les antiquités romaines — nous voulons nommer notre illustre professeur de la Faculté de droit, M. *Charles Giraud* (2) — a mis en relief l'idée de Niebuhr que : d'après toute vraisemblance, Rome a dû faire partie pendant longtemps de la vieille confédération latine. Ce n'est que plus tard, quand sa puissance lui permit de devenir la dominatrice des villes voisines, que Rome sortit de la confédération latine, en rompant les liens d'isopolitie qui existaient entre les villes du *Latium*.

Alors, se forma, entre les *cives* et les *peregrini*, une classe intermédiaire, ayant des droits plus étendus que les pérégrins, mais moins étendus que les citoyens; ce

(1) Savigny, *Droit romain*, t. II, p. 35, note *f*.
(2) Giraud, *Introduction historique au Droit romain*, p. 84.

sont les *Latins*. Les Latins avaient, pour nous servir de l'expression de M. de Savigny, un *demi-droit* de cité.

Les Romains avaient conclu avec les peuples voisins des traités d'alliance (*fœdera*). Quelquefois, par ces traités on s'accordait des droits réciproques et égaux ; le traité était alors *æquissimum fœdus :* Cicéron (1) nous cite quelques-unes de ces villes, comme *Camertinum, Igurium*, qui avaient conclu de pareils traités avec les Romains. Mais, le plus souvent, Rome se réservait une position supérieure ; et, quand il y avait moyen, elle créait au peuple allié une position humiliante : « *Majestatem populi Romani colunto.* » Eh bien, de tous ces alliés, les Latins étaient les plus privilégiés ; du temps des rois, déjà ils avaient conclu des traités, qui leur accordaient des droits presque égaux à ceux des citoyens romains.

Les Latins étaient les plus proches voisins des Romains ; les villes des Latins furent nécessairement les premières, qui furent soumises à leur domination ; les traités d'alliance, qui étaient intervenus, accordaient aux Latins des droits plus étendus qu'à tous les autres alliés. Mais, après la chute des Tarquins et l'établissement de la République, Tarquin le Superbe, ne trouvant pas d'appui en Étrurie, vint dans le Latium, où était son gendre Mamilius ; celui-ci lui assura le secours des tribus latines ; et par là même, les traités d'alliance des Latins avec les Romains furent rompus. Après des préparatifs qui durèrent plus d'un an, les Latins, au nombre de plus de quarante mille hommes, vinrent attaquer les Romains, qui étaient à peine vingt-cinq mille comman-

(1) Cicéron, *Pro Balbo*, § 20.

dés par le dictateur Aulus Postumius (1). La rencontre
eut lieu près du lac Régille, sur la frontière de Tuscu-
lum ; mais la victoire se décida en faveur des Romains ;
les Latins mis en déroute demandèrent la paix et cher-
chèrent à renouveler leurs anciens traités avec les
Romains. Le traité conclu avec Spurius Viscellinus
en 267, leur assurait les anciens droits et priviléges
perdus après la bataille du Régillo (2).

Cet état de choses dura jusqu'au commencement du
cinquième siècle de Rome. Les renseignements précis
manquent, sur la condition des Latins dans cet intervalle. MM. de Savigny (3) et Ortolan constatent eux-
mêmes cette lacune regrettable. Vers l'an 416 l'histoire nous montre les Latins mêlés dans la guerre des
Samnites contre les Romains ; c'était la seconde
fois qu'ils manquaient à la foi des traités. La bataille
décisive eut lieu au pied du mont Vésuve, sur le chemin
de Véséris. Mais cette fois encore, les Romains rempor-
tèrent la victoire, grâce au dévouement du consul
Décius Mus, qui, après avoir consulté les auspices et le
pontife Valérius, la tête voilée et ayant endossé la toge
prétexte, monta à cheval et s'élança au milieu des ennemis où il trouva une mort glorieuse. Mais son dévouement avait encouragé les légions romaines, et les
cohortes latines prirent la fuite.

C'est à cette époque, que notre savant maître, M. Gi-

(1) Aulus Postumius était le second dictateur; le premier avait
été Titus Lartius.

(2 Tite-Live, I, 26; IV, 3. — Denis d'Halyc., VI, 1, 95. — Mayn,
t. I, p. 79, § 31 et note 7.

(3) Savigny, *Droit romain*, t. II, p. 43. — Ortolan, *Explication historique des Instilutes*, t. I, p. 169.

raud, rapporte historiquement la distinction qu'on fit entre les Latins (1) : des prérogatives furent accordées à ceux qui avaient maintenu l'ancienne alliance ; les autres furent réduits à des conditions plus ou moins dures. Depuis on divisa les Latins en : *Latini veteres*, *Juniani* et *coloniarii*.

§ 1er. — *Des « Latini veteres »*.

Les Romains, comme nous avons dit, traitèrent avec rigueur leurs alliés infidèles ; les villes latines qui ne furent pas détruites, furent transformées en colonies romaines. Les villes restées fidèles à l'alliance romaine furent, au contraire, traitées avec beaucoup d'indulgence ; et probablement, ce sont leurs habitants, qui, sous le nom de *Latini veteres*, conservèrent tous les droits des anciens Latins. On leur accordait le *connubium*, et, ce qui est plus important, une certaine participation aux droits politiques ; ce dernier droit consistait en ce que les Latins qui se trouvaient à Rome, au moment des comices, exerçaient le *suffragium*, en votant dans une tribu désignée par le sort.

Comme nous voyons, les *Latini veteres* avaient des droits qui se rapprochaient beaucoup de ceux qui dérivaient de la *civitas*. C'était juste, car les Latins parlaient la même langue que les Romains, avaient les mêmes mœurs et le même caractère. Dès lors, le *jus Latii*, le *jus latinitatis* devint un droit précieux, que les étrangers regardaient d'un œil jaloux, toutes les fois qu'ils ne pouvaient pas obtenir la *civitas*. Les Romains

(1) M. Giraud, *loc. cit.*

eux-mêmes accordaient à certaines villes le *jus Latii*, quand ils ne voulaient pas leur conférer la *civitas Romana*, avec tous les avantages dont jouissaient les citoyens romains. De sorte que la latinité devint un degré intermédiaire entre la condition des citoyens et celle des pérégrins.

Quant à l'époque fixe à laquelle s'introduisit cette classe intermédiaire, il n'existe aucun témoignage précis. Les premiers textes, dans lesquels les mots *Latinus* et *Latinitas* sont employés en ce sens, sont un passage d'une lettre de Cicéron (1) et la loi *Junia Norbana* ; mais la date de cette dernière loi est elle-même très-incertaine.

Les Latins étaient indépendants de Rome et vivaient sous leurs lois ; mais ils payaient aux Romains des tributs et péages, *tributa et vectigalia pendebant* ; en outre, ils leur fournissaient des troupes en temps de guerre (2). Cette sorte d'indépendance leur revenait assez cher ; aussi voyons-nous certains alliés renoncer à ce privilége, quand les exactions du sénat commencèrent à peser trop lourd.

Les Latins avaient, entre autres, le privilége de pratiquer certaines cérémonies religieuses, et de célébrer les féris Latines. C'était Tarquin le Superbe qui avait institué ces fêtes ; les quarante-sept peuples du Latium venaient tous les ans offrir des sacrifices à *Jupiter Latialis*, sur le mont Albain ; ces sacrifices étaient suivis de jeux et de festins. Les magistrats de la ville devaient

(1) Cicéron, *ad Attic.*, XIV, 12.
(2) Pothier, sur le titre *De statu hominum*, II, 287.

assister à ces fêtes ; puis le préfet de la ville devait les surveiller lui-même.

Nous avons dit que les Latins avaient le *connubium* ; c'était là une concession spéciale, comme nous dit Ulpien : « *Connubium habent cives Romani cum civibus Romanis ; cum Latinis autem ita, si concessum sit* (1). » C'était là une concession partielle du droit de cité ; cette concession, comme on le prétend généralement, était personnelle, individuelle et ne s'étendait pas même aux enfants. Gaïus nous dit que les vétérans pouvaient contracter mariage *cum his Latinis, quas primas post missionem uxores duxerint* ; cela suppose aussi que ce *connubium* était une concession et n'existait pas de plein droit. Cependant, certains jurisconsultes, entre autres M. Demangeat (2), pensent que Gaïus et Ulpien n'ont pas entendu parler des *Latini veteres* ; au contraire, quelques passages de Tite-Live constatent que ces derniers ont eu le *connubium* dès l'origine : ainsi la sœur d'Horace avait été fiancée à un Albain ; Albe était la capitale du Latium ; Mamilius, le gendre de Tarquin le Superbe, était aussi Latin : « *Octavio Mamilio Tusculano (is longe princeps Latini nominis erat....) filiam nuptum dat....* (3), » dit le grand historien.

Haubold (4) nous fait connaître de nombreux monuments attestant les concessions faites aux Latins ; mais tous ces textes ne parlent que du *connubium*. On a douté, et peut-être avec raison, si le *commercium* leur était aussi accordé ; on a allégué que la concession du

<hr>

(1) Ulpiani *Regulæ*, tit. v, § 5.
(2) Demangeat, *Droit romain*, I, p. 133.
(3) Tite-Live, I, 26 et 59.
(4) Haubold, *Opuscula*, vol. II, pp. 783-896.

commercium était une conséquence du *connubium con-cessum;* mais c'est là une simple conjecture, et nous ne pourrions l'admettre sans nous rendre coupable de passer du domaine des textes positifs dans le domaine fragile des hypothèses. On cite cependant un passage de Tite-Live qui semble prouver que les Latins avaient in-contestablement le *commercium;* ce passage dit que les Latins *liberos suos Romanis mancipio dabant;* or, on ne peut pas accomplir cette formalité si on n'a pas le *commercium.*

Telle était la condition civile et politique des anciens Latins; mais, après la bataille du Véséris, l'associa-tion des villes du *Latium* fut détruite; M. Accarias (1) sou-tient que les villes restées fidèles ont reçu la cité romaine; en 664 le père de César proposa une loi, qui porte le nom de loi *Julia,* par laquelle on accordait aux Latins le droit de cité; les Gracques avaient déjà fait une pro-position semblable, mais aucune loi n'était venue pour la sanctionner. Bref, à l'époque classique les *Latini ve-teres* ne se retrouvent plus.

§ 2. — *Des « Latini coloniarii ».*

La condition des *Latini veteres* avait servi de type pour la formation d'une classe nouvelle, celle des *Latini coloniarii.* La latinité fut accordée à des villes en dehors du Latium et même hors de l'Italie. Strabon nous cite Nîmes, — *civitati Nemausensi concessum est,* — et Appien le Milanais, — *Novo-Comensi,* — auxquels on concéda ce droit. Puis, après la guerre Sociale, les peuples de

(1) Accarias, *Droit romain,* I, 92.

l'Italie ayant obtenu la *civitas*, le sud de la Lombardie (*Gallia Cisalpina*) ne tarda pas à l'obtenir aussi ; la *Gallia Transpadana* n'obtint que la latinité, et encore dans des limites très-restreintes. Les habitants de la Gaule Transpadane avaient avec les Romains le *commercium*, sans avoir le *connubium* ; Gaïus appelle cette latinité restreinte : *minus Latium* (1). Enfin, Pline, dans son *Histoire naturelle*, nous apprend que Vespasien accorda la latinité à toute l'Espagne : « *Universæ Hispaniæ Vespasianus imperator Augustus, jactatus procellis Reipublicæ, Latii jus tribuit* (2). »

Quand Rome fut assez puissante pour faire des conquêtes, elle s'assurait la domination sur le peuple soumis, en y établissant des colonies ; ce système fut pratiqué par les Romains pour les provinces lointaines surtout : ainsi nous voyons, même au commencement du deuxième siècle, l'empereur Trajan transporter des colonies romaines sur les bords du Danube, en Dacie ; la trace de ces colonies reste même aujourd'hui intacte, et les descendants des colons romains forment un peuple unique qui s'appelle les Roumains, et qui a conservé jusqu'à nos jours la langue, les mœurs et même les superstitions de l'ancien peuple romain.

Cette coutume de former des colonies, a existé, paraît-il, dès les temps les plus anciens, chez les peuples de l'Italie. Cicéron et Gaïus nous disent que ces colonies se composaient de trois classes de personnes : *a)* de ceux qui renonçaient volontairement à leur patrie ; *b)* de ceux qui étaient condamnés à une amende, et qui

(1) Gaïus, *Inst.*, I, § 96.
(2) Pline, *Hist. nat.*, liv. III, § 4.

trouvaient ainsi le moyen d'échapper au payement de cette amende; *c*) enfin, des fils de famille désignés par leur père, *qui jussu parentis in coloniam transmigrabant.* Velleius Paterculus (1) nous montre bien le double but dans lequel étaient fondées ces colonies : c'était d'abord pour éloigner de Rome une population embarrassante; et en outre pour étendre l'influence de Rome, en propageant dans les pays conquis les mœurs et la pratique des lois romaines.

Quand les conquêtes des Romains se multiplièrent, le nombre des citoyens ne suffisait plus pour coloniser les pays conquis; alors on songea à admettre des Latins, dans ce but, et ainsi prit naissance une nouvelle espèce de colonies : les colonies latines. Le nom de *coloniæ Latinæ* se rencontre dans l'histoire, pour la première fois, à l'époque des guerres Puniques; vers la moitié du sixième siècle de Rome (2), il y avait déjà trente colonies latines, comme dit Tite-Live : *Triginta latinæ coloniæ populi romani.*

Les citoyens romains pouvaient entrer dans une colonie latine, mais par là même ils perdaient la cité : *Desinebant cives Romani esse,* dit Gaïus (3).

Quant à la condition civile des *Latini coloniarii,* les auteurs sont d'accord pour les assimiler aux *Latini veteres.* Ainsi, ils ont le *connubium* et peut-être aussi le *commercium.* Qu'ils aient eu le *commercium* sous l'Empire, un texte des Fragments d'Ulpien ne laisse

(1) Vell. Paterc., I. 14.
(2) Tit.-Liv., XXVII, 9 et 10.
(3) Gaïus, I, 57.
(4) Ulpiani, *Regulæ,* XIX, § 4.

pas de doute : « *Mancipatio locum habet inter cires Romanos et Latinos coloniarios...... quibus commercium datum est.* » Mais on s'est demandé s'ils ont eu le *commercium* dès le principe ; le doute vient d'un passage du discours de Cicéron *Pro Cœcina :* Cécina, pour lequel Cicéron plaidait, avait été institué héritier ; mais Cécina était Volaterran ; or Volaterre étant une colonie latine, on lui contesta le droit d'être institué héritier, sous prétexte que, n'ayant pas le *commercium,* il ne pouvait pas acquérir l'hérédité. Mais Cicéron démontra que Volaterre était parmi les douze colonies latines qui avaient le *commercium* du temps de la seconde guerre Punique : « *Eodem jure esse quo fuerint Ariminenses ; quod qui ignorat duodecim coloniarum fuisse et ex civibus Romanis hereditates capere potuisse ?* etc. » Cependant, les commentateurs sont d'accord pour soutenir qu'ils ont eu le *commercium ;* telle est l'opinion de notre illustre maître, M. Labbé (2). La question ne fait pas de doute pour M. Accarias : Les *Latini coloniarii —* dit notre savant professeur, dans son *Traité de droit romain* publié récemment — sont au-dessus des pérégrins par la possession du *commercium* et des droits nombreux qu'il entraîne (3). » M. Demangeat indique le doute provenant des discours de Cicéron ; mais il conclut que les *Latini coloniarii* ont le *commercium* comme les *Latini veteres.*

Enfin nous ajoutons ici, ce que nous n'avons pas dit pour les *Latini veteres,* que les Latins, en général,

(1) Cicér., *Pro Cœcina,* 35.
(2) M. Labbé, à son cours. Année 1871.
(3) Accarias, *Précis de Droit romain,* I, p. 92.

jouissaient de grandes facilités pour parvenir à la *civitas Romana*. C'est ce qui faisait que la *latinitas* était le but vers lequel tendaient tous ceux qui ne pouvaient pas espérer d'obtenir facilement la *civitas*. Quand nous indiquerons quels étaient les moyens ordinaires pour arriver à la cité, nous ferons ressortir quelles étaient les facilités qui constituaient, au profit des Latins, un grand privilége à l'égard des autres étrangers.

§ 3. — *Des Latins Juniens.*

Une troisième classe de Latins, ce sont les *Latins Juniens*. Dans cette classe entraient les affranchis qui avaient acquis la liberté sans l'observation des formalités prescrites pour les manumissions. Le droit civil reconnaissait trois formes solennelles de manumission : *vindicta*, *censu* et *testamento*. Les esclaves affranchis par l'une de ces trois formes, dans les conditions voulues, devenaient citoyens romains. Mais si l'affranchissement avait lieu en dehors de ces formes, quelle était la condition de l'affranchi?

Dans l'ancien droit il demeurait esclave. Mais une loi postérieure vint régler la condition de ces esclaves affranchis irrégulièrement ; parce qu'en fait, le Préteur interposait toujours son autorité pour maintenir l'état de liberté de ces personnes, et empêcher le maître de reprendre sa puissance... « *Sed interveniebat Prætor, et non patiebatur manumissum servire,* » dit Dosithée (1). Or, il résultait de là un état civil très-équivoque pour ces personnes qui étaient esclaves de droit, mais libres

(1) Dosithée, *Disput. de manumiss.*, § 5.

en fait : c'étaient des *serri in libertate*. Grâce à cette équivoque ils pouvaient facilement usurper le droit de cité. C'est justement pour obvier à cet inconvénient qu'est intervenue la loi *Junia Norbana*. — Les Latins Juniens doivent leur nom à cette loi ; ils s'appellent Latins, parce que la loi *Junia Norbana* les assimile aux *Latini coloniarii ;* nous verrons jusqu'à quel point cette assimilation est exacte.

La date de cette loi est des plus douteuses. Des auteurs considérables, parmi lesquels Maynz, Vangerow et Ortolan (1), placent la loi *Junia Norbana* en 772 sous le règne de Tibère, rendue par les consuls Junius Silanus et Flaccus Norbanus. Les partisans de cette opinion invoquent d'abord un passage des *Règles* d'Ulpien (2) : « ... *Ideoque sine consilio manumissum Cæsaris, servum manere putat ; testamento vero manumissum perinde haberi jubet, atque si domini voluntate in libertate esset, ideoque Latinus fit.* » En effet, dit-on, d'après la loi *Ælia Sentia*, dont la date est certaine (3), ceux qui n'étaient pas régulièrement affranchis, par l'un des trois modes admis par le droit civil, n'étaient pas citoyens romains ; mais ils jouissaient d'une liberté de fait comme ceux qui vivaient en liberté *domini voluntate.* Puis vint la loi *Junia Norbana*, qui régla leur condition et les assimila aux Latins. Donc, on conclut que la loi *Junia Norbana* a été postérieure à la loi *Ælia Sentia*,

(1) Maynz, *Droit romain*, III, § 230, notes 21, 25. — Ortolan, *Dr. rom.*, II, p. 55, § 65 et la note 3. — Vangerow, *Ueber die Latini Juniani*, §§ 5 et suiv., cité par Demangeat.
(2) Ulp., titre I, § 12.
(3) Elle fut rendue en 757 sous l'empire d'Auguste et le consulat de Sextus Ælius et de Caius Sentius.

par conséquent elle a été rendue après Auguste, sous
Tibère, et non au temps de Marius, comme le préten-
dent les adversaires de cette première opinion. — Un
second argument est tiré des *Topiques* de Cicéron (1),
qui dit que les esclaves ne peuvent acquérir la liberté
autrement que par la vindicte, le cens et le testament.
Par conséquent, les *Topiques* étant écrits en 710, la
condition de ceux qui étaient affranchis autrement que
par ces trois modes, n'a pu être réglée que postérieurement, c'est-à-dire en 772.

Cependant, la majorité des interprètes du Droit romain s'accordent à admettre que la date de la loi *Junia
Norbana* est l'année 671 de Rome. Nous pouvons citer
parmi les partisans de cette opinion trois illustres professeurs de la Faculté de Paris (2) : MM. Labbé, Accarias et
Demangeat. Il y a à l'appui de cette opinion un argument
tiré des textes des jurisconsultes, et un argument tiré
des considérations historiques. En effet, dans la *Disputatio de Manumissionibus* de Dosithée (§ 12), nous
trouvons que c'est la loi *Junia* qui créa les Latins Juniens : « *Lex Junia Latinorum genus introduxit;* » ce
qui veut dire qu'avant cette loi il n'y avait pas de Latins.
Or, Gaïus nous indique dans plusieurs passages de ses
Commentaires que d'après la loi *Ælia Sentia*, les esclaves affranchis avant trente ans deviennent Latins :
« *... Eadem lege Ælia Sentia cautum est, ut minores
triginta annorum manumissi et* LATINI FACTI... » Il y
aurait donc contradiction entre Dosithée et Gaïus, si

<hr>

(1) Cicer., *Topics*, § 2.
(2) M. Labbé, à son cours. — Accarias, *Précis de Dr. rom.*, I, p. 110,
§ 62 et la note n° 1. — Demang., *Dr. rom.*, I, p. 187.

nous supposions que la loi *Junia* a été postérieure à la loi *Ælia Sentia*; car, d'après Dosithée, il n'y avait pas de Latins avant la loi *Junia*, et Gaïus nous indique qu'au temps d'Auguste il y en avait. Cette contradiction disparaît au contraire, si nous admettons que la loi *Junia Norbana* a été rendue en 671, c'est-à-dire avant la loi *Ælia Sentia*. Et en effet, nous trouvons en 671 un consul Junius Norbanus, qui figurait dans le parti de Marius; un examen attentif des idées politiques de cette époque vient corroborer l'opinion, que c'est alors que fut rendue la loi *Junia Norbana*.

Le consulat de Junius Norbanus se place à l'époque des guerres civiles entre Marius et Sylla; époque terrible, qui fit chanceler Rome sous le fardeau des misères de la guerre civile et des proscriptions, et qui laissa dans l'histoire romaine une page funèbre, tachée par le sang versé dans ces luttes de triste mémoire. Marius représentait les idées démocratiques; Velleius Paterculus (1) nous montre le parti démocratique de cette époque faisant l'application des idées les plus libérales; ce fut ce parti qui accorda aux Italiens la cité romaine. Or, quoi de plus naturel que de voir le même parti, au nom de la liberté, s'intéresser aux affranchissements faits en dehors des formes étroites du droit civil, et régler la condition de ces affranchis, en maintenant leur liberté? Il est plus que probable que la loi *Junia Norbana*, qui répond directement à ce but, fut rendue à cette époque.

Les affranchis devenaient *Latins Juniens* dans trois

(1) Paterculus, II, 23. — Accarias, I, 111, note.

cas : 1° Le premier est celui auquel nous avons fait allusion, avant d'entamer la discussion historique sur la date de la loi *Junia Norbana* ; c'est le cas où un esclave est affranchi sans l'observation des formalités prescrites par le droit civil; d'après le droit strict ces affranchissements ne valaient pas, et l'esclave en question demeurait esclave : « *Admonendi sumus... eos, qui nunc Latini Juniani dicuntur, olim ex jure Quiritium servos fuisse...* » dit Caïus (1). Puis intervint la loi *Junia Norbana*, qui, en maintenant ces affranchissements irréguliers, créa la classe des *Latins Juniens.* — 2° Nous avons montré plus haut, en parlant des pérégrins, comment, dans l'ancien Droit romain, on distinguait entre la propriété bonitaire, *in bonis*, et la propriété quiritaire, *nudum dominium ex jure Quiritium*. Eh bien, un esclave pouvait appartenir *in bonis* à un propriétaire, tandis qu'un autre propriétaire avait le *nudum dominium*. Dans ce cas, le *nudus dominus* ne pouvait pas affranchir l'esclave, car il n'avait plus les attributs de la pleine propriété sur lui; d'un autre côté, le propriétaire bonitaire ne pouvait pas l'affranchir valablement, car il ne pouvait pas attester avoir cet esclave *ex jure Quiritium*. C'était ainsi sous l'empire rigoureux du droit strict ; mais en réalité le *nudum dominium* n'était qu'une fiction, un mot ! Le propriétaire bonitaire avait tous les droits sur l'esclave *in bonis*; c'était le dégager des subtilités du droit, que de lui permettre d'affranchir son esclave. Mais comme on ne s'attaquait jamais directement au *jus civile*, tout en maintenant la liberté de cet affranchi, on ne le laissa pas entrer parmi les *cives*. C'est ce

(1) Caïus, III, § 56.

que fit la loi *Junia Norbana* qui range ces affranchis dans la classe des *Latins Juniens : « Qui tantum in bonis, non etiam ex jure Quiritium servum habet, manumittendo Latinum facit* (1). »

3° Le troisième cas ne se trouve pas dans la loi *Junia Norbana*, mais dans la loi *Ælia Sentia*. L'esprit de cette loi était tout autre que celui de la loi *Junia ;* celle-ci favorisait les affranchissements ; la loi *Ælia Sentia* y mettait des obstacles, et augmentait les rigueurs du droit civil. Ainsi, d'après le droit civil, l'esclave affranchi régulièrement, quel que fût son âge, devenait citoyen romain. C'était ainsi avant la loi *Ælia Sentia*. Mais à partir du moment où elle fut rendue, l'affranchi âgé de moins de trente ans ne devenait pas citoyen romain, mais Latin. Pour que l'affranchi qui n'avait pas trente ans pût devenir citoyen romain, la loi *Ælia Sentia* avait imposé certaines conditions : *a)* qu'il fût affranchi *vindicta, b)* et qu'il y eût une *justa causa ; c)* l'avis affirmatif d'un *consilium*. Gaïus énonce clairement ces trois causes : « *Quod autem de ætate servi requiritur, lege Ælia Sentia introductum est ; nam ea lex minores XXX annorum servos non aliter voluit manumissos cives Romanos fieri, quam si vindicta, apud consilium justa causa manumissionis approbata, liberati fuerint* (2). »

Quelques mots sont nécessaires pour indiquer ce qu'on entendait par *vindicta, consilium* et *justa causa.*

L'affranchissement *vindicta* était comme un procès dans lequel on revendiquait fictivement la liberté de

____

(1) *Règles d'Ulpien,* tit. 1, § 16.
(2) Gaïus, *Com.,* 1, § 18.

l'esclave qu'on voulait affranchir. Dans cette revendication illusoire figuraient : le magistrat, le maître, l'esclave et une personne qui prononçait les paroles usitées pour la revendication et qui s'appelait pour cela *assertor libertatis* (1). Certains auteurs ont prétendu que l'affranchissement *vindicta* tirait son nom de l'esclave *Vindicius*, qui avait découvert le complot des fils de Brutus et de Vitellius, et qui fut affranchi, ayant reçu la liberté pour prix de sa révélation. Mais cette étymologie est aujourd'hui abandonnée. L'affranchissement s'appelle *vindicta*, parce que l'*assertor libertatis* en prononçant les mots : « *Aio hunc hominem liberum esse jure Quiritium,* » touchait l'esclave avec une espèce de lance en bois appelé *vindicta*, qui figurait dans toute revendication. Le maître de l'esclave ne répondait rien, et le magistrat, prenant ce silence pour l'affirmation du maître que la prétention de l'*assertor libertatis* était fondée, prononçait l'*addictio*, c'est-à-dire que l'esclave était libre. Eh bien, la loi *Ælia Sentia* exigeait toutes ces formalités symboliques, pour que l'affranchi mineur de trente ans fût citoyen.

Le *consilium* était une sorte de tribunal présidé par le magistrat et composé différemment suivant qu'on était à Rome ou en province. A Rome il se composait de cinq sénateurs et de cinq chevaliers pubères : « *Consilium autem adhibetur, in urbe Roma quidem, quinque senatorum et quinque equitum Romanorum puberum,* » nous dit Gaïus (2). Dans les provinces, le *consilium* se composait de vingt récupérateurs citoyens romains :

(1) Tite-Live, II, 5.
(2) Gaïus, *Com.*, I, § 20.

« *In provinciis autem viginti recuperatorum civium Roma-norum.* » A Rome le *consilium* examinait les *justæ causæ* à certains jours fixes : « *Romæ certis diebus apud consilium manumittuntur* (1). » Dans les provinces c'était le dernier jour des *conventus* qui était consacré pour l'examen de ces questions : *idque fit ultimo die conventus.* Les *conventus* étaient comme des assises que les gouverneurs des provinces tenaient dans différentes villes de leur province ; César, dans son *de Bello Gallico,* nous parle à plusieurs reprises de ces *conventus.*

Par *justa causa* on entendait une considération justifiée par un motif d'intérêt ou d'affection, et qui servait de but à l'affranchissement. C'est ce motif d'intérêt ou d'affection qui est examiné par le *consilium.* Gaïus (2) donne quelques exemples dans lesquels il y avait *justa causa ;* le mot *veluti* dont il se sert, prouve assez que les cas cités par lui sont à titre d'exemple et que ce n'est point une énumération limitative. Ainsi, il y avait *justa causa manumissionis,* quand un esclave affranchi devenait le maître des enfants qu'il avait eus comme esclave ; il y avait là un motif suffisant d'affection, pour lui permettre de les affranchir, même si les enfants n'avaient pas trente ans, et c'était le cas le plus fréquent. A l'inverse, l'enfant de l'esclave, devenu maître, pouvait affranchir son père, sa mère ou ses frères restés en servitude. Il en était de même quand un maître voulait épouser une *ancilla ;* il lui était permis de réclamer devant le *consilium* le droit de l'affranchir, quoique mineure de trente ans.

<hr>

(1) César, *de Bello Gall.,* V, 1 et 2 ; VII, 1.
(2) Gaïus, I, § 19.

Ces détails sur la loi *Ælia Sentia* étaient indispensables pour l'intelligence de la matière.

Nous avons vu trois cas dans lesquels les affranchis devenaient Latins Juniens. Nous trouvons dans le Code de Justinien deux autres cas qui méritent d'être mentionnés. D'après un sénatus-consulte rendu sous Claude, si le maître renvoyait de sa maison un esclave dangereusement malade, sans le secourir ni le recommander aux soins d'un autre, l'esclave ainsi expulsé devenait libre et prenait la condition de Latin : «... *Si quis servum suum ægritudine periclitantem sua domo publice ejecerit... servus in libertate Latina antea morabatur...* (1). » — Un second cas était le suivant : Quand une esclave était vendue, le maître pouvait imposer à l'acquéreur la condition que cette esclave ne sera pas prostituée ; mais si le *novus dominus* méconnaissait cette condition, ou si l'ancien maître essayait de la prostituer après avoir repris la possession sur elle, l'esclave devenait libre : « *Si quis ancillam suam sub hac conditione alienaverit, ne prostituatur, novus autem dominus impia mercatione eam prostituendam esse tentaverit, vel si pristinus dominus injectionem manus in tali alienatione sibi servaverit, et quum ad eum fuerit reversa, ipse ancillam prostituerit, illico in libertatem eripiatur...* (2). »

Voyons maintenant quelle était la condition des Latins Juniens. La loi *Junia* les a assimilés aux *Latini coloniarii*, nous verrons cependant que cette assimilation n'est pas parfaite. Comme tous les Latins, les

(1) Code Just., loi unique, § 3, *De Latina libertate tollenda et per certos modos in civitatem Romanam transfusa*, liv. VII, tit. VI.
(2) *Ibid.*, § 4.

Latins Juniens n'ont pas les droits politiques, c'est un point qui ne fait pas de doute. De plus ils n'ont pas le *connubium* avec les *cives* : « *Ex cive Romano et Latina, Latinus nascitur..., cum his casibus connubia non sint*, etc (1). »

Il peut se faire qu'un Latin Junien ait obtenu le *connubium* avec une citoyenne romaine ; cette concession était permise d'après ce que nous dit Ulpien : « *Connubium habent cives Romani... cum Latinis... ita si concessum sit.* » Il faut remarquer cependant qu'en pareil cas le Latin ne jouit pas des autres attributs dérivant du mariage des citoyens : ainsi il n'aura certainement pas la *patria potestas* sur les enfants nés de ce mariage ; car, pour exercer la puissance paternelle, il fallait nécessairement être citoyen romain.

S'ils n'ont pas le *connubium*, ils ont au contraire le *commercium*, droit assez important pour la vie civile, car il leur permet d'intervenir dans une *mancipatio*, soit comme acquéreurs, soit comme aliénateurs : « *Mancipatio locum habet inter cives Romanos... Latinosque Junianos.* » (Ulp., XIX, § 4.) — Jusqu'ici l'assimilation avec les *Latini coloniarii* est exacte.

Mais voici en quoi la condition des Latins Juniens ne valait pas celle des *Latini coloniarii*. Du *jus commercii* dérivait, comme un corollaire, la *factio testamenti*. Dans les testaments il y a différents rôles à remplir : celui du testateur, celui de l'héritier, du *libripens*, des témoins, etc. Les Latins Juniens avaient en principe la *testamenti factio*, puisqu'ils avaient le *commercium*; ils

<hr>

(1) Ulp., tit. v, § 9.

pouvaient donc figurer comme testateur, *libripens* ou *familiæ emptor*; c'est ce que dit Ulpien dans ses *Règles* : « *Latinus Junianus et familiæ emptor et testis et libripens fieri potest, quoniam cum eo testamenti factio est* » (XX, § 8). Mais la loi *Junia* apporte certaines restrictions : *a)* d'abord, elle leur défend *testamentum facere*, les biens qu'ils avaient à leur décès appartenant au maître ou à ses héritiers. Sans doute durant leur vie les Latins Juniens jouissaient des biens acquis, comme les personnes libres; mais, à leur décès, le maître les prenait *jure peculii* : « *Latinus Junianus... testamentum facere non potest... quoniam nominatim lege Junia prohibitus est* (1), » dit Ulpien; et Gaïus ajoute : «... *Itaque jure quodammodo peculii bona Latinorum ad manumissores eorum pertinent* (2). » S'il faut en croire un passage de Pline le Jeune, il paraît que le patron, même du vivant de son affranchi devenu Latin, pouvait disposer des biens que celui-ci laisserait à son décès (*Epist.*, liv. X, 105).

b) Les Latins Juniens ne pouvaient pas *capere ex testamento* : « *Latinus lege Junia capere hereditatem prohibetur*; — mais si, dans les cent jours (3) qui suivaient l'ouverture du testament, il devenait citoyen romain, la succession lui appartenait. Il faut remarquer que ce qui leur était défendu, c'était le *jus capiendi directo*; mais rien ne s'oppose à ce qu'ils reçoivent *ex fideicommisso* (4).

c) Enfin, les Latins Juniens ne pouvaient plus être

(1) Ulp., xx, § 14.
(2) Gaïus, Com., III, § 56, in fine.
(3) Le centième jour s'appelle le *dies cretionis*.
(4) *Règles* d'Ulp., xxv, § 17. — Gaïus, II, 275.

nommés tuteurs par testament : « *Latinus habet quidem testamenti factionem, sed tamen tutor dari non potest : id enim lex Junia prohibet* (1). » Mais de ce qu'ils ne pouvaient pas être nommés tuteurs testamentaires, il ne faut pas conclure que les Latins Juniens ne pouvaient absolument être tuteurs; au contraire un passage des *Fragment du Vatican* dit que les Latins peuvent s'excuser de venir à la tutelle comme les citoyens romains : « *Exemplo civium Romanorum Latinos Junianos excusari oportet* (2). » Ceci présume nécessairement qu'ils avaient l'aptitude générale d'être tuteurs.

CHAPITRE IV

DES ITALIENS (*Italici*).

Après les villes du Latium celles de l'Italie occupaient dans la proximité de Rome le premier rang. Par leur position même, les habitants de l'Italie devaient s'attacher à Rome plus que les autres étrangers. Aussi, le jurisconsulte Sigonius (3) et, d'après lui, bon nombre d'auteurs ont pensé que le *jus Italicum* tenait le rang intermédiaire entre les *Latini* et les *peregrini*, comme le *jus Latii* constituait une condition intermédiaire entre les *cives* et les *peregrini*.

(1) *Règles d'Ulp.*, xi, § 16.
(2) *Frag. Vatican*, § 193.
(3) Sigonius (Charles) est un jurisconsulte italien qui a composé deux livres sur l'ancien droit des Romains, *De antiquo jure Romanorum*, dédiés au pape Pie IV; il en a écrit trois autres sur l'ancien droit de l'Italie, *De antiquo jure Italiæ*, qui ont été imprimés à Venise en 1560.

Les traités avaient assuré aux villes de l'Italie leur indépendance et leur liberté ; mais pour récompenser les services rendus pendant les guerres que Rome eut à supporter dans le cinquième siècle, elles furent considérées comme les alliées de Rome, *civitates fœderatæ*, et reçurent le *jus commercii*. C'était un grand avantage, car de là dérivait le droit d'avoir sur leurs terres le *dominium ex jure Quiritium*, et les propriétaires ne payaient aucun impôt foncier, comme le faisaient les détenteurs du sol des provinces conquises.

Le *jus Italicum*, dans son origine, a un caractère tout territorial. Mais plus tard, quand il fut accordé à titre de concession à des villes en dehors de l'Italie, comme le *jus Latii* avait été accordé aux villes en dehors du Latium, a-t-il conservé son caractère territorial, et n'emportait-il aucune conséquence sur la condition des personnes ? Des auteurs considérables admettent l'affirmative ; un fragment de Gaïus cité au titre « *de Censibus*, fournit un argument en faveur de cette opinion (1) ; voici quels sont les mots de ce fragment : « *Juris italici sunt Τρωάς, Βήρυτος, Δυῤῥάχιον.* » Mais ce passage a été tiré du sixième livre des *Commentaires* de Gaïus sur les lois *Julia* et *Papia*, et personne n'ignore que ces lois sont relatives à la capacité des personnes. Ainsi, d'après ce premier système, on considère le *jus Italicum* comme un privilége qui se rapporte à l'état des personnes, comme la *civitas* et le *jus Latii*. Telle est l'opinion de M. Ortolan (2), appuyée sur celle de Beaufort, d'Heineccius et de Sigonius au nom duquel s'attache une si grande

(1) L. 7, De censib., Dig., L. 16.
(2) Ortolan, *Exposition historique du Droit romain*, I, 202, § 73.

autorité, parce que c'est le premier qui, dès le seizième siècle, exposa d'une manière méthodique l'ensemble des institutions du gouvernement romain.

Mais notre illustre et savant maître, M. Charles Giraud, dans son *Traité sur le droit de propriété* (1), a combattu avec talent ce premier système. En effet, dans tous les textes (2) où le *jus Italicum* est cité, ce droit est présenté comme appartenant à des villes; c'était un privilége qui s'accordait à des cités et non à des particuliers. Le *jus Italicum* ne concernait pas la condition de la personne, comme la latinité et la cité. Ulpien, cité dans le titre *de Censibus*, le seul titre du Digeste où l'on parle du *jus Italicum*, dit nettement qu'il n'y a que *trois conditions* ou *états* de personnes: *cives, Latini, peregrini.* Ce qui a induit en erreur les partisans du système opposé, c'est l'analogie des mots *Latinus* et *Italicus*, et un texte d'*Asconius Pedianus*, où les mots *jus Italiæ* ont été intercalés par Hotoman (3).

Un argument qui est plus concluant, en faveur du second système, est le suivant? Si le *jus Italicum* avait

— Heinec., *Antiq. rom.*, édit. Haubold, pp. 310 et suiv. — Sigonius, *De antiquo jure Italico*, I, 21.

(1) M. Charles Giraud, *Droit de propriété*, p. 295; *Histoire du droit*, p. 99.

(2) Malheureusement ils ne sont pas nombreux, c'est ce qui fait que les points d'interrogation sont encore multiples sur ce sujet. Quelques passages de l'*Histoire naturelle* de Pline l'Ancien, le titre *De censibus* au Digeste, une constitution du Code Théodosien et une constitution d'Honorius au Code, sont les seuls textes ancie... où il soit parlé du *jus Italicum*.

(3) Voici le texte d'Asconius : « *Duo porro genera earum coloniarum quæ a populo romano deductæ sunt, fuerunt; erant enim aliæ quibus jus Italiæ dabatur, aliæ quidem quæ Latinorum essent.* Édit. d'Asconius. Lyon, 1551, pp. 121 et 170. Mais Orelli et M. de Savigny ont

trait à l'état des personnes, il n'aurait pas de raison de coexister avec le *jus Latii* et la *civitas*. Or, nous voyons dans un passage de Pline (1), que l'Espagne, ayant reçu de Vespasien le *jus Latii*, comptait cependant deux villes qui avaient le *jus Italicum*. De plus, même après la constitution de Caracalla, qui accorda à tous les sujets de l'empire la cité, il y avait des villes qui jouissaient du *jus Italicum* comme d'un privilége. Que conclure de là, si ce n'est que le *jus Italicum* est d'une nature différente de la latinité et de la cité ; car s'ils étaient homogènes, il serait impossible de les rencontrer en même temps, vu que la latinité et la cité sont plus larges que le *jus Italicum*. A part une conclusion aussi juste qu'étroite, on devrait dire : celui qui a le plus, doit avoir le moins ! Cet argument est, comme nous le voyons, péremptoire. Il faut donc conclure que le *jus Italicum* était un statut réel, et non un statut personnel, c'était un privilége accordé aux villes et non aux personnes.

Quant à l'origine de ce droit dont l'existence même a été contestée, elle a été vivement controversée. Niebuhr (2) frappa rigoureusement le *jus Italicum* dans son existence même, en disant : « L'existence d'un droit italique particulier et défini n'est qu'un rêve des modernes. » D'autres, comme Hardouin (3),

prouvé cette altération par les écrits de Onofrio Panvini et deux manuscrits de Vienne et de Gotha ; de sorte que le texte original d'Asconius devrait se terminer ainsi :... *fuerunt, ut Quiritium aliæ, aliæ Latinorum essent.* — Giraud, 197, note 1.

(1) Pline, *Hist. nat.*, liv. III, ch. III.
(2) Niebuhr, *Histoire romaine*, trad. franç., t. VI, p. 405.
(3) Harduini nota *ad Plin.*, III, 3.

ont eu l'originale prétention de confondre le droit italique avec la latinité ; mais ce n'est là qu'un égarement de ce jurisconsulte. Le droit italique a existé, et le système généralement admis place son origine avant les guerres Puniques, c'est-à-dire dans les années qui ont suivi la conquête de l'Italie. On fit du *jus Italicum* ce qu'on avait fait du *jus Latii*, un titre abstrait entraînant des immunités, et qui fut accordé à des villes hors de l'Italie, pour leur communiquer la condition politique et civile des villes italiennes, comme le *jus Latii* avait été concédé à certaines villes hors du *Latium.*

Cette origine fut indiquée au seizième siècle par Sigonius, et jusqu'à Niebuhr personne n'osa la contester. De nos jours, Laferrière, Duruy et autres ont cherché à la discréditer ; cependant les noms les plus illustres des historiens et des jurisconsultes modernes figurent parmi les partisans de cette première opinion de Sigonius ; il nous suffit de citer MM. Amédée Thierry, Charles Giraud et Ortolan (1).

Après avoir établi ainsi la nature et l'origine du *jus Italicum*, il nous reste à indiquer en quoi consistait ce droit. Les éléments qui constituaient le droit italique sont au nombre de trois : la liberté politique, l'exemption d'impôts et la capacité d'acquérir la propriété quiritaire sur le sol. Nous allons prendre chacun de ces trois éléments.

I. *La liberté politique.* — Personne avant M. de Savigny

____

(1) Thierry, *Hist. de la Gaule sous l'administration romaine*, p. 47. — Giraud, *Propriété*, p. 295. — *Revue hist.*, I, 351 et suiv., article de Revillant, docteur ès lettres.

n'avait mis en relief cet élément politique qui entrait dans le *jus Italicum*. M. Giraud reprit l'opinion de Savigny, et les idées antérieures reçurent ainsi une impulsion qui mérite notre attention. Voici les principales preuves en faveur de cette opinion des auteurs que nous venons de citer.

D'abord un argument tiré des textes d'Ulpien (1) qui appelle du nom de *République*, une de ces colonies italiques; ces villes, favorisées du *jus Italicum*, sont les seules, d'après l'avis de M. de Savigny (2), qui avaient des magistrats ayant une juridiction. M. Giraud ajoute que « si, dans les inscriptions d'une ville provinciale, on trouve le titre d'une magistrature italique, on peut regarder cette circonstance comme une trace certaine du *jus Italicum*. »

La numismatique, qui vient si souvent à l'appui de la science, nous fournit un second argument. En effet, sur les médailles de villes italiques on trouve un Silène debout avec la main levée; or, d'après les témoignages de Servius et d'Eckel, ce signe identique à celui de Marsyas était l'emblème des villes indépendantes : « *Libertatis indicium est, qui erecta manu testatur, nihil urbi deesse* (3). »

M. de Savigny ajoute deux autres arguments à ceux que nous venons d'emprunter à M. Giraud. L'un de ces arguments est tiré de quelques lois d'Honorius sur la Gaule, qui se trouvent dans le Code Théodosien (1). En

----

(1) Tit. I, § 2, Dig., *De censibus*, fr. d'Ulp.
(2) Savigny, *Hist. du Dr. rom.*, p. 63. — Giraud, *Propriété*, 298.
(3) Servius, *ad Æneid.*, III, 20. — Eckel, *Doctrin. num. vet.*, IV, 193 et suiv. — M. Charles Giraud, *Dr. de propriété*, 293.
(i) Code Théod., XII, tit. I, l. 171, *De decurionibus*.

effet, il résulte de cette constitution (1) de 409 que dans les villes de la Gaule, ayant le *jus Italicum*, il y avait des magistrats municipaux appelés *principales*, et que ces magistrats présidaient la curie, « *primus curiam rexerit.* » Ces *principales* avaient une large part dans l'administration des villes. Ainsi nous les voyons, entre autres choses, chargés de poursuivre les hérétiques, de rechercher les décurions qui se cachaient pour échapper aux charges onéreuses des fonctions municipales, etc. Or ces *Principales*, les chefs de la curie, excluaient les magistrats qui auraient été chargés de la juridiction. Donc les villes ayant un *principalis* avaient une juridiction propre; de là, une preuve incontestable de la liberté politique de ces cités. Enfin, M. de Savigny puise son dernier argument dans l'organisation des temps postérieurs, où l'on trouve des *defensores* et pas de décemvir. M. Charles Revillant (2), dans un article de la *Revue historique*, a essayé de combattre ces arguments; mais nous ne pouvons pas reproduire ici sa réfutation, sans sortir du cadre que nous nous sommes imposé.

II. Le second élément du *jus Italicum*, avons-nous

(1) Voici les termes de cette constitution : « Placuit *principales* viros e curia in Gallias non ante discedere, quam quindecemvirum in ordinis sui administratione compleverint, per quæ annorum moderata curricula impleant patriæ gratiam... Nec quemquam convenit constituta salubriter annorum spatia recusare, quando, expletis omnibus, splendoris et honoris ornamenta succedunt. Sane, quoniam, *principalem* locum, et gubernacula urbium probatos administrare (« que des hommes éprouvés occupent la place de principal et tiennent le gouvernail des villes »), ipsa magnitudo deposcit sine ordinis præjudicio, consensu curiæ eligendos esse censemus, qui contemplatione actuum, omnium possint respondere judicio, » etc.

(2) *Revue historique*, I, 357 à 368.

dit, était : *l'exemption d'impôts*. Il y avait en effet deux impôts auxquels étaient soumis ceux qui habitaient les provinces de l'Empire : un impôt foncier payé par les possesseurs d'immeubles, appelés *possessores ;* et un impôt personnel, payé par ceux qui ne possédaient pas d'immeubles : c'étaient les *tributarii*. Or, le grand avantage de ceux qui avaient le *jus Italicum* était qu'il emportait l'immunité de ces impôts. Les villes italiennes n'en payaient pas, et, partant de là, ni les villes qui avaient obtenu le *jus Italicum*. Ce privilége, le plus important de ceux qui dérivaient du *jus Italicum*, fut maintenu même après l'abolition de la distinction entre la propriété quiritaire et la propriété bonitaire (1); aussi le trouvons-nous mentionné par Justinien dans le titre *de Censibus*.

Comme les éléments qui composaient la *civitas*, ceux qui composaient le *jus Italicum* étaient aussi démembrés quelquefois. Ainsi, nous voyons certaines villes obtenir seulement ce second élément du droit italique ; ce sont les villes appelées *immunes*. Pline indique bien cette distinction entre les villes *immunes*, c'est-à-dire jouissant de l'exemption des impôts, et les colonies ayant le *jus Italicum*, c'est-à-dire les villes qui jouissaient des trois avantages qui constituaient le droit italique (2).

(1) Loi 8, § 7, Dig., *De censibus*.

(2) Cette observation était indispensable, car l'un des plus grands génies qui ont commenté le droit romain, *Cujas*, dont le nom seul suffit pour consacrer une théorie, a méconnu cette distinction ; et, basé sur un texte de Paul, il a voulu contester au *jus Italicum* l'immunité d'impôts, comme un de ses éléments constitutifs. Ce qui l'a induit en erreur, c'est que Paul nous montre Césarée comme ayant reçu l'immunité d'impôts, sans avoir le *jus Italicum ;* on avait conclu

III. Enfin le troisième élément qui constituait le droit italique, c'est que le sol italique était seul *susceptible de propriété romaine*. L'Italie était, comme dit Pline, la terre élue par les dieux pour être utile aux mortels : *Numine deûm electa... tanquam ad jucandos mortales* (1). En dehors de l'Italie, point de *propriété romaine* relativement aux fonds de terre. Ceux qui possédaient des terres provinciales n'en étaient pas propriétaires, ils n'étaient que de simples possesseurs (2). Le sol provincial n'était pas chose *mancipi*. Le sol provincial ne devenait pas *religieux* par le dépôt d'une sépulture. Le sol provincial ne jouissait pas de l'inaliénabilité du fonds dotal (3). Enfin, le fonds provincial n'était pas susceptible d'usucapion. Les terres italiques jouissaient seules de ces priviléges ! On comprend bien pourquoi la concession du droit italique était recherchée, et pourquoi la condition d'Italien jouissait d'une certaine considération.

Hactenus sur les Italiens.

de là, que l'*immunité* et le *droit italique* étaient deux choses différentes. Godefroy a relevé cette erreur de Cujas; et ce qui se rapporte à Césarée s'explique parfaitement par le démembrement de l'*immunité* du droit italique, comme le *connubium* ou le *commercium* étaient quelquefois démembrés de la *civitas*. — Gothofredus, *ad Cod. Theol.*, tit. xx. — *Revue hist.*, I, 357.

(1) Pline, III, 6.

(2) C'était le peuple romain, le vainqueur, qui avait le *dominium* : cette théorie persista même après la division des provinces en provinces de César, et provinces du Sénat, comme dit Gaïus : « *In solo provinciali, dominium populi romani est, vel Cæsaris, nos autem possessionem tantum et usumfructum habere videmur.* » Gaïus, I, 120, 121; II, 6, 21, et *passim*.

(3) § 15. — Loi unique au Code, *De rei uxoriæ act.*, pr. Instit., *Quibus alienare licet*.

CHAPITRE V

DES ESCLAVES.

Nous touchons à une question des plus intéressantes et qui mériterait des développements plus considérables, si elle n'était traitée par nous accessoirement. Nous parlons de l'esclavage pour rendre intelligible la matière des affranchissements. Ainsi, nous répondons d'avance aux objections qu'on pourrait nous faire, si quelques lacunes venaient à être remarquées à ce sujet.

L'esclavage s'analyse en un droit de propriété que la loi donne à un homme sur un autre homme. C'est l'institution qui dégrade l'homme et le réduit de l'état de personne à l'état de chose. — L'homme, le seul à qui Dieu permit de regarder le ciel avec dignité, — comme dit Ovide :

« Pronaque quum spectent animalia cætera terram,
Os homini sublime dedit cælumque tueri; »

l'homme, dis-je, a dû baisser la tête devant la volonté du maître ! L'esclavage viole le droit civil, comme il viole le droit naturel : en effet, comment interdire, par les lois civiles, à un esclave de fuir, quand il est en dehors de la société et qu'aucune loi ne le concerne ? Et dire que cette institution odieuse est due à la pitié !

On fit des esclaves parce qu'on n'a pas voulu tuer les prisonniers. Le nom même de *servus* nous indique que c'est là l'origine de l'esclavage : « SERVI, dit Florenti-

nus; *ex eo appellati sunt quod imperatores captivos ven-
dere, ac per hoc servare nec occidere solent* (1). Le vainqueur avait un droit absolu sur le vaincu ; il pouvait le tuer ou le garder : *servare;* de là le mot
servus, qui est peut-être une contraction de *servatus*.
Ce droit du vainqueur existait sans contestation sur
les choses du vaincu ; ce n'est que par une confusion
entre les choses du vaincu avec sa personne même, que
prit naissance l'esclavage : « *Ea quæ ex hostibus capimus,
iure gentium nostra fiunt : adeo ut et liberi homines in
servitutem nostram deducantur* (2). »

Ce n'est que dans cette confusion, entre la chose du
vaincu et sa personne, qu'on puisa le principe de donner au vainqueur le droit de tuer son prisonnier. Montesquieu, en cherchant l'origine de l'esclavage chez les
Romains, nous dit, que (3) « tout le droit que la
guerre peut donner sur les captifs est de s'assurer tellement de leur personne, qu'ils ne puissent plus nuire. »
Disposer de la vie du captif, c'est un empiétement sur le
droit naturel et sur le droit des gens. Et ce n'est que
dans cet empiétement que Justinien et les jurisconsultes
romains cherchent à mettre l'origine de l'esclavage.

Une chose, qui est certaine c'est que, chez les
Romains, il était admis que le vainqueur pouvait mettre
à mort ses prisonniers. Cicéron nous en donne la preuve
dans un de ses discours contre Verrès : « *Etiam qui
triumphant, eoque diutius vivos hostium duces servant, ut
his per triumphum ductis, pulcherrimum spectaculum*

____

(1) Loi 4, Dig., *De statu hom.*
(2) § 17, *De divis. rerum*, Inst., II, 1.
(3) Montesquieu, *Esprit des lois*, livre XV, ch. 11.

fructumque victoriæ populus romanus perspicere possit, tamen cùm de foro in Capitolium currum flectere incipiunt, illos duci in carcerem jubent ; idemque dies et victoribus imperii et victis vitæ finem facit (1). »

Bref, l'origine de l'esclavage, chez les Romains, se trouve dans le droit de la guerre (2). La guerre supprime toute communauté de droit entre les nations ennemies. Du reste, le principe que, « les prisonniers de guerre sont, par le droit de la nature, sujets à la domination absolue et au pouvoir arbitraire du maître, » est un des plus anciens ; il fut formulé par Aristote dans sa doctrine sur l'esclavage et trouva dans les derniers siècles un partisan éloquent dans Locke (3).

Quelles personnes sont esclaves.

Les jurisconsultes romains distinguent entre les esclaves : ceux qui le sont par le fait de la naissance, et ceux qui sont devenus esclaves par un fait postérieur : « *Servi nascuntur aut fiunt* (4). » Ce fait postérieur par lequel on devient esclave peut être de natures diverses ; Marcien, dans le titre *De statu hominum*, et Justinien dans ses *Institutes*, divisent les causes pour lesquelles on tombe dans la servitude en deux catégories : 1° les unes appartenant au droit des gens, c'est la captivité ; 2° d'autres appartenant au droit civil ; elles sont au

(1) Cicér., *secunda actio in Verrem*, liv. V, n° 30.
(2) M. Labbé, à son cours. — M. de Savigny, II, p. 40.
(3) Locke, *Gouv. civ.*, chap. VI, § 9, cité par Montesquieu ; Locke, professeur à l'Université d'Oxford, de 1632 à 1701.
(4) Institutes, *De jure personarum*, I, tit. III, § 4.

nombre de huit : « *Servi..... fiunt aut jure gentium, id est captivitate, aut jure civili* (1). »

Naissance. — L'enfant qui naît d'une femme esclave, naît esclave comme sa mère. C'est ici l'application d'un principe général posé par Ulpien, que : Si un enfant n'a pas été conçu *ex justis nuptiis*, il suivra la condition de sa mère : « *Non interveniente connubio matris conditionis accedunt* (liberi)..... (2). » Or, les esclaves n'ayant pas le *connubium*, la mère transmet à son enfant la servitude par le fait de la naissance. Les enfants nés d'une esclave appartenaient au maître de leur mère ; on les appelait par rapport à ce dernier : *vernæ*, esclaves nés dans la maison du maître. Ainsi, le principe est que les enfants nés d'une esclave sont esclaves : « *Servi..... nascuntur ex ancillis nostris* (3). »

Cette première règle doit être complétée par une seconde, que nous voyons formulée par Ulpien dans ses fragments, et qui est la suivante : Quand l'enfant suit la condition de son père, c'est-à-dire quand il naît *ex justis nuptiis*, on regarde la condition du père au moment de la conception, parce que dès lors l'œuvre du père est terminée : « *... Qui jure contracto matrimonio nascuntur, conceptionis tempus spectatur.* » Que si, au contraire, l'enfant suit la condition de sa mère, — ce qui s'entend pour les enfants nés en dehors du mariage légitime, — on regarde la condition de la mère au moment de l'accouchement ; par conséquent, si la mère était esclave au moment de la conception, mais libre au

<hr>

(1) Instit.. *loc. cit.* — Marcien, loi 5, § 1, *De statu hominum*, Dig., 1, 5.
(2) Ulp., *Regulæ* v, § 8.
(3) Institutes, *De jure pers.*, 1, tit. III, § 4.

moment de l'accouchement, l'enfant naît libre : «*In his, qui non legitime concipiuntur, editionis (tempus spectatur) : veluti si ancilla conceperit, deinde manumissa pariat, liberum parit* (1)...». Mais cette dernière règle n'est pas absolue. En effet, par un raisonnement étroit on devrait décider que : si une femme conçoit libre, mais non mariée, et accouche esclave, l'enfant, suivant la condition de la mère au moment de l'accouchement, naîtra esclave. Ce serait une conséquence logique de la règle d'Ulpien, mais trop dure pour l'enfant. Aussi nous voyons l'empereur Adrien, au nom de l'humanité et pour favoriser la liberté, répudier cette conséquence ; et, dans une espèce où une femme enceinte avait été condamnée à une peine emportant servitude, il décida que l'enfant naîtrait libre : «*Imperator Hadrianus Publicio Marcello rescripsit, liberum, quæ prægnans ultimo supplicio damnata edidi, liberum parere* (2).» Cette décision fut ensuite généralisée ; ainsi nous voyons Marcien formuler le principe général : «... *Si libera conceperit, deinde ancilla pariat, placuit, eum qui nascitur, liberum nasci.*» Et il donne dans la même loi la raison de cette décision : «*Quia non debet calamitas matris nocere ei, qui in ventre est* (3).

On est allé même plus loin et on a décidé que : si la

____

(1) Ulp., *Reg.*, v, § 10.

(2) Ulpien, *Ad Sabinum*, loi 18, Dig., *De statu hom.*, 1, 5.
C'est cette même loi qui décide aussi que : si une femme est condamnée à la peine de mort pendant la grossesse, l'exécution n'aura lieu qu'après l'accouchement. «*...Quæ prægnans damnata est ultimo supplicio ... solitum est servari eam, dum partum ederet.*» Ce principe a été admis depuis par toutes les législations ; dans le Code pénal actuel il fait l'objet de l'art. 27.

(3) Marcien, loi 5, § 2, Dig., *De statu hominum.*

mère, qui a conçu dans la servitude, est affranchie, et
retombe dans l'esclavage avant l'accouchement, quoiqu'elle n'ait été libre que dans l'intervalle, pendant un
temps qui peut être très-court, l'enfant naîtra libre tout
de même. Ainsi la condition de la mère peut changer
pendant la grossesse ; dès qu'elle a été libre pendant
un instant de raison, cette liberté profitera à l'enfant ;
il naîtra, par conséquent, libre. « *Quæsitum est : Si ancilla prægnans manumissa sit, deinde ancilla postea facta,
aut expulsa civitate pepererit, liberum, an servum pariat ?
Et tamen rectius probatum est liberum nasci, et sufficere
ei, qui in ventre est, liberam matrem vel medio tempore
habuisse* (1). »

Cause d'esclavage d'après le droit des gens.

La captivité. — Nous avons montré comment l'institution de l'esclavage trouve son origine dans la captivité. « Le droit des gens, dit Montesquieu, a voulu que
les prisonniers fussent esclaves (2)... » Les Romains ont
trouvé cette cause de l'esclavage, la captivité, chez les
peuples avec lesquels ils étaient en relation ; c'était
une règle admise par le *jus gentium*, que les captifs
deviennent esclaves. Aussi nous voyons les jurisconsultes
romains dire que, les hommes deviennent (*fiunt*) esclaves par certaines causes du droit civil, *aut jure gentium,
id est ex captivitate* (3). Il y avait, à ce point de vue, une
certaine réciprocité entre les Romains et les autres

---

(1) Marcien, loi 5, § 3, Dig., *De statu hom.*
(2) Montesquieu, *sur l'origine du droit de l'esclavage chez les jurisconsultes romains (Esprit des lois, liv. XV, ch. II).*
(3) Institutes, *De jure personarum, I, tit. III, § 4.*

peuples ; car, non-seulement l'ennemi fait prisonnier par les Romains devenait esclave, mais aussi, le Romain fait prisonnier par les ennemis perdait la qualité de citoyen et la liberté (1).

Un fragment du jurisconsulte Pomponius nous apprend que la captivité entraînait l'esclavage sans aucune autre condition, s'il s'agissait du sujet d'un peuple qui n'était ni l'ami, ni l'allié du peuple romain : « .... *Si cum gente aliqua neque amicitiam, neque hospitium, neque fœdus amicitiæ causa factum habemus, hi hostes quidem non sunt ; quod autem ex nostro ad eos pervenit, illorum fit, et liber homo noster ab iis captus servus fit eorum. Idemque est, si ab illis ad nos aliquid pervenial...* (2). » Il n'était pas nécessaire que la guerre fût déclarée en règle à ces peuples, pour que les prisonniers devinssent esclaves : on comprend bien qu'en pareil cas, chaque soldat se battait pour défendre la liberté de sa personne et pour sauver ses biens.

Mais à l'égard des peuples qui entretenaient des relations, par des traités d'alliance ou d'amitié, avec le peuple romain, il fallait une déclaration de guerre régulièrement faite, *justum bellum;* après quoi, le titre d'allié était remplacé par celui de *hostis* (3). «*Hostes sunt*, dit Ulpien, *quibus bellum publice populus Romanus decrevit, vel ipsi populo Romano...*» Il fallait donc, pour

(1) Nous trouvons dans l'histoire un fait qui vient confirmer cette théorie : ainsi quand Régulus vint à Rome avec la députation des Carthaginois, il refusa de prendre place au sénat, en disant qu'il n'était plus citoyen, mais un esclave.

(2) L. 5, § 2, *De captivis et postliminio, et redemptis ab hostibus,* Dig., XLIX, 15.

(3) Ulpien, L. 24, Dig., *De captivis et postlim.,* etc.

que la servitude fût le résultat légal de la captivité, qu'il y eût guerre de nation à nation, et que cette guerre eût été régulièrement déclarée. Ces conditions satisfaites, le prisonnier de guerre devenait esclave : « *Ab hostibus captus... est servus hostium* (1). »

Causes de l'esclavage provenant du droit civil.

: Ces causes sont au nombre de huit ; mais quatre seulement se retrouvent à l'époque des jurisconsultes classiques et sous Justinien. Avant d'entrer dans l'énumération de ces causes de servitude, nous devons poser le principe, que la liberté était en dehors de la convention des parties ; elle était imprescriptible et inaliénable. Aucune prescription, aucune convention ne pouvait rendre un homme libre, esclave : « *Conventio privata neque servum quemquam.... facere potest,* » dit le jurisconsulte Callistrate (2).

Nous allons donner maintenant l'énumération rapide des causes de chute dans l'esclavage d'après le *ius civile*. Voici d'abord les quatre causes qui avaient disparu au temps des jurisconsultes classiques :

1° Le défaut par un citoyen romain de s'être fait inscrire sur les registres du cens : « *...Eum qui, quum liber esset, censeri noluerit, ipsum sibi libertatem abjudicasse...* (3) ». Le cens, *census*, était une tablette ou un registre sur lequel les Romains écrivaient leurs noms et le montant de leur fortune, afin qu'en temps de guerre, chacun contribuât aux dépenses publiques suivant ses

(1) Ulpien, *ibidem.*
(2) Loi 37, Dig., *De liberali causa*, XL, 12.
(3) Cicér., *Pro Cæcina*, n° 31.

facultés (1). Lors donc qu'un citoyen romain évitait de se faire inscrire sur ces registres, et voulait se soustraire ainsi aux charges qui pesaient sur les citoyens, il perdait la cité, et était vendu comme esclave au profit du peuple : « *Populus in censum vendit,*» dit Cicéron. Cette cause de servitude a dû disparaître *ipso jure* quand le cens ne fut plus en usage chez les Romains.

2° Les jeunes gens qui avaient refusé de satisfaire au service militaire perdaient aussi la liberté :... «...*Judicat non esse eum liberum qui... adire periculum noluit,*» dit Cicéron (2). Cette cause, de même que la précédente, remonte, d'après certains jurisconsultes, à Servius Tullius; il est certain qu'elle existait à l'époque des Douze Tables. C'était une mesure nécessitée par les exigences de l'époque; le peuple romain était peu nombreux, et les guerres avec les voisins étaient fréquentes; les enrôlements volontaires étaient probablement chose rare à cette époque-là.

Aussi nous ne devons pas nous étonner de voir la loi qui rendait le service militaire obligatoire, traiter avec beaucoup de rigueur ceux qui voulaient échapper aux charges militaires. Un texte du jurisconsulte Menander atteste que ce refus du service militaire était un délit très-grave, *gravius delictum est,* qui était puni «jadis», *olim,* par la perte de la liberté :... «*Qui ad delectum olim non respondebant, ut proditores libertatis in servitutem redigebantur* (3). »

Plus tard, quand l'armée commença à être recrutée

<hr>

(1) Théophile, *Paraphrase*, § 3, *Des affranchis,* liv. I, titre v.
(2) Cicéron, *Pro Cæcina,* n° 34.
(3) Loi 4, § 10, *De re militari,* Dig., XLIX, 16.

surtout par voie d'enrôlements volontaires, on jugea que cette peine était trop sévère ; de sorte que cette seconde cause d'esclavage disparaît et ne se retrouve plus sous l'Empire : «... *Sed mutato statu militiæ recessum a capitis pœna est, quia plerumque voluntario milite numeri supplentur* (1). »

3° La loi des Douze Tables contenait une disposition qui frappait sévèrement les débiteurs qui ne remplissaient pas leurs engagements. D'après cette disposition le débiteur condamné, qui ne s'exécutait pas dans le délai que le juge lui accordait pour s'acquitter, était attribué au créancier par le Préteur ; ce premier délai qui était accordé légalement au débiteur était de trente jours : « *Aeris confessi rebusque jure judicatis triginta dies justi sunto,* » disaient les Douze Tables (2).

Passé ce premier délai, si le débiteur ne pouvait s'exécuter, ou donner une caution, *vindex*, il était attribué au créancier qui l'emmenait chez lui, et l'emprisonnait.

Il paraît que les personnages riches, en faisant construire leurs palais, ne manquaient pas d'y ajouter ces sortes de prisons privées, qui devaient préparer la servitude de leurs malheureux débiteurs. D'après le témoignage de Tite-Live même, le décemvir Appius Claudius avait fait construire une pareille prison pour ses débiteurs : il l'appelait « le *domicile* du peuple » : « *Et illi carcerem ædificatum esse, quod domicilium plebis Romanæ vocare sit solitus* (3). » Éloquent échantillon de la générosité et de la vertu de ce grand per-

(1) Loi 4, § 10, *De re militari,* Dig., XLIX, 16.
(2) Table III, § 1.
(3) Tite-Live, liv. III, § 57.

sonnage, à qui la pauvre plèbe avait confié le soin de lui donner des lois !... Quelle ironie dans cette généreuse précaution de la richesse !

On avait soigneusement déterminé et le poids des fers qu'ils devaient porter aux pieds, durant cet emprisonnement, et le *minimum* de nourriture qu'on était obligé de leur fournir par jour. Les fers ne devaient pas dépasser le poids de quinze livres, *quindecim pondo ne majore* (1); et la nourriture que le créancier devait fournir au débiteur prisonnier était une livre de farine par jour, si celui-ci ne vivait à ses propres dépens : « *Si volet suo vivito. Ni suo vivit, qui em* (sic) *vinctum habebit, libras faris endo dies dato* (2)... » Sans doute, le créancier, s'il était généreux, pouvait lui fournir plus que cela : « *Si volet, plus dato ;* » mais tout laisse à présumer qu'un créancier qui maltraitait ainsi son débiteur, était loin de se montrer généreux à son égard ! Il y avait, dans ce triste état des choses, un germe qui donna lieu à plusieurs révolutions de la part des plébéiens.

Cette incarcération durait soixante jours, *habebantur in vinculis dies sexaginta* (3). Pendant cet intervalle, le créancier devait le représenter trois fois au magistrat, dans le *comitium*, les jours de marché, de neuvaine en neuvaine, et déclarer à haute voix quelle était la somme pour laquelle le débiteur était détenu : « *...Inter eos dies trinis nundinis continuis, ad Prætorem in comitium producebantur, quantæque pecuniæ judi-*

---

(1) Table III, § 3.
(2) *Ibidem*, § 4.
(3) Aulu-Gelle, *Nuits attiques*, 20.

cati essent prædicabatur, » dit Aulu-Gelle. Cette proclamation à haute voix était une sorte de publicité dans le but de prévenir les parents ou amis du débiteur malheureux, de la triste position dans laquelle il se trouvait.

Si après l'expiration de ce second terme fatal de soixante jours, la dette n'était pas acquittée, alors le débiteur était *addictus* et vendu *trans Tiberim.* S'il y avait plusieurs créanciers, ils devaient partager le prix. Les Douze Tables contiennent un passage sur ce point, qui a été interprété trop au pied de la lettre par les anciens; il y est dit : « *Tertiis nundinis partes secanto ; si plus minusve secuerunt, se fraude esto* (1).» D'où, en donnant une explication tout à fait matérielle à ces mots *partes secanto,* on avait conclu que le débiteur était coupé en morceaux, et divisé entre ses créanciers. Aussi nous trouvons dans Quintilien : «... *In XII Tabulis debitoris corpus inter creditores dividi licuit...* (2).» Tertullien exprime la même idée dans les termes suivants : « *Sed et judicatos in partes secari a creditoribus leges erant (3)...* » Enfin Aulu-Gelle, dans ses *Nuits attiques,* est encore plus clair sur ce point; il se récrie contre cette atrocité, *pœnam horrificam atrocitatis ostentu,* et affirme pour de bon que ce partage du corps du débiteur était chose certaine d'après les lois romaines : *Nam si plures parent, quibus reus esset judicatus,* SECARE, *si vellent, atque partiri corpus addicti sibi hominis permiserunt (4) ; »* et pour donner plus d'autorité à ces pa-

---

(1) Table III, dernier paragraphe.
(2) Quintil., *Instit. orat.,* III, 6.
(3) Tertullien, *Apolog.,* cap. 4.
(4) Aulu-Gelle, *Nuits attiques,* XX, 1.

roles il cite même celles du fragment de la loi des Douze Tables.

Les commentateurs modernes ont rejeté cette interprétation des anciens. On est d'accord aujourd'hui que ce qui était partagé entre les créanciers, c'était la fortune du débiteur, y compris le prix pour lequel il était vendu, et non le corps (1). Du reste, même les auteurs que nous venons de citer, et qui interprétaient littéralement et dans un sens matériel la loi des Douze Tables, conviennent que cela n'a jamais eu lieu. Aulu-Gelle déclare franchement qu'il n'a lu nulle part, et qu'il n'a jamais entendu parler que cette disposition de la loi des Douze Tables ait été mise à exécution (2) : « *Dissectum esse antiquitus equidem neque legi, neque audivi...* »

Cette troisième cause de chute dans la servitude d'après le droit civil, tomba en désuétude : « *Quam legem mos publicus repudiavit,* » dit Quintilien (3) ; c'est qu'elle était incompatible avec le degré de civilisation auquel arrivèrent les Romains par la suite. Elle fut remplacée par la confiscation des biens.

4° La quatrième cause dérivait aussi de la loi des Douze Tables. Le voleur pris en flagrant délit, *fur manifestus,* pouvait être tué si le vol était commis pendant la nuit, ou s'il se défendait à main armée. Mais si le vol était commis dans la journée, *si id luci fecisset,* et si le voleur ne se défendait pas à main armée, *neque se telo defendisset,* il était battu de verges et attribué à celui

____

(1) Ortolan, *Explic. hist. du Dr. rom.,* I, p. 126, § 118.
(2) Aulu-Gelle, *ibidem.*
(3) Quintil., *loco cit.*

qu'il avait voulu voler : *verberatus et addictus* (1).

Le fragment des Douze Tables, auquel Aulu-Gelle attribue cette disposition, manque absolument. Mais nous trouvons la preuve de l'existence de cette disposition, dans le *Commentaire* de Gaïus sur le *furtum* : « *Pœna manifesti furti ex lege XII Tabularum capitalis erat; nam liber verberatus addicebatur ei cui furtum fecerat...* » Cependant, d'après ce que nous dit Gaïus, il paraît qu'il y avait controverse entre les jurisconsultes romains sur l'efficacité de cette *addictio*. On se demandait si l'*addictus* devenait réellement esclave. Il y avait donc doute sur ce point.

Le Préteur, qui s'était imposé la tâche de corriger les imperfections et les aspérités du droit, supprima cette quatrième cause de chute dans la servitude. La peine du *furtum manifestum* fut remplacée par la condamnation au quadruple : « *...Postea improbata est asperitas pœnœ, et tam ex servi persona, quam ex liberi, quadrupli actio Prætoris edicto constituta est* (2). »

Nous avons épuisé ainsi les quatre causes de servitude, qui avaient disparu à l'époque classique. Nous allons exposer maintenant les quatre autres, qui existent à l'époque classique et qui sont restées jusqu'à Justinien.

I. Devenait esclave d'après le droit civil, la femme libre, qui entretenait commerce illicite, *contubernium*, avec l'esclave d'autrui; mais pour passer à l'esclavage, il fallait que la femme n'ignorât pas sa condition de femme libre, et que le maître de l'esclave lui eût fait

(1) Aulu-Gelle, *Nuits attiques*, XI, 18, et XX, 1.
(2) Gaïus, *Comment.*, III, § 189.

trois fois sommation de renoncer à ses honteuses relations, qui allaient lui ravir la liberté. Si après trois
sommations réitérées, elle persistait dans ses relations,
elle perdait la liberté et devenait l'esclave du même
propriétaire, à qui appartenait l'homme, pour lequel sa
fatale inclination qui lui avait fait perdre la liberté : « *Si
mulier ingenua civisque Romana vel Latina alieno servo se
conjunxerit, si quidem invito et denuntiante domino in
eodem contubernio perseveraverit, efficitur ancilla* (1). »

Il y avait sans doute dans ce commerce illicite d'une
femme libre avec un esclave, une dégradation pour la
femme ; d'un autre côté, les intérêts du maître étaient
peut-être lésés en quelque sorte ; car l'esclave, préoc-
cupé de sa passion devenait moins actif. Ainsi, c'était
peut-être en guise de compensation, que la femme devenue esclave était attribuée au maître de celui avec
lequel elle entretenait des relations illicites. Cette disposition fut introduite par un sénatus-consulte de l'empereur Claude (2), l'an 52 de l'ère chrétienne, sous
l'instigation de l'affranchi Pallas. On a su gré à Pallas
de cette proposition, nous dit Tacite, et on lui a accordé
une largesse considérable (3).

Le but de ce sénatus-consulte a été interprété de
différentes manières. Les uns ont vu dans cet acte
de Claude, l'intention d'empêcher un acte immoral.
D'autres (4) ont pensé que l'intérêt pécuniaire a
tenu une large part dans le but du sénatus-consulte

(1) Paul, *Sent.*, liv. II, tit. xxv. « *De mulieribus quæ se servis alienis
junxerint, vel ad senatusconsultam Claudianum*, § 1.
(2) Ulp., *Reg.*, xi, § 11. — Gaïus, *Com.*, I, 81, 91 *et passim.*
(3) Tacite, *Annal.*, XII, 53.
(4) Labbé, à son cours, année 1874.

Claudien. En effet, ce n'est pas une union passagère qu'on avait en vue ; c'était au contraire une union régulière et suivie, comme un mariage, qu'on établissait entre la femme et l'esclave ; si bien, que si la femme était *filiafamilias*, il fallait le consentement du père ; si elle était affranchie, le consentement du patron ; si elle était mineure, celui de son tuteur (1). Cette considération, joint à celle que celui qui acquérait la femme en qualité d'esclave, acquérait en même temps tous les biens qu'elle avait, — c'était là un mode d'acquisition *per universitatem ;* — enfin la munificence accordée à Pallas, pour avoir inspiré cette disposition ; sont autant d'arguments qui viennent à l'appui de l'opinion, d'après laquelle le sénatus-consulte Claudien a été inspiré plutôt dans un but pécuniaire, que dans celui de supprimer certaines unions illicites et passagères, qui du reste ne devaient pas effrayer trop les Romains du temps de Claude.

Mais, quel que soit le but réel de ce sénatus-consulte, il paraît que son application n'était pas chose facile. On se heurtait à chaque pas contre certaines considérations qui blessaient les convenances.

Ainsi la femme coupable était quelquefois la patronne du maître de l'esclave avec lequel elle entretenait des relations ; eh bien, il aurait fallu, en vertu du sénatus-consulte Claudien, que cette femme devînt l'esclave de son affranchi ; mais le sentiment moral était blessé par cette conséquence fatale ! L'affranchi qui lui devait la liberté n'aurait jamais pu s'imposer comme maître !

(1) Ulp., *ibidem,* § 9, 11.

Aussi voyons-nous dans les *Sentences* de Paul que le sénatus-consulte Claudien ne s'appliquait pas en pareille circonstance : «*Si patrona servo liberti sui se conjunxerit, etiam denuntiatione contentam ancillam fieri non placuit* (1).»

De même, l'esclave pour lequel la femme avait une funeste inclination pouvait appartenir au fils de cette femme ; on aurait choqué tout ce qu'il y a de plus délicat dans les sentiments d'un homme : *le respect et l'amour maternels*, si on eût voulu appliquer, en pareil cas, le sénatus-consulte Claudien, dans toute sa rigueur! C'est pourquoi nous voyons qu'on décidait : «*Si mater servo filii se junxerit, non tollit senatusconsultum Claudianum erubescendam matris etiam in re turpi reverentiam, exemplo ejus quæ se servo liberti sui conjunxerit* (2).»

Peut-être l'application du sénatus-consulte Claudien rencontrait-elle aussi une certaine résistance dans les mœurs de ce temps-là. Il ne faut pas méconnaître qu'à cette époque les mariages étaient rares chez les Romains, et que les concubinages avaient pris des proportions considérables. Il avait fallu des efforts inouïs de la part du législateur — la loi *Julia* — pour encourager les mariages et mettre un certain obstacle à ce penchant désastreux qui emmenait la destruction de la famille. Or, il ne devait pas être très-choquant de voir une femme libre la concubine d'un esclave, comme on voyait des esclaves concubines des hommes libres ; surtout chez les Romains, où l'esclave était de la même race que le maître.

(1) Paul, *ibidem*, § 13.
(2) Paul, *ibid.*, § 16.

Le fait est qu'à raison de ces différentes considérations qui rendaient difficile l'application du sénatus-
consulte Claudien, il paraît qu'il a dû être renouvelé
sous Vespasien, pour se maintenir jusqu'à l'époque de
Justinien (1).

Les dispositions du sénatus-consulte Claudien paraissaient (2) à Justinien indignes de son temps, *indignum nostris temporibus* et contraires aux idées religieuses qui s'é-
taient répandues, il l'abrogea par une constitution adressée
à Hermogène, le *magister officiorum*. Dans cette constitution (3), Justinien débute avec la même emphase que dans
tous les actes qui émanent de lui : il lui a paru indigne,
dit-il, que l'esclavage, qui a été introduit contre la liberté
naturelle par la guerre, soit étendu par le désir des hommes, jsuqu'à ravir la liberté d'une malheureuse femme
amoureuse d'un esclave : *infelici cupidine captæ*. C'est
pourquoi il abroge le sénatus-consulte Claudien : « *Quum
in nostris temporibus, in quibus multos labores pro libertate
subjectorum sustinuimus,* SATIS ESSE IMPIUM *credidimus,
quasdam mulieres libertate sua fraudari, et quod ab hostibus
ferocitate contra naturalem libertatem inductum est, hoc a
libidine nequissimorum hominum inferri, Claudianum
senatus consultum..... conquiescere in posterum volumus.* »

Mais d'un autre côté, protégeant ainsi la liberté de
ces femmes, *amore servili bacchatæ* (4), Justinien songea
que cela pourrait les encourager à ce commerce illi-

(1) Suétone, *Vespas.*, II. — M. Accarias, *Dr. rom.*, I, p. 75, note 2.
(2) Instit., § 1, *De succ. subl.*, etc., III, 12.
(3) Loi unique, Code, *De senatusconsulto Claudiano tollendo*, livre VII,
tit. xxiv.
(4) Je trouve cette explication dans les *Instituts*, III, 12.

cite, et nuire ainsi aux mariages des personnes libres, si un pareil acte restait impuni : « ..... *ne servi putent, tale conamen impunitum esse.....* » en conséquence, il a pris des mesures efficaces pour y mettre obstacle. Le maître de l'esclave devait chasser la femme et avait le droit d'infliger certaines punitions à l'esclave coupable : « ..... *castigatione competente corrigere, et abstrahere a tali muliere* (1). »

Léon le Philosophe compléta l'œuvre de Justinien. Le christianisme avait fait des progrès ; l'esprit de cette sainte religion qui proclame la liberté de tous et l'égalité entre les personnes, tendait à effacer la différence entre les libres et les esclaves. La loi chrétienne, qui fait de l'amour et de la fidélité un devoir qu'elle impose aux époux, ne pouvait pas frapper une union qu'un amour constant avait cimentée, et dont le caractère religieux et pur n'était réprimé que par les lois dues au caprice des hommes, par les lois civiles.

En conséquence, l'empereur Léon VI, comme chrétien et comme philosophe, décida que : Si la femme consentait à servir le maître de son mari, en qualité d'esclave, le maître ne pourra pas s'y opposer et l'union des deux époux sera permise et indélébile ; mais en revanche, à la mort du maître, la femme, le mari et les enfants devenaient libres. C'était là une espèce de transaction, une espèce de compensation entre les intérêts du maître et de l'esclave. Ceci arrivait presque toujours quand la femme était pauvre. Mais si la femme avait les moyens de payer au maître de son mari la prime représentant la

(1) Novelle 100 de Léon VI. — M. Labbé, à son cours, année 1874.

valeur du mari esclave, elle pouvait lui rendre la liberté ; et le maître ne pouvait pas s'y opposer.

II. Certaines condamnations pénales entraînaient la perte de la liberté et la perte de la cité ; c'était là une source de chute dans l'esclavage, d'après le droit civil. Justinien, dans ses *Institutes*, ne cite que la condamnation *in metallum et bestiis* (1). D'après un texte de Marcien, il faut ajouter aussi la condamnation dite *in opus metalli* (2) ; il n'y avait, en effet, entre cette peine et la condamnation *in metallum* que certaines différences très-insignifiantes, comme l'aggravation de la peine en cas d'évasion (3) ou d'une différence dans le poids des chaînes qu'ils portaient. Enfin, nous ajouterons que la condamnation *à mort*, d'une manière générale, entraînait la perte de la liberté et de la cité en même temps (4) : « *Qui ultimo supplicio damnantur statim et civitatem et libertatem perdunt.* » Une loi de Celsus nous explique que par *ultimum supplicium*, on entendait la peine de mort : « *Ultimum supplicium esse mortem solam interpretamur* (5). »

Le condamné en pareil cas devenait l'esclave de sa peine : *Servus pœnæ* ; il n'avait pas de maître et si, par exemple, quelque chose lui était donnée par testament, cette disposition en sa faveur devenait inutile, elle était non avenue. La condamnation ne produisait son effet que du jour où elle était devenue irrévocable (6) : « ... *Dam-*

---

(1) Instit., § 3, *Quibus modis jus potestatis solvitur*, liv. 1, tit. XII.
(2) Marcien, princ., loi 17, *De pœnis*, Dig. XLVIII, 19.
(3) Loi 5, § 3, *De extraor. cogn.*, D. L, 13.
(4) Gaïus, loi 29, *De pœnis*, Dig., XLVIII, 19.
(5) Loi 21, *De pœnis*, D. XLVIII, 19.
(6) Loi 2, § 2, *in fine*, *De pœnis*, Dig. ibidem.

natus enim ille est, ubi damnatio tenuit.» Si le condamné avait interjeté appel, la peine ne produisait pas ses effets, avant qu'il fût prononcé en appel : «*Si prorocet, nondum damnatus videtur* (1). »

Plus tard, en 538, par la Novelle 22, Justinien décida que le condamné aux mines conserverait sa qualité d'homme libre. Son but était une idée chrétienne : maintenir l'indissolubilité du mariage, comme il le dit lui-même dans cette Novelle : «....*Separabatur vero matrimonium supplicio possidente damnatum sibique servientem. Nos autem hoc remittimus, et nullum ab initio bene natorum ex supplicio permittimus fieri servum....*» Puis il conclut que le mariage sera maintenu comme entre personnes libres : .... *Maneat igitur matrimonium hoc nihil ex tali decreto læsum, ut pote inter liberas personas consistens* (2). »

Justinien ne parle, dans cette Novelle, que de la condamnation aux mines. Il faut cependant généraliser sa décision et l'étendre aux autres condamnations. Pas de difficulté pour la condamnation *in opus metalli*, car elle ne différait presque pas de la condamnation *in metallum*, dont il est question dans la Novelle 22. — Quant à la condamnation aux bêtes, *ad bestias*, la question serait plus douteuse ; mais il paraît que le grand Constantin, vu le nombre des chrétiens qui avaient été condamnés aux bêtes, par suite des persécutions religieuses, avait aboli ce genre de peine. Cependant, les combats de gladiateurs avaient subsisté en fait, même

(1) Loi 2, *De pœnis, ibidem.*
(2) Nov. 22, chap. VIII.

après Constantin ; la défense fut renouvelée sous Honorius, et depuis le commencement du cinquième siècle, on ne voyait plus de ces combats sanglants.

III. La troisième cause de chute dans la servitude d'après le droit civil était l'ingratitude des affranchis envers celui à qui ils devaient la liberté. Une loi fut rendue sous le règne d'Auguste pour réprimer l'ingratitude de l'affranchi envers son bienfaiteur ; c'est la loi *Ælia Sentia*, qui, tout en respectant le maintien des affranchissements, permettait au patron de faire punir l'affranchi ingrat. Ulpien, dans un fragment sur les devoirs du préfet de la ville, nous indique quelles étaient les peines dont l'affranchi était passible, si le patron intentait contre lui une accusation criminelle d'ingratitude :

« *Quum patronus contemni se a liberto dixerit, vel contumeliosum sibi libertum queratur,.... præfectus Urbi adiri solet et pro modo querelæ corrigere eum, aut comminari, aut fustibus castigare, aut ulterius procedere in ejus pœna solet...* (1). »

L'héritier du patron avait le même droit, d'après ce que nous dit le jurisconsulte Paul : « *....In lege Ælia Sentia filius heres proximus potest libertum paternum ut ingratum accusare* (2)... »

D'après le témoignage de Dosithée, la peine encourue par l'affranchi ingrat était, au commencement, la relégation au delà de vingt milles de Rome (3) : *relegatio ultra vicesimum lapidem.* Puis, on laissa la peine à la discrétion du préfet de la ville, comme nous avons vu

(1) Ulpien, loi 1, § 10. *De officio præfecti Urbi*, Dig., I, 12.
(2) Paul, loi 70 in pr., *De verb. significatione*, Dig. I., 16.
(3) Dosithée, *Dici Adriani Sententiæ et Epistolæ*, § 3.

dans le passage d'Ulpien, que nous venons de citer plus haut.

C'est Claude qui fit de l'ingratitude de l'affranchi une cause de l'esclavage ; il décida, comme nous le dit Marcien, que l'affranchi qui aurait soulevé contre son patron un procès qui mettrait en jeu l'état civil de celui-ci, redevient l'esclave de son bienfaiteur ainsi outragé (1) : « *Divus Claudius libertum, qui probatus fuerit patrono delatores submisisse, qui de statu ejus facerent ei quæstionem, servum patroni jussit fieri eum libertum.* »

Il paraît que sous le règne de Néron le sénat a voulu généraliser cette cause de chute dans la servitude et l'étendre à tous les cas d'ingratitude ; mais le *concilium principis* jugea cette proposition inopportune, d'après ce que nous dit Tacite (2), et le vœu du sénat n'eut pas de suite.

C'est une constitution de l'empereur Commode qui réalisa la proposition du sénat, restée à l'état de projet sous Néron. Le jurisconsulte Modestin rend compte des dispositions de cette constitution, dans les termes suivants : « *Imperatoris Commodi constitutio talis profertur, quum probatum sit, contumeliis patronos a libertis esse violatos, vel illata manu atroci esse pulsatos, aut etiam paupertate vel valetudine corporis laborantes relictos, primum eos in potestatem patronorum redigi, et ministerium dominis præbere cogi. Sin autem nec hoc modo admoneantur, vel a præside emptori addicentur, et pretium patronis tribuetur (3).* »

(1) Marcien, loi 5, pr., *De jure patronatus*, Dig., XXXVII, 14.
(2) Tacite, *Annales*, XIII. 26 et 27.
(3) Modestin, loi 6, pr., *De agnoscendis et alendis liberis, vel parentibus, vel patronis, vel libertis*, Dig., XXV, 3.

Plus tard, vers l'an 320, l'empereur Constantin rendit une constitution sur le même sujet, et décida que l'affranchi coupable d'ingratitude retomberait dans la servitude : *« Si manumissus ingratus circa patronum extiterit ...... a patrono rursus sub imperio ditioneque mittatur (1)....»* Cet état des choses fut maintenu jusqu'à Justinien, qui nous cite l'ingratitude de l'affranchi parmi les causes de perte de la liberté : ainsi, parlant de la *capitis deminutio*, il nous dit dans les *Institutes : « Maxima capitis deminutio est, cum aliquis simul et civitatem et libertatem amittit ; quod accidit in his .... vel libertis, ut ingratis erga patronos condemnatis.... (2).»*

Mais pour que l'affranchi retombât dans la servitude *propter ingratitudinem erga patronum*, trois conditions étaient exigées : *a)* que celui qui se plaint soit le bienfaiteur même ; ce qui exclut le cas, où l'affranchissement n'était que l'accomplissement d'une obligation. Il faut remarquer cependant, qu'une constitution du Bas-Empire, rendue en 423, sous Théodose et Honorius, accorde aux héritiers du patron, les mêmes droits qu'au patron même, sur l'affranchi ingrat ; vu que, l'affranchi doit aux héritiers du patron le même respect et la même reconnaissance qu'au patron lui-même : *«...... Eamdem quam ipsis patronis reverentiam praestent heredibus patronorum, quibus ingrati actio sicut ipsis manumissoribus deberetur (3)...;»* *b)* que le fait d'ingratitude soit grave et blessant pour le patron, comme nous avons vu

---

(1) Cette constitution de Constantin fait la loi 2 du Code, L. bertis et eorum liberis, VI, 7.

(2) Institutes, § 1, *De capit. deminutione*, I, 16.

(3) Loi 1, C. *De libert. et liber. eorum*, C. VI, 7.

dans la constitution de Commode, rapportée par le jurisconsulte Modestin, ci-dessus : par exemple, quand l'affranchi a attaqué injurieusement son patron ; quand il a exercé sur lui des violences matérielles ; quand, le patron étant malade ou dans la misère, l'affranchi a refusé de le secourir ou de lui fournir des aliments. c) Enfin, il fallait que la plainte du patron fût reconnue fondée par le magistrat : « ... *Si in judicio vel apud pedaneos judices patroni querela exorta ingratum eum ostendat...* » Cette dernière condition est insérée dans la constitution de l'empereur Constantin, dont nous avons fait la mention.

IV. Nous avons déjà posé le principe que la liberté est inaliénable et en dehors de la convention des parties. Montesquieu nous dit que : *la liberté de chaque citoyen est une partie de la liberté publique* (1) ; or, comme il n'est pas permis de se tuer parce qu'on se dérobe à sa patrie, il n'est pas plus permis de se vendre ! Voilà un grand principe, qui met hors du commerce la liberté individuelle et qui existait du temps des Romains, comme il existe aujourd'hui. Mais l'application n'était pas aussi facile, surtout chez les Romains, où l'on distinguait difficilement l'esclave d'un homme libre, car ils étaient de la même race.

Une fraude était possible et se répétait souvent dans la pratique du commerce des esclaves : Un homme libre, qui se trouvait probablement dans la misère, s'entendait avec un compère, et pour avoir de l'argent il se laissait vendre comme esclave par celui-ci. Puis,

(1) *Esprit des lois*, livre XV, ch. II.

le prix partagé entre ces deux escrocs, et l'argent gaspillé, le prétendu esclave protestait au nom de l'inaliénabilité de la liberté, et par la *revindicatio libertatis* il redevenait libre ; on frustrait ainsi les intérêts du malheureux acheteur, victime de cette combinaison sans nom entre les deux escrocs.

Or, le commerce des esclaves jouait chez les Romains un grand rôle ; du reste il ne faut pas remonter de vingt siècles dans l'antiquité pour comprendre l'importance de ce commerce : rappelons-nous la traite des noirs seulement (1) ! La fraude dont nous avons parlé mettait une entrave sérieuse à ce commerce ; il s'était produit sans doute une baisse énorme dans le prix des esclaves, parce que, la misère aidant, la fraude étant devenue très-fréquente, l'acheteur risquait beaucoup, et n'était pas trop sûr que celui qu'il achetait était réellement esclave.

Il fallait donc réprimer cet abus, en prenant des mesures efficaces. Aussi le jurisconsulte Paul rapporte une décision de Mucius Scævola, contemporain de Cicéron, par laquelle on décide que l'homme libre, vendu comme esclave, perd la liberté ; et si je le cède en usufruit de bonne foi, le *dominium* sur cet esclave m'est conservé ; si, au contraire, j'ai été de mauvaise foi, il demeure esclave, mais *sine domino*. «*Si usumfructum liberi hominis tibi vendidero, et cessero, servum effici eum dicebat Quintus Mucius (2), sed dominium ita demum fieri meum, si bona fide vendidissem, alioquin sine domino fore.*»

(1) La première concession pour la traite des nègres est du 14 novembre 1673, sous Louis XIV.
(2) Loi 23, pr., *De liberali causa*, Dig., XL, 12.

C'est probablement un progrès dû à l'initiative du Préteur, qui aura refusé d'accorder la liberté à celui qui a commis la fraude, dont il est question. Puis vinrent les sénatus-consultes des empereurs qui ont sanctionné la décision de Scævola ; parmi ces sénatus-consultes se trouvait sans doute le sénatus-consulte de Claude (1); en effet, la loi 5 du titre *Quibus ad libertatem proclamare non licet*, où il est parlé de cette cause de chute dans la servitude, est tirée du commentaire de Paul *ad senatusconsultum Claudianum*. Il résultait de ces décisions des empereurs, que l'homme libre qui s'était laissé vendre comme esclave, restait esclave (2) : « *Iis, qui se passi sint venire, ad libertatem proclamandi licentiam denegari...* »

Tel était, sur ce point, l'état de la législation qui se perpétua jusqu'à Justinien. Cette cause de chute dans la servitude fut maintenue ; elle est mentionnée par les *institutes*, à propos de la *capitis deminutio* (3); en effet nous y trouvons : *Maxima capitis deminutio,..... accidit in his, ... qui se venum dari ad pretium participandum passi sunt* (4). »

Trois conditions étaient exigées pour protéger ceux qui auraient pu être victimes de cette cause d'esclavage à raison de leur inexpérience ou de leur ignorance :
a) Il faut que celui, qui s'est laissé vendre soit arrivé à l'âge qui lui permet d'apprécier la gravité de la fraude qu'il commet et les conséquences fâcheuses qu'elle peut en-

(1) Paul, loi 5, *Quibus ad libertatem proclamare non licet*, Dig., XL, 13.
(2) *Ibidem*, loi 3.
(3) Institut., § 1, *De capit. deminut.*, I, 16.
(4) Les Digestes en font mention dans les titres : *De liberali causa, Quibus ad libertatem proclamare non licet*, et *passim*.

traîner ; on exige en conséquence, que celui qui a été vendu ait plus de vingt ans (1) : *«Majores viginti annis....
ad libertatem proclamare non poterunt .....»* dit Ulpien ; Paul sur le sénatus-consulte Claudien mentionne aussi cette condition dans les termes suivants (2) : *«Si hominem majorem viginti annis emerimus...»* On voulait protéger ainsi, celui qui à raison de son âge ne pouvait pas comprendre la portée de son acte ; et, comme la liberté est tout ce qu'un citoyen a de plus précieux, on exigeait plus que la majorité ordinaire, qui était fixée à quatorze ans. *b)* Bonne foi de la part de l'acheteur, et mauvaise foi de la part du vendeur et de la part de celui qui s'est laissé vendre ; il fallait donc qu'il y eût eu réellement fraude de la part de ceux qui avaient touché le prix ; cette seconde condition se trouve d'abord dans un fragment d'Ulpien (3) : *«Si quis sciens liberum emerit, non denegatur vendito in libertatem proclamatio...»* Le jurisconsulte y fait aussi allusion, en disant : *«Qui sciens liberum emit,....... non potest contradicere ei, qui ad libertatem proclamat (4).»* Si, par erreur, celui qui s'est laissé vendre se croyait esclave, il peut revendiquer sa liberté, quand il découvre son erreur ; et celui qui l'avait acheté, ne peut avoir qu'un recours contre le vendeur (5).

c) Il fallait, en troisième lieu, qu'il y eût réellement paiement du prix, et participation de la part de celui

______

(1) Ulp. loi 1, pr., *Quib. ad libert. procl. non licet,* Dig., XL, 13.
(2) Paul, loi 5, *Quib. ad lib. pr. non licet.*
(3) Ulp., loi 7, § 2, *De lib. causa.* Dig. XL, 12.
(4) Paul, loi 33, *ibidem.*
(5) Le vendeur en pareil cas était coupable du crime appelé *plagium ;* de même, si l'acheteur est de mauvaise foi. — § 18, Instit., *De publ. judiciis,* IV, 18 ; loi 1, *De leg. fal.* Dig. XLVIII, 15.

qui s'était laissé vendre comme esclave : *Si quis... ad partiendum pretium venum se dari passus est,... ac si post vicesimum annum pretium partitus est, poterit ei libertas denegari* (1). » Il fallait donc que le paiement du prix eût été effectué. Mais si l'acheteur de mauvaise foi n'a pas payé son prix, et l'a vendu à un second acquéreur qui est de bonne foi, et qui a payé le prix, la *proclamatio libertatis* peut être intentée avec succès contre le premier acheteur, mais elle ne peut pas l'être contre le sous-acquéreur (2).

Eh bien, quand ces trois conditions existaient concurremment, l'homme vendu, quoique libre, tombait en servitude. Comme nous l'avons dit, cette dernière cause n'a pas été abrogée par Justinien. Elle ne disparut de la législation romaine qu'après une Novelle de Léon le Philosophe, grâce au progrès dû aux idées salutaires du christianisme (3).

De la condition des esclaves.

La condition de l'esclave n'admet aucune différence, nous dit Justinien dans les *Institutes : « In servorum conditione nulla est differentia* (4). » C'est la reproduction, en d'autres termes, d'un fragment du jurisconsulte Marcien qui a été inséré dans le Digeste : « *Et servo-*

---

(1) Ulpien, loi 7, § 1, *De liber. causa*, Dig. 40, 12.
(2) *Ibidem*, § 2.
(3) Léon VI monta sur le trône en 886 et mourut en 911. Il fut appelé le Philosophe à cause de la protection qu'il accorda aux lettres. Il a composé les *Basiliques*, les *Novelles*, un traité de *Tactique*, et les *Prédictions*. Il eut pour successeur son fils Constantin Porphyrogénète. — Nov. 57 de Léon VI. — M. l'abbé, à son cours.
(4) § 5, Instit., *De jure person.*, I, 3.

rum quidem una est conditio (1). » Enfin, Théophile dans sa *Paraphrase*, parlant de l'esclavage, l'appelle indivisible, — ἄτομας. — Tout ceci est parfaitement vrai au point de vue du droit, parce que les esclaves *pro nullis habentur*, et n'ont en principe aucun droit. Mais en fait, il y a une différence réelle dans la condition des esclaves; on pourrait les classer, suivant le plus ou moins d'importance qu'on attachait à eux, en trois groupes:

1° Les esclaves qui n'ont pas de maître, les *servi sine domino*, forment la classe la plus inférieure parmi ces hommes dégradés; ces malheureux, non-seulement ne pouvaient rien acquérir en leur propre nom, mais n'ayant aucun maître, ils ne pouvaient pas emprunter la qualité du maître et acquérir au nom de celui-ci; ils ne pouvaient exercer aucune industrie; pour eux, point de pécule! ce genre de récompense qui consolait un peu les esclaves ayant un maître et les encourageait au travail, était inconnu aux *servi sine domino*. Enfin, ce qui était plus triste, c'est que n'ayant pas de maître, ils ne pouvaient jamais être affranchis. Dans cette première catégorie entraient les esclaves condamnés criminellement: *servi pœnæ*, et les esclaves abandonnés: *servi derelicti* (2).

2° Les esclaves ayant un maître formaient la classe intermédiaire; ils acquéraient au nom du maître, qui souvent leur abandonnait une portion du produit de leur travail, ce qui formait leur pécule. Ils avaient l'espérance

_____

(1) Marcien, loi 5, princ., *De statu hom.*, Dig.
(2) Loi 17, pr., *De pœnis*, Dig. XLVIII, 19. — Loi 36, *De stipul. servorum*, Dig., XLV, 3.

d'être un jour affranchis par leur maître, si par leur travail et par la suite des circonstances ils se montraient dignes de cette récompense. Du reste, il y avait des esclaves qui, grâce à la bonté du maître, n'étaient pas trop à plaindre : ainsi, l'esclave avait-il une certaine dose d'intelligence et quelque instruction, le maître lui confiait la noble mission d'être le précepteur de ses enfants : *educator* ou *pædagogus*; celui-ci, avait-il quelque esprit et du talent pour jouer la comédie, son maître l'y destinait en le faisant *Comœdus*. Tel autre, qui montrait beaucoup d'intelligence dans la gestion des affaires, était nommé par son maître intendant pour lui administrer sa fortune : *actor*. Enfin, il y avait des esclaves qui se trouvaient, en fait, dans une meilleure position que plusieurs hommes libres ; ils avaient eux-mêmes d'autres esclaves donnés par le maître pour les servir, ou achetés par eux sur leur pécule pour en tirer profit et s'en servir à leur gré ; l'esclave d'un autre esclave s'appelait *vicarius* (1).

3° Enfin, le plus heureux parmi les esclaves, ou du moins celui qui jouissait de la meilleure condition, c'était le *servus publicus*. Celui-ci pouvait remplir certaines fonctions auprès du magistrat ; il gagnait des salaires et ramassait ainsi un pécule dont il avait la jouissance durant sa vie ; à sa mort il avait le droit de disposer par moitié de cette petite fortune, comme par testament : « *Servus publicus populi Romani partis dimidiæ testamenti faciendi habet jus* (2). »

<hr>

(1) Loi 8, *De peculio*, Dig. XV, 1. — Instit., § 1, *Quod cum eo...*, IV, 7.

(2) Ulp., *Reg.*, xx, § 16.

Comme nous voyons, la phrase par laquelle Justinien débute, en parlant de la condition des esclaves,
n'est pas littéralement exacte, du moins en fait. Nous
allons maintenant examiner la condition de l'esclave au
point de vue du droit; dans ce but, nous allons envisager
l'esclave à un triple point de vue : 1° la condition de
l'esclave comme personne ; 2° au point de vue des
droits de famille ; 3° au point de vue des obligations.

1° *Condition de l'esclave comme personne.* — La première question, qu'on peut se poser, c'est de se demander si en Droit romain on ne refusait pas à l'esclave la
dénomination de personne. Nous avons déjà répondu à
cette question en parlant des personnes en général (1).
Nous avons vu que plus d'une fois dans les Instelutes et les
Digestes, les expressions de *persona servi* ou *persona
servilis* se rencontrent inserrées dans les passages de
différents jurisconsultes ; d'où, nous avons conclu que
les jurisconsultes romains ne refusaient pas à l'esclave
la dénomination de *persona*, comme l'ont fait croire
plusieurs commentateurs modernes.

Mais puisque l'esclavage consiste justement à rendre
un homme maître de la vie et des biens d'un autre
homme, quelle est la protection que la loi accordait à
ce dernier ? Nous avons mis l'origine de cette institution
dans le droit de guerre ; la loi donnait au vainqueur le
droit de vie et de mort sur les membres d'une nation
ancienne, qui étaient devenus ses esclaves. Rien ne doit
donc nous étonner de voir le maître maltraiter ces hommes, qui avaient fait couler le sang des Romains, avant
d'être subjugués ; aussi les cruautés des maîtres deve-
naient-elles de plus en plus accentuées, à mesure que

le nombre des esclaves se multipliait par les conquêtes et les victoires du peuple romain.

Des mesures devaient être prises contre ces abus, qui avaient étouffé toutes les vertus morales et avaient entraîné la corruption des mœurs! Est-ce par un sentiment d'humanité qu'on s'intéressa un peu à la condition de l'esclave? C'est possible; certes, les philosophes et les moralistes ont beaucoup contribué à améliorer leur condition; ainsi nous voyons Sénèque (1) élever sa voix éloquente en faveur des esclaves et flétrir les abus des maîtres. Mais ce ne fut, peut-être, pas là le seul but qui détermina les mesures prises en faveur des esclaves; l'esclavage était une source de richesse, et comme nous avons eu encore une fois l'occasion de le dire, le commerce des esclaves jouait un grand rôle chez les Romains; ainsi, en accordant une certaine protection aux esclaves, on voulait protéger une branche du commerce, une source de richesse. Il y avait donc un *intérêt économique* qui se mêlait sans aucun doute dans tout cela. On pourrait enfin ajouter, qu'il y avait aussi un *intérêt politique;* car, le nombre des esclaves ayant augmenté démesurément, les abus auraient pu provoquer des révoltes; le salut de l'État était donc engagé en quelque sorte.

Quoi qu'il en soit, dès le commencement de l'Empire, on s'occupa à améliorer la condition de l'esclave. Dans l'ordre chronologique se place d'abord une loi rendue sous Auguste ou sous Néron, la loi *Scribonia* ou *Petronia*, qui défendait au maître de livrer son

(1) Sénèque, *Épîtres*, 47.

esclave à combattre contre les bêtes sans une cause légitime et seulement par caprice «... *Dominis potestas ablata est, ad bestias depugnandas suo arbitrio servos tradere...»* Un fragment de Modestin (1) nous parle d'un édit de Claude, qui décida que, l'esclave abandonné par son maître pour une infirmité grave, devenait libre, et entrait dans la classe des Latins Juniens ; nous avons déjà fait allusion à cette décision de Claude, en parlant des Latins Juniens ; sous Justinien (2), tous les hommes libres habitants de l'empire étant citoyens, les esclaves devenus libres dans le cas qui nous occupe devenaient en même temps citoyens romains. A la suite se placent deux constitutions d'Antonin le Pieux : l'une qui punit le meurtre de l'esclave, comme celui d'un homme libre : « *Qui hominem occiderit, puniatur non habita differentia, cujus conditionis hominem interemit* (3), » et, si c'est le maître qui le tue sans motif, il sera puni comme s'il avait tué l'esclave d'autrui (ce qui est assimilé aussi au meurtre d'un homme libre) : «... *Ex constitutione Imperatoris Antonini qui sine causa servum suum occiderit, non minus teneri jubetur quam qui alienum servum occiderit* (4). » La seconde constitution d'Antonin décidait que le maître qui maltraitait son esclave outre mesure, « *si intolerabilis videatur dominorum sævitia,* » sera obligé de le vendre, et dans le contrat de vente il ne

<hr>

(1) Modestin, loi 11, § 2, *Ad legem Corneliam de sicariis et veneficis*, Dig., XLVIII, 8.

(2) Loi 2, *Qui sine manumissione ad libertatem perveniunt*, Dig., XL., 8. — Cod. Justin., loi unique, §3, *De Latina libertate tollenda et per certos modos in civitatem Romanam transfusa*, livre VII, titre vi. — Ci-dessous, sect. 1.

(3) Marcien, loi 1, § 2, *Ad leg. Cornel.*

(4) Gaius, 1, § 53, *De domini potest.*

pourra insérer aucune clause défavorable à l'esclave, comme celle *ne menumittatur*, ou *ut prostituatur*. Déjà l'empereur Adrien avait puni de cinq ans de rélégation une certaine matrone appelée *Umbra*, qui avait maltraité ses esclaves pour des causes frivoles : « *quod ex levissimis causis ancillas atrocissime tractaret* (1). »

Ces progrès s'étaient accomplis sous les empereurs païens, et font honneur à leurs sentiments d'humanité, si c'est là le but qui les a guidés. Puis vint le christianisme, qui ne tarda pas à devenir la religion de l'État ; la doctrine du Christ contenait le grand principe de l'égalité des hommes et le germe de l'abolition de l'esclavage (2) ; et si ces idées n'ont pas été mises en pratique, cela tient peut-être à la distinction qu'on avait introduite entre l'ordre civil et l'ordre religieux (3) ; mais l'Église, sans contestation, a contribué beaucoup à adoucir la condition des esclaves.

Voici en quelques mots quelles ont été les améliorations introduites par les empereurs chrétiens.

1° En premier lieu viennent deux constitutions (4) de Constantin : l'une décide que les enfants des esclaves exposés appartiendront à celui qui les a recueillis et élevés ; Justinien a complété l'œuvre de Constantin (5) ; il les déclare, par une constitution en date de 527, libres et in-

---

(1) Gaïus, *ibidem*. — *Instit. Justin.*, *De his qui sui vel alieni jur. sunt*, § 2, liv. I, tit. VIII. — *Collatio legum Mosaic. et Rom.*, tit. III, ch. II, §§ 1, 2, 3, 4.

(2) Saint Paul, *Épître aux Éphésiens*, ch. VI, v. 9.

(3) Labbé, à son cours, année 1874.

(4) Code Théod., loi 1, *De expos.*, V, 7.

(5) Loi 3, Code, *De infantibus expositis liberis et servis*, etc., VIII. 52.

génus, *liberi et ingenui appareant.* La seconde constitution en date de 339 défend aux juifs d'avoir des esclaves chrétiens ; ils ne peuvent ni les acheter, ni les recevoir à titre gratuit : « *Judæus servum christianum nec comparare debebit, nec largitalis vel alio quocumque modo consequetur* (1) ; » si on contrevenait à cette défense, l'esclave était déclaré libre. En 428, les empereurs Théodose et Valentinien ont rendu une constitution, par laquelle ils décidèrent que : l'esclave prostituée malgré elle,... *ancillis peccandi necessitatem imponunt* (2)... deviendra libre. Enfin, deux Novelles de Justinien décident que les esclaves qui sont entrés dans les ordres monastiques, seront déclarés libres, car devant l'Église tous les hommes sont égaux : *omnes enim in Christo unum merito haberi,* πάντες γὰρ ἐν Χριστῷ ἓν εἰκότως νομίζεσθαι (3). Il en est ainsi quand l'esclave a embrassé la vie monastique avec la permission de son maître, *sciente et non contradicente domino ;* si c'est à l'insu du maître, celui-ci aura un an pour le réclamer : « *Liceat domino intra unius anni spatium probare conditionem ejus, et servum suum recipere.* » En tout cas, l'esclave devenu libre de cette manière ne pouvait pas quitter la vie ecclésiastique pour jouir de cette liberté dans la société : « *Si ad laicam ritam transeat, domino suo tradatur* (4). »

2° Condition de l'esclave au point de vue de la famille. — L'esclave n'a pas de famille, l'esclave n'a pas de parenté chez les Romains : «... *Nec ... ulla servilis videtur esse*

(1) Loi 5, Code, *Ne christianum mancipium, hæreticus vel paganus, vel judæus habeat,* etc., I, 10.

(2) Loi 6, Code, *De spectaculis et scenicis et lenonibus,* XI, 40.

(3) Nov. 5, *De monasteriis et monachis et præsulibus,* chap. II.

(4) Nov. 123, *De diversis ecclesiasticis capitibus,* chap. XVII.

cognatio… » dit le jurisconsulte Ulpien (1). Les esclaves pouvaient s'unir entre eux, et les enfants profitaient au maître, comme le produit des animaux de son patrimoine ; mais les esclaves n'avaient pas de *connubium*, ils ne pouvaient pas se marier, dans l'acception propre du mot, et par conséquent ils n'avaient pas de famille. Voilà le principe dans toute sa rigueur, tel qu'il fut maintenu par les lois romaines.

Mais le droit de famille est plutôt introduit par la morale, que par les lois civiles : « *Hoc jus moribus, non legibus introductum est,* » dit Pomponius (2). Aussi, malgré la rigueur du principe du droit civil sur la famille de l'esclave, nous trouvons dans un fragment de Paul certaines prohibitions au mariage, fondées sur le lien de parenté qui existe entre les esclaves : « A ce point de vue, dit Paul (3), *serviles cognationes observandæ sunt.* »

Puis vint le christianisme qui contribua beaucoup à l'amélioration de la condition des esclaves, non-seulement au point de vue de la protection de l'esclave comme individu, mais aussi au point de vue de la famille. La religion chrétienne, au point de vue des sacrements, ne faisait pas de distinction entre la condition de ses fidèles ; religieusement, le mariage de l'esclave valait comme celui des hommes libres, car il était béni par l'Église et ne pouvait plus être dissous arbitrairement (4).

L'empereur Constantin fit un pas de plus pour

(1) Ulpien, loi 1, § 2, Dig., *Unde cognati,* XXXVIII, 8.
(2) Pomponius, loi 8, *De ritu nuptiarum,* XXIII, 2.
(3) Paul, loi 14, §§ 2 et 3, *De ritu nuptiar.* — Savigny, *Droit romain,* t. II, p. 31.
(4) *Corpus juris canonici,* liv. II, tit. XIX. — M. Labbé, à son cours, 1872.

protéger la famille de l'esclave. Il arrivait, d'après ce
qu'il paraît, que dans le partage des successions les
membres de la famille de l'esclave étaient séparés pour
être attribués aux divers héritiers qui venaient à la succession. On séparait les époux l'un de l'autre, les frères
de leurs sœurs, les enfants de leurs parents! Ce triste
spectacle, qui de nos jours inspira à l'un des grands
hommes de notre siècle une touchante tragédie (1),
avait blessé les sentiments du très-chrétien empereur;
par une constitution, en date de 334, il décida que la
famille de l'esclave ne pourrait plus être séparée ainsi
à raison du partage, et que toute la famille serait attribuée à un seul des héritiers: *Ut integra apud successorem
meum... permaneat* (2).

Enfin, Léon le Philosophe, toujours dans le but d'assurer le maintien de la famille de l'esclave, décida :
Si un esclave est affranchi, il pourra continuer à servir
son maître, s'il ne veut pas se séparer de sa famille;
mais à la mort du maître l'esclave, sa femme et ses enfants deviendront libres.

Si l'affranchi peut payer au maître une somme représentant la valeur des membres de sa famille qui restent dans l'esclavage, il pourra les racheter en indem-
nisant le maître (3).

3° *Condition de l'esclave au point de vue des obligations
et des acquisitions.* — L'esclave n'avait pas le *commercium*,
par conséquent il ne peut pas acquérir la propriété
civile, réservée aux citoyens, cela va sans dire; mais,

(1) *L'Étrangère* de M. Alex. Dumas fils.
(2) Loi 11, Code, *Communia utriusque judicii, tam familiæ ercis-
cundæ, quam communi dividundo*, III, 38.
(3) Novelle 101 de Léon VI. — M. Labbé, à son cours, année 1875.

de plus, il ne peut acquérir pour lui-même la propriété naturelle, comme le pouvaient les étrangers. Tout ce que l'esclave acquiert, la loi l'attribue à son maître. Quant aux obligations, l'esclave ne peut ni s'obliger, ni acquérir une créance pour lui; s'il acquiert une créance, elle profite à son maître, dont il emprunte la capacité pour faire cette acquisition; quant aux obligations, il ne peut pas emprunter la capacité du maître pour s'obliger, car ceux qui sont sous une *potestas* peuvent rendre meilleure la condition de celui qui exerce cette puissance, *meliorem conditionem facere possunt,* mais ils ne peuvent pas l'empirer.

Tel était le principe, d'après le strict droit civil : incapacité absolue d'acquérir et de s'obliger. Peut-on prétendre que cette incapacité d'acquérir était purement et simplement la conséquence de la *potestas domini?* Cela semble naturel, car dans tous les actes d'acquisition, l'esclave acquiert pour son maître, parce qu'il le représente. Mais M. de Savigny n'admet pas cette décision; et cela, parce que l'incapacité de l'esclave s'étend au delà des limites de la représentation. En effet la représentation, restreinte aux biens, n'empêcherait pas l'esclave de se marier et d'avoir une famille; or, l'esclave n'avait pas de famille, il n'était pas considéré comme marié aux yeux de la loi civile : « *Ad leges serviles cognationes non pertinent!* Une seconde preuve, qui vient à l'appui de l'opinion de M. de Savigny, c'est que, les *serri sine domino* n'ayant pas de maître, ils ne représentent personne; or, si l'incapacité d'acquérir était la conséquence de la *potestas,* ces esclaves pourraient acquérir pour eux; et cependant il n'en est pas ainsi, les *serci sin domino* ne peuvent acquérir pour eux, pas plus que les autres esclaves (1).

Avec le temps, cette incapacité de l'esclave, au point de vue des obligations, fut diminuée ; l'esclave ne pouvait ni contracter une obligation civile en son propre nom, ni en acquérir une ; car il ne pouvait comparaître en justice, ni comme défendeur, ni comme demandeur ; mais, son obligation valait comme obligation naturelle : en effet, Ulpien nous dit dans une loi sur les obligations : « *Serci... ex contractibus civiliter quidem non obligantur, sed naturaliter et obligantur, et obligant* (2). » Voici quelle était la règle sur ce point : d'après le droit civil, l'esclave ne pouvait pas acquérir une créance, car toutes ses acquisitions profitaient au maître ; mais si celui-ci consentait à devenir le débiteur de son esclave, il naissait au profit de celui-ci une obligation naturelle ; et cela est tellement vrai, que, si plus tard l'esclave est affranchi, en lui payant il n'y a pas là une libéralité, mais un véritable payement, une libération : « *... Si serco qui mihi mutuam pecuniam dederat, manumisso solvam, liberor* (3). » Quant aux obligations, nous avons dit que l'esclave ne pouvait pas s'obliger civilement ; mais son obligation valait au moins comme obligation naturelle ; et si l'esclave était affranchi, il pouvait être poursuivi en son propre nom ; Ulpien rapporte, dans une loi sur les pactes, l'autorité de Marcellus qui admet cette opinion, et lui-même il la soutient (4).

(1) Javolenus, loi 36, *in fine, De stipulatione servorum,* Dig., XLV, 3. — Savigny, *Droit romain,* II, 30.
(2) Ulp., loi 14, *De stipulationibus et actionibus,* Dig., XLIV, 7.
(3) Ulpien, loi 14, *ibidem.*
(4) Ulp., loi 7, § 18, *De pactis,* Dig., II, 14.

Nous terminons ici l'exposition sur les diverses classes de personnes, que nous avons envisagées dans la division des personnes au point de vue de la *civitas*, et qui fait l'objet de la première partie de notre sujet sur le droit romain. Il nous reste à examiner, dans la seconde partie, quels sont les moyens par lesquels les *non cives* pouvaient arriver à la cité romaine.

SECONDE PARTIE

—◆—

DE LA NATURALISATION CHEZ LES ROMAINS, OU DES MOYENS PAR LESQUELS LES *NON CIVES* DEVENAIENT CITOYENS.

Nous avons parcouru dans la première partie, les diverses classes de personnes, qui ne jouissaient pas de la *civitas*; il y avait parmi ces *non cives* une différence notable dans leur condition. Les Latins étaient sans aucun doute les *non cives* les plus privilégiés; puis venaient les pérégrins en général, et enfin les esclaves. Cette distinction a sa base dans le droit primitif des Romains, et malgré les modifications qu'il a subies à travers les siècles, les traits caractéristiques apparaissent dans toutes les parties du droit. Les conséquences de cette distinction s'accentuent surtout au point de vue de l'acquisition de la *civitas*; ainsi les Latins jouissaient de certaines facilités pour y parvenir, qui n'étaient pas accordées aux autres; les pérégrins pouvaient obtenir la *civitas* par des concessions, collectives d'abord, personnelles ensuite; enfin pour les esclaves, il y avait un seul moyen pour arriver à la cité romaine : c'était l'affranchissement. Aussi, nous sommes conduit naturellement à faire dans cette seconde section, trois divisions : 1° moyens par lesquels les pérégrins parvenaient à la cité romaine ; 2° facilités spéciales dont jouissaient les Latins ; 3° affranchissements. Nous compléterons cette exposition rapide, en disant quelques mots sur le *postliminium*.

CHAPITRE Ier

DES MOYENS PAR LESQUELS LES *PEREGRINI* DEVENAIENT *CIVES*.

Dans les premiers temps, on ne connaissait pas à Rome la naturalisation, telle que nous l'entendons aujourd'hui, c'est-à-dire la concession des droits de citoyen à un individu. La loi des Douze Tables prohibait le privilége des lois personnelles : *Ne privilegia irroganto.* Les concessions de la cité étaient collectives ; on accordait la *civitas* à des villes entières, ou à des peuples, comme les Albains, les Falisques, les Capénates et autres. La concession avait lieu en vertu d'une loi qui était votée dans les comices. Jusqu'à *Servius Tullius*, le droit de naturalisation, *allectio*, se confondant avec la qualité de patricien, — car les patriciens seuls avaient le *plenum ius Quiritium*, les plébéiens n'avaient pas le *jus honorum*. — émanant des comices curiales ; sous la République la naturalisation était votée par les comices centuriates et ensuite par les comices tributes (1). Cette prérogative passa au sénat et aux généraux, en vertu

---

(1) Troisfontaines, *Antiquités romaines*, I, p. 113.

du pouvoir, que le peuple lui avait confié : «.... *Liceat, si populus romanus permiserit, ut ab senatu, ab imperatoribus nostris civitate donentur* (1), » dit Cicéron. C'était là un moyen efficace, dont les Romains usaient largement, toutes les fois qu'ils avaient besoin de l'appui ou de l'alliance d'une ville. De sorte. que certains peuples prudents, craignant cette politique dangereuse des Romains, avaient défendu expressément, dans leurs traités d'alliance, d'accorder la *civitas* à leurs sujets. Cicéron nous cite : les Insubriens, les Helvétiens, les Japides, les Germains et quelques peuples barbares de la Gaule, dans les traités desquels il était stipulé qu'aucun de leurs sujets ne pourrait être reçu comme citoyen par les Romains (2) : *Ne quis eorum a nobis civis recipiatur.*

C'est Marius, qui, en vertu de la loi *Apuleia* portée par Saturninus, put accorder la naturalisation à des individus isolés ; cette loi ordonnait au général d'établir des colonies dans les provinces conquises et l'autorisa à faire dans chacune de ces colonies trois Romains : «.... *Qua lege (Apuleia) Saturninus C. Mario tulerat, ut in singulas colonias ternos cives Romanos facere posset* (3). » Mais ce ne fut pas sans difficulté que s'établit cette pratique ; les concessions de cité accordées par Marius furent contestées ; et Antistius, habitant de Spolète, voulait faire déclarer non avenue la naturalisation de son concitoyen *Matrinius,* qui avait été décoré de la cité romaine.

Cependant, la bonne politique et en quelque sorte l'in-

(1) Cicéron, *Pro Balbo,* § 10.
(2) Cicéron, *Pro Balbo,* § 14.
(3) *Ibid.,* § 21.

térêt, le salut de la République romaine exigeaient le maintien de cette pratique; Cicéron, en plaidant l'affaire de Cornélius Balbus, défend avec ardeur ce droit donné aux généraux d'honorer la bravoure dans la guerre, en accordant le titre de citoyen aux étrangers, qui s'étant mis au service de la République et l'avaient défendue avec courage. « *Quis enim esset, judices*, s'écrie Cicéron, *qui imperatoribus nostris, in bello, in acie, in exercitu, delectum virtutis ; qui sociis, qui fœderatis, in defendenda republica nostra spem præmiorum eripi vellet* (1)? » Ces étrangers, qui ont défendu Rome, au risque de leur vie, sont dignes, disait le grand orateur, d'obtenir le titre de citoyens de cette ville, pour laquelle ils se sont exposés aux dangers et aux traits de l'ennemi !

Cet exemple donné par Marius fut suivi; Crassus gratifia du titre de citoyens, deux cohortes de Camertins, et une légion d'Héraclée; Sylla accorda la même faveur à plusieurs citoyens de Gadès, et à un certain Marseillais appelé Ariston; Fabius de Sagonte fut fait citoyen par Métellus; Crassus, collègue de Pompée, gratifia du même titre Ovius de Messine, les membres de la famille Fabius de Sagonte, les habitants d'Utique et autres ; Pompée usa aussi de cette faveur, en accordant la cité romaine à plusieurs étrangers qui s'étaient distingués dans la guerre contre Sertorius, en défendant la cause romaine, entre autres Cornelius Balbus.

C'est à propos de celui-ci que Cicéron prononça son éloquent plaidoyer sur la naturalisation, qui est pour

______

(1) Cicéron, *Pro Balbo*, § 21.

nous une source très-abondante en renseignements sur cette matière. Une loi *Gellia-Cornelia*, portée en 682 avec l'autorisation du sénat par L. Gellius et Cn. Cornelius, permettait à Pompée d'accorder avec l'avis de son conseil — *consilii sententia* — la cité romaine à ceux qu'il jugeait dignes d'être décorés de ce titre dans la province d'Espagne. En vertu de cette loi, et d'après la recommandation de César et de Cornelius Lentulus, Pompée accorda la cité romaine à Balbus né à Cadix (Gadès). Il paraît que Lucius Cornelius Balbus était un brave général, qui avait mérité ce titre en versant son sang ; aussi, Cicéron exalte, avec un talent qui lui est habituel, la valeur militaire de Balbus. Il avait déjà servi en Espagne sous O. Metellus et sous C. Memmius. Quand Pompée vint en Espagne et fit de Memmius son questeur, Balbus continua à le servir dans la guerre contre Sertorius. En Afrique, il assista aux batailles sanglantes de Turia et de Sucron, et montra un courage digne d'un illustre général : *virtus digna summo imperatore*, dit Cicéron. C'est pour le récompenser de ces actes de dévouement qu'on le fit citoyen romain. Mais un autre habitant de Gadès, dont le nom est inconnu, lui contesta ce droit, et c'est en cette circonstance que Cicéron, en 689, plaida pour Balbus ; son discours est un modèle d'éloquence et plein de théories juridiques.

D'après le témoignage de Cicéron, le courage militaire n'était pas le seul mérite qui attirait aux étrangers la faveur de devenir citoyens romains. On accordait aussi le titre de citoyen aux étrangers, qui se distinguaient par les talents de l'esprit et par l'éloquence (1) : *lingua et ingenio patefieri aditus ad civitatem poluit.*

D'un autre côté cette faveur pouvait être accordée non-seulement aux hommes, mais aussi aux femmes. Ainsi les Romains avaient emprunté aux Grecs les sacrifices de Cérès ; le culte fut confié, en conséquence, à des prêtresses grecques, mais celles-ci devenaient citoyennes romaines. C'est ainsi que, sur la proposition du préteur Valérius Flaccus, le Sénat accorda le titre de citoyenne romaine à *Calliphane* de Vélie, avant qu'aucun autre habitant de cette ville eût obtenu cette faveur (2).

Sous l'empire, la naturalisation fut accordée par l'empereur même, comme un bénéfice (3), soit à des villes, soit à des individus ; aussi voyons-nous, dans le Code, deux constitutions des empereurs Dioclétien et Maximien, où il est dit : *Jus ingenuitatis... nobis peti potuit ;* et plus loin : *Ingenui nostro constituuntur beneficio* (4). Il paraît que c'est César qui, le premier, s'attribua ce droit de conférer la cité ; cependant, d'après l'avis de Suétone, il en usa avec modération : « *Civitatem romanam parcissime dedit* (5). » Après la conquête de la Gaule, Jules-César accorda la cité romaine à plusieurs villes, parmi lesquelles Strabon cite les villes des Salliens et des Cavares ; M. Giraud (6), fondé sur les textes de Tacite et de Plutarque, admet que la Gaule entière, en récom-

(1) Cicéron, *Pro Balbo*, § 14.
(2) Cicéron, *ibidem.*
(3) Maynz, I, § 98, pp. 291 et suiv.
(4) Lois 1 et 21, *De jure aureorum annulorum et de natalibus restituendis*, Code, VI, 8.
(5) Suétone, *Auguste*, § 40.
(6) Giraud, *Essai sur l'hist. du Dr. franç. au moyen âge*, t. I, p. 50.

pense du secours donné à Vindex, avait acquis la cité romaine, bien avant la fameuse constitution de Caracalla.

Quant aux formalités à remplir par ceux qui devenaient citoyens romains, il paraît qu'elles n'étaient pas bien compliquées. Un passage de Cicéron, dans son *Discours pour Balbus*, nous atteste qu'il fallait une inscription sur les registres publics : *Indicant publicæ tabulæ* (1). Une seconde condition est indiquée par M. Giraud, dans son excellent ouvrage sur l'histoire du Droit français au moyen âge : *L'abjuration de leur culte*, dit M. Giraud, *fut une condition expressément imposée, sous Auguste même, à ceux qui sollicitaient la collation du droit de cité* (2).

Mais quel était l'effet de ces concessions ? Un fragment de Gaïus nous indique que leur effet était individuel : la cité profitait exclusivement à celui qui avait obtenu ce titre, elle ne s'étendait ni à l'épouse ni aux enfants de l'étranger devenu citoyen ; si celui qui sollicitait la *civitas* voulait que sa femme et ses enfants devinssent *cives Romani*, comme lui, il devait expressément demander la concession de la *civitas* pour eux spécialement : « *Civitatem sibi et uxori ab imperatore petit ;* » et si la femme est enceinte et si le père, devenu citoyen, veut exercer sur lui la puissance paternelle, il devait demander cette faveur en même temps : « *Dum civitatem petit, simul ab eodem (imperatore) petere debet, ut eum qui natus erit in potestate sua habeat* (3). »

(1) Cicéron, *Pro Balbo*, § 8.
(2) Giraud, *Essai sur l'hist. du Dr. fr. au moyen âge*, I, p. 33.
(3) Gaïus, *Com.*, I, § 91. — M. Labbé, à son cours, année 1871.

Il paraît que les anciens Romains n'usaient pas largement de la concession du droit de cité ; de là, comme le fait remarquer avec raison M. Accarias (1), l'usage des concessions partielles ; ainsi un étranger obtenait quelquefois le *commercium*, ou le *connubium* seul, des attributs isolés de la cité, et non le titre de citoyen, qui était au commencement si cher et dont la concession était très-rare.

Mais avec le temps, le sang romain perdit peu à peu son prestige : d'un côté, l'exercice des droits politiques fut beaucoup restreint et réduit presque à rien sous les empereurs (2) ; d'un autre côté, la fréquence des relations avec les étrangers, dont le nombre augmentait de plus en plus avec les conquêtes de Rome; tout cela faisait, qu'on marchait rapidement vers cette politique d'assimilation qui commença par les lois *Julia et Plautia*, et dont le résultat fut couronné par la constitution de Caracalla.

§ 1. — Des lois Julia et Plautia.

Voici dans quelles circonstances sont intervenues les lois *Julia et Plautia* qui concédèrent la cité romaine à tous les habitants de l'Italie : Les peuples de l'Italie, alliés de Rome, avaient contribué beaucoup à la grandeur du nom et à la puissance du peuple romain. Une récompense leur était due pour ces services, et cepen-

(1) Accarias, *Droit romain*, I, 89, note 2.
(2) Giraud, *Introduction à l'histoire du Droit romain*, p. 216, édition 1835.

dant les Romains s'y refusaient avec obstination. Les Italiens commençaient à murmurer, et comme le fait remarquer Maynz (1), les chefs du parti démocratique à Rome se firent les interprètes de leurs réclamations. Les tribuns, paraît-il, avaient promis une loi qui réparerait cet état de choses; mais ces promesses ne furent pas réalisées, et les Italiens se crurent trompés dans leurs espérances. « L'Italie se souleva, dit M. Ortolan (2); les drapeaux des villes alliées, des villes municipales, des colonies elles-mêmes, flottèrent de toutes parts et s'avancèrent vers Rome; la guerre fut courte et meurtrière; des consuls, des légions romaines, des légions alliées y périrent.... » D'après le témoignage de Velleius Paterculus, plus de trois cent mille hommes périrent dans cette guerre désastreuse, connue sous le nom de Guerre Sociale.

C'est à la suite de ces événements sanglants que furent rendues les lois *Julia et Plautia*. La guerre avait éclaté en 662; la loi *Julia, De civitate sociis danda*, fut rendue en 664 et accordait la cité romaine aux villes qui étaient soumises, pour les maintenir dans la fidélité; en 665, la loi *Plautia, De civitate*, l'accordait aussi à ceux qui résistaient encore; cette dernière loi s'appelle aussi *lex Plautia-Papiria*, ou *lex Silani et Carbonis*, parce qu'elle fut proposée par les tribuns Plautius Silanus et Papirius Carbo (3).

Rome signait ainsi la paix en faisant un sacrifice, si on

<hr>

(1) Maynz, *Droit romain*, I, § 31, note.
(2) Ortolan, *Explication historique du Droit romain*, t. I, p. 225, n. 29.
(3) Maynz, *ibid.*, I, § 31, note 11. — Cicéron, *Pro Archia*, 4.

peut dire que c'en était un ; car le titre de citoyen avait
déjà beaucoup perdu de sa valeur primitive. En tout
cas, c'était une concession achetée par les Italiens au
prix d'une guerre qui dura plus de deux ans. Les Italiens
furent classés dans huit tribus nouvelles, et dans les
délibérations publiques n'eurent que huit voix ; Rome
en avait trente-cinq ; mais cette distribution dura peu,
car les Italiens parvinrent à être distribués dans les
trente-cinq tribus romaines (1).

L'Italie entière avait donc, comme Rome, le droit de
cité ; mais l'égalité, comme dit M. Giraud, n'était point
parfaite ; Auguste avait réservé à Rome un rang plus
élevé : « *Etiam jure ac dignitate Urbi quodammodo et pro
parte aliqua adæquavit.* » Et il paraît même que la *civitas*
n'avait pas perdu tout son prix et tout son éclat ; ainsi
Suétone nous raconte qu'Auguste refusa la concession de la cité à un Gaulois qui était le protégé de
Livie (2).

Mais les successeurs d'Auguste furent moins exigeants
et accordèrent la cité avec plus de facilité ; d'autant plus
que cette concession était devenue une source de bénéfices, vu que celui qui obtenait la cité payait un droit au
fisc.

Claude, qui était de Lyon, accorda — d'après le
récit de Tite-Live — la cité à un grand nombre de
Gaulois.

On a trouvé au seizième siècle, à Lyon, des fragments du discours tenu par Claude à cette occasion.

(1) Ortolan, I, 227.
(2) Giraud, *Introduction historique au Droit romain d'Heineccius*, I,
p. 216. — Suétone, *in Aug.*, 40.

Marc-Aurèle prodiguait la cité à tous ceux qui la sollicitaient et qui pouvaient payer : *Data cunctis promiscue civitas Romana*, dit Aurelius Victor (1). Du reste, la facilité avec laquelle les empereurs accordaient la *civitas* aux habitants des provinces avait peut-être une raison politique : ils accordaient la cité aux provinciaux pour s'attirer l'appui des provinces et l'opposer à la résistance qu'on rencontrait à Rome ; les empereurs caressaient aussi les ambitions de certains sujets de l'empire en dehors de l'Italie, sûrs d'y trouver un soutien en cas de besoin.

Telle était la situation des habitants des provinces sous l'Empire : les Italiens avaient obtenu la *civitas*, en bloc ; les habitants des autres provinces l'avaient obtenue en grand nombre, individuellement, quand fut rendue la constitution de Caracalla, dont nous allons nous occuper.

§ 2. — Constitution de Caracalla.

L'état des provinces s'était beaucoup amélioré sous les empereurs : l'Italie avait reçu le droit de bourgeoisie romaine pour tous ses habitants ; ceux des autres provinces l'avaient reçu individuellement, et le *nomen Latinum* et le *jus Italicum* avaient été concédés à la plupart des provinces.

Mais ce progrès fut achevé par la grande révolution qui s'opéra en vertu de la constitution de Caracalla ; un fragment d'Ulpien nous dit : « *In orbe Romano qui sunt, ex constitutione imperatoris Antonini*

(1) Aurelius Victor, *De Cæsaribus*, 16.

cives Romani effecti sunt (1). » En vertu de cette constitution, tous les sujets du grand empire romain, pérégrins, Latins, Italiens, colons, recevaient la bourgeoisie romaine. Mais le titre de *civis* avait perdu son prix, et les historiens du temps font si peu de bruit de ce grand événement politique, qu'il a laissé très-peu de traces; à tel point que Justinien même dans sa Novelle 78 s'est trompé sur l'auteur de cette importante constitution (2).

En effet, Justinien l'attribue à Antonin le Pieux; probablement il a pensé que ce bienfait, consistant dans la concession de la cité à tous les sujets de l'empire, était digne du pieux empereur dont le nom était resté cher aux Romains. Mais c'est là une fausse interprétation du fragment d'Ulpien; tout le monde sait que les jurisconsultes romains n'appellent *imperator* que l'empereur qui règne au moment où ils écrivent, et que, toutes les fois qu'ils parlent d'un empereur déjà mort à l'époque où ils écrivent, ils l'appellent *divus*; tous les empereurs romains étaient divinisés après leur mort, même Néron ! Or, Antonin le Pieux était mort déjà depuis longtemps à l'époque d'Ulpien, et cependant ce jurisconsulte ne dit pas *divus Antoninus*, mais *imperator Antoninus*; ce qui prouve que ce ne peut être qu'Antonin Caracalla, qui régnait au temps d'Ulpien.

Aujourd'hui, la question ne fait plus de doute; tous les auteurs sont d'accord que la constitution qui nous

(1) Ulpien, loi 17, *De statu hominum*, Dig., I, 5.

(2) Novelle 78, ch. v «... Sicut enim Antoninus Pius cognominatur... jus Romanæ civitatis prius ab unoquoque subjectorum petitur, et taliter ex iis qui vocantur peregrini, ad Romanam ingenuitatem deducens... »

occupe est l'œuvre de Caracalla (1). L'erreur de Justinien est bien prouvée par un passage de *Dion Cassius* (LXXVII, 9), qui parle de cette constitution de Caracalla et explique même à quelle occasion elle fut faite. Caracalla cherchait par tous les moyens à augmenter les ressources du fisc; il existait déjà au profit du fisc un impôt du vingtième sur les affranchissements, sur les legs et sur les successions des citoyens romains. Il éleva d'abord le taux de cet impôt au dixième; puis, comme les étrangers n'étaient pas soumis à cet impôt, et pour en faire une source plus abondante, il fit citoyens romains tous les sujets de l'empire. Le but de la constitution de Caracalla était donc purement fiscal et point politique. Notre éminent maître, M. Charles Giraud, dit à ce propos : « *Il ne faudrait pas croire que cette concession fut un bienfait purement philanthropique; elle fut plutôt une combinaison financière qu'une œuvre philosophique* (2). »

Mais la constitution de Caracalla avait produit encore un effet en dehors de l'augmentation des ressources du fisc : elle avait opéré une révolution politique, sans trop s'en douter peut-être; et bien assurément les sujets de l'empire qui n'étaient pas citoyens ont été enchantés de voir leurs intérêts si bien servis par le goût fiscal de l'empereur Caracalla. Ainsi, comme le fait remarquer avec beaucoup de raison M. Accarias, l'es-

(1) Giraud, *Introduction historique au Droit romain d'Heineccius*, I, p. 218. — Pothier, sur le titre *De statu hominum*. — Maynz, *Droit romain*, I, p. 165, § 51. — Ortolan, *Explication historique des Instituts*, I, p. 295, § 75, n. 380. — Accarias, *Précis de Droit romain*, I, p. 95. — Demangeat, *Droit romain*, I, p. 100. — M. Labbé, à son cours, année 1871.
(2) Giraud, *loco citato suprà*.

prit fiscal était devenu le serviteur inconscient du progrès.

Cependant il faut remarquer que la constitution de Caracalla, assimilant tous les sujets de l'empire aux citoyens de Rome, ne fit pas le même progrès quant à la condition de la terre ; nous avons dit, en effet, que les provinces payaient le *vectigal,* impôt qui ne pesait point sur l'Italie et sur les villes qui avaient le *jus Italicum ;* les provinces étaient censées appartenir en nue propriété au peuple romain ou aux Césars ; or, proclamer l'égalité de condition de la terre des provinces et de l'Italie, c'était abolir le *vectigal* et diminuer ainsi les ressources du fisc ; ce qui n'aurait pas fait, c'est sûr, le compte de Caracalla ; car c'était justement dans un but contraire qu'il avait rendu sa constitution. Partant de là, la distinction entre le sol italique et le sol provincial continue d'exister jusqu'à Justinien ; celui-ci l'abolit par une constitution qui figure dans le Code, pour introduire, dit-il, l'égalité même quant aux choses : *differentia nec in rebus apparet.* Du reste, en réalité, l'utilité de cette distinction était nulle ; c'était bon, comme dit Justinien, pour effrayer les jeunes gens qui commençaient leur droit : « *Vacuum est et superfluum verbum, per quod animi juvenum qui ad primam legum veniunt audientiam, perterriti in primis eorum cunabulis, inutiles legis antiquæ dispositiones accipiunt* (1). »

Sur la portée de la constitution de Caracalla, voici une question qui a été et qui est encore très-débattue entre les commentateurs du Droit : Cette constitution

____

(1) Loi unique, Code, *De nudo jure Quiritium tollendo,* VII, 25.

a-t-elle donné pour toujours, même dans l'avenir, à tous les sujets de l'empire, le titre de citoyen romain? Cette constitution a-t-elle établi le principe absolu que désormais la cité appartiendra de plein droit à tous les sujets de l'empire, même aux habitants des provinces incorporées postérieurement par la conquête? Le doute vient de ce que, la distinction entre citoyens et étrangers, apparaît dans de nombreux fragments des jurisconsultes postérieurs à la constitution de Caracalla ; en outre, il y a un passage de Dion Cassius — qui est un peu obscur — sur Macrin, successeur de Caracalla, et dont voici le contenu : « Il (Macrin) abolit les dispositions de Caracalla sur les hérédités et les affranchissements (1). »

Deux systèmes sont en présence :

Dans le premier on soutient l'affirmative, et on admet que la constitution de Caracalla donna le titre de citoyen à tous les sujets de l'empire, pour toujours, même aux sujets à venir (2). Voici quels sont les arguments invoqués en faveur de ce système : d'abord il y a un fait qui ne fait de doute pour personne ; c'est que dans l'empire d'Orient on ne distingue pas entre les sujets citoyens et les sujets non citoyens ; d'où vient cette assimilation, si ce n'est la conséquence directe de la constitution de Caracalla? En outre, Justinien, ayant donné à tous les affranchis le titre de citoyens, compare sa constitution à celles de Théodose et de Caracalla ; ce qui prouve que cette dernière était aussi générale que celle de Justinien,

<hr>

(1) Dion Cassius, liv. LXXVIII, § 12.
(2) Ortolan, *Explication historique des Institutes*, I, pp. 297 et suiv.

et qu'elle statuait même sur l'avenir. Quant au doute provoqué par le passage de Dion Cassius, il trouve facilement son explication : Macrin, le successeur de Caracalla, a aboli, dit-il, les dispositions de la constitution de son prédécesseur sur les hérédités et les affranchissements. Cela ne veut pas dire qu'on a aboli les dispositions relatives à la cité, mais tout simplement que l'augmentation de l'impôt du vingtième sur les successions a été supprimée, et réduite comme auparavant au dixième. Enfin, on peut aussi expliquer facilement pourquoi, après la constitution de Caracalla, on trouve encore dans les fragments des jurisconsultes et dans les constitutions des empereurs la distinction entre *cives*, pérégrins et Latins ; c'est que, la loi *Junia Norbana* n'étant pas abolie, il y avait des Latins, du moins ceux qui le devenaient d'après cette loi ; de même il y avait aussi des pérégrins, ceux qui tombaient sous la loi *Ælia Sentia*, ou ceux qui avaient perdu la cité par suite d'une condamnation pénale ; c'est Justinien qui supprima tout à fait ces différences (1).

Mais le premier système est aujourd'hui généralement abandonné. Presque tous les auteurs modernes ont admis un second système, dû à une dissertation de Haubold sur ce sujet. La constitution de Caracalla contenait la concession collective de la *civitas* à tous les sujets de l'empire à cette époque-là ; c'était une série de concessions individuelles du *jus civitatis* à tous les pérégrins et à tous les Latins, qui se trouvaient dans l'empire romain, et qui étaient actuellement en état de

(1) Code, *De latina libertate tollenda*, VII, 6, et Novelle 78.

devenir citoyens. Donc la constitution de Caracalla ne s'étendait pas aux populations nouvelles qui pourraient accéder plus tard à l'empire ; elle n'envisageait que les populations qui s'y trouvaient actuellement : « *Ex cons-titutione imperatoris Antonini quodammodo qui in orbe Romano essent, cives Romani effecti sunt.* » Il serait bizarre, dit M. Demangeat, que Caracalla eût la prétention d'enchaîner la liberté de ses successeurs, en réglant dès à présent le sort des nouvelles provinces qu'ils pourraient ajouter plus tard à l'empire. Notre éminent professeur, M. Labbé, partage ce second système ; et Maynz range parmi les pérégrins, après la constitution de Caracalla, les habitants des provinces conquises postérieurement à cette constitution et les merce-naires qui servaient dans l'armée romaine (1). Ce se-cond système est celui qui a prévalu aujourd'hui ; les partisans de ce système admettent aussi que, jusqu'à Justinien, la distinction entre citoyens, Latins et péré-grins se justifie par l'existence des pérégrins et des Latins, devenus citoyens en vertu des lois *Junia Norbana* et *Ælia Sentia*, qui n'avaient pas été abolies.

(1) Demangeat, *Droit romain*, I, 161. — M. Labbé, à son cours, an-née 1874. — Maynz, *Droit romain*, I, p. 165.

CHAPITRE II

FACILITÉS SPÉCIALES ACCORDÉES AUX LATINS POUR DEVENIR CITOYENS.

Nous avons vu que, de tous les pérégrins, en prenant ce mot dans l'acception la plus large, les Latins étaient les plus privilégiés. Ils avaient le *commercium* et le *connubium*, et surtout ils jouissaient de certains priviléges pour arriver à la cité romaine. C'est l'énumération de ces priviléges que nous allons faire dans l'exposition rapide qui va suivre. Voici d'abord trois moyens accordés dès le début aux *Latini veteres* pour devenir citoyens romains : *a)* quand un Latin laissait dans son pays natal tous ses ascendants, pour venir à Rome et s'y établir, il pouvait demander le titre de citoyen romain; *b)* plusieurs rescrits, comme nous le dit Gaïus, avaient décidé que les Latins ayant rempli certaines dignités, dans la magistrature ou dans l'armée, dans leur cité, pouvaient obtenir la *civitas* : « *Qui magistratum vel honorem gerunt, ad civitatem Romanam perveniunt : idque compluribus epistolis Principum significatur* (1). » C'était là, comme nous avons déjà eu l'occasion de le dire, une politique fine des Romains, pour s'attirer les capacités de toute nature qui se trouvaient chez leurs alliés; Appien nous cite certains magistrats de la ville du Milanais auxquels cette faveur fut accordée; et Strabon nous dit la même chose pour certains fonctionnaires de Nîmes : *Nemeunsibus in Gallia* (2).

(1) Comm., I, 96.
(2) Strabon, IV, 157.

c) Enfin une loi *Servilia Glaucia* promit la cité aux Latins qui auraient accusé avec succès un magistrat romain pour crime de concussion.

Huit modes sont accordés, même aux Latins Juniens, à l'époque classique, pour devenir citoyens ; ce sont :

1° *Beneficium principale.* — Ulpien, qui énumère ces priviléges accordés aux Latins, met en tête la faveur du prince. A tout seigneur tout honneur (1) ! et nous allons suivre l'exemple d'Ulpien. Les Latins Juniens, comme les Latins proprement dits, deviennent citoyens, si l'empereur voulait leur octroyer ce titre : « *Beneficio principali Latinus civitatem Romanam accipit, si ab imperatore jus Quiritium impetraverit,* » dit Ulpien (2). Mais si cette concession a eu lieu à l'insu, ou malgré la volonté, du maître de l'affranchi latin, celui-ci conserve son droit de patron sur les biens du Latin Junien, *jure peculii;* c'est ce que nous dit Gaïus dans son *Commentaire : « ... Civis Romanus libertus tamquam Latinus moritur... si invito vel ignorante patrono jus Quiritium ab imperatore consecutus sit* (3). » Un édit de Trajan avait pris cette décision pour protéger les droits du patron, même en présence de la volonté du souverain.

Ainsi, durant sa vie, le Latin devenu citoyen par la faveur du prince jouissait de toutes les prérogatives, que lui conférait ce titre : les enfants qui lui naissaient étaient citoyens romains. Mais il ne pouvait pas frustrer le droit du patron de lui succéder *jure patronatus ;* il n'avait la *factio testamenti* que pour instituer le patron

(1) Ulpien, *Fragm.,* tit. III, § 1, *De Latinis.*
(2) Ulpien, *ibid.,* § 2.
(3) Gaïus, *bona libertorum dedititiorum, Com.,* III, § 72.

héritier : *Uti patronum heredem instituat;* ou lui substituer quelqu'un subsidiairement, si le patron ne voulait pas venir à la succession.

Mais la faveur du prince se rétorquait ainsi, en quelque sorte, contre celui même qu'on voulait favoriser; il en était ainsi du moins au point de vue de la succession; car, s'il n'était pas devenu citoyen romain par la faveur du prince, il aurait pu user d'un autre moyen pour y arriver. Un sénatus-consulte d'Adrien a remédié à cet inconvénient en décidant que, si la concession de la cité a eu lieu à l'insu ou nonobstant l'opposition du patron, il pourra la compléter par l'intervention postérieure de l'un des autres modes, mis à la disposition des Latins pour devenir citoyens (1).

Sous Justinien, ces décisions des empereurs Trajan et Adrien n'avaient plus de raison d'être; car il n'y avait plus de Latins Juniens, vu que tous les affranchis devenaient citoyens; aussi Justinien a-t-il pris soin de dire dans les *Institutes,* qu'il a aboli le sénatus-consulte de Trajan : « *Edictum divi Trajani in perpetuum deleri censuimus, ut omnes liberti civitate Romana fruantur* (2). »

2° *Liberi.* — Quand un Latin épousait une citoyenne romaine ou une Latine comme lui, et déclarait l'avoir épousée pour avoir des enfants : *Quærendorum liberorum gratia uxorem duxerit;* lorsqu'il avait un enfant d'un an, il pouvait attester cela devant le Préteur et demander la cité romaine pour lui, pour l'enfant et pour la femme, si elle était Latine (3). C'est ce qu'on appe-

(1) Gaïus, *ibid.,* § 73.
(2) Institutes, *De successione libertorum,* liv. III, tit. VII, § 4 in fine.
(3) Gaïus, *Com.,* I, §§ 29 et suiv., *Quibus modis Latini ad civitatem Romanam perveniant.*

lait la *causæ probatio*. Cette faveur était accordée par la loi *Ælia Sentia* aux Latins devenus Latins Juniens, à cause d'un affranchissement avant l'âge de trente ans ; puis le sénatus-consulte Pégasien l'a étendue aux autres Latins : « *Hoc jus adipiscendæ civitatis Romanæ*, dit Gaïus, *etiamsi soli minores triginta annorum manumissi et Latini facti ex lege Ælia Sentia habuerunt, tamen postea senatusconsulto quod, Pegaso et Pusione consulibus, factum est, etiam majoribus triginta annorum manumissis Latinis factis concessum est* (1). »

Quatre conditions sont exigées *ab liberis* pour arriver à obtenir la *civitas Romana : a)* que le Latin ait épousé une citoyenne romaine, ou une Latine comme lui : *Si uxores duxerint vel cives Romanas, vel Latinas...* ; cela suppose que le *connubium* avec la citoyenne romaine a été accordé au Latin comme une faveur spéciale ; *b)* Qu'il l'a épousée *liberorum quærendorum causa ;* cela suppose évidemment que le mariage est contracté entre personnes ayant la capacité physique d'avoir des enfants : la *causæ probatio* ne pourrait donc profiter d'aucune manière à un sexagénaire, qui s'aviserait d'épouser une femme âgée de plus de cinquante ans ; car, en vertu du sénatusconsulto Pernicien, ce mariage n'est pas pris en considération (2) ; *c)* qu'il soit résulté de ce mariage un enfant qui, au moment de la demande, soit âgé d'un an : *anniculus ;* l'enfant devait donc avoir trois cent soixante-cinq jours, et Pothier pense que le *dies ad quem* compte même s'il n'est pas accompli ; du reste, c'est

<hr>

(1) Gaïus, *Comm.*, I, § 31.
(2) Ulpien, *Regulæ*, tit. xv, § 3.

l'opinion du jurisconsulte Paul, qui dit : « *Anniculus… trecentesimo sexagesimo die dicitur, incipiente plane, non exacto die, quia annum… ad dies numeramus* (1). » Cujas ajoute encore que l'enfant devait naître à Rome, ou dans ses environs ; car, d'après un texte de Tarentius Clemens, *qui in continentibus Urbis nati sunt, Romæ nati intelliguntur* (2). *d*) Enfin, il faut que le mariage ait été constaté par le témoignage de sept citoyens romains, *septem testibus civibus Romanis puberibus*, dit Gaïus (3).

3° *Iteratio.* — Nous avons expliqué déjà comment un esclave, chose *mancipi*, pouvait appartenir à une personne *ex jure Quiritium*, et à une autre personne *in bonis*. Le *dominus* a une propriété imaginaire, et c'est le propriétaire bonitaire qui en tire tous les avantages ; si celui-ci voulait affranchir l'esclave, l'affranchi ne devenait pas citoyen romain, mais Latin Junien ; pour devenir citoyen, il devait être affranchi avec toutes les solennités une seconde fois, *iterum*, par celui qui avait le *nudum dominium* : *Iterum juste manumissus ab eo cujus ex jure Quiritium servus fuit* (4). C'est ce qui constituait l'*iteratio* ; ceci ne fait de doute pour personne. Il en est de même si l'esclave qui appartenait en pleine propriété à un maître n'a pas été affranchi par celui-ci avec les formalités exigées par la loi civile ; l'affranchi ne devient que Latin ; mais si le maître remplit les formalités dans une seconde *manumissio*, l'affranchi devient citoyen par l'*iteratio*.

(1) Paul, *Ad leg. Juliam et Papiam*, loi 131, *De verbor. signif.*, Dig., L, 16.
(2) *Ibid.*, loi 117.
(3) Gaïus, *loco suprà citato.*
(4) Ulpien, *Regulæ*, tit. III, *De Latinis*, § 4.

Wangerow, dans une dissertation sur les Latins Juniens(1), soutient que l'*iteratio* ne s'appliquait pas à l'affranchi devenu Latin d'après la loi *Sentia*, parce qu'il n'avait pas eu trente ans ; mais cette opinion est généralement repoussée, pourvu que l'affranchi ait trente ans quand l'*iteratio* a lieu (2).

4° *Militia*. — Une loi *Visellia* rendue sous Tibère l'an 776 de Rome, par Visellius, accordait le titre de citoyen aux Latins qui avaient servi six ans dans la garde de nuit, *qui inter vigiles Romæ sex annis militaverit*. Puis un sénatus-consulte, dont parle Ulpien et dont on ignore la date, avait diminué le terme de service, l'ayant réduit à trois ans : *Ex senatusconsulto concessum est ei, ut, si triennio inter vigiles militaverit, jus Quiritium consequatur* (3).

5° *Navis*. — Le Latin devenait citoyen romain s'il avait construit un navire au moins de dix mille mesures ; et d'après l'édit de l'empereur Claude, qui établit ce mode d'acquisition de la cité, il devait avoir servi au transport du blé à Rome pendant six ans : « *Nave Latinus civitatem Romanam accipit, si non minorem quam decem millium modiorum navem fabricaverit, et Romam sex annis frumentum portaverit* (4)... » C'est là, comme le fait remarquer M. Accarias, un des nombreux té-

____

(1) Wangerow, *Ueber die Latini Juniani*, § 30.

(2) Dem., I, 191. Ulpien parle d'un sénatus-consulte qui a étendu la cité aux enfants des Latins, III, § 4. — Peut-être que c'est celui dont parle Gaïus, I, § 30, attribué à Adrien.

(3) *Règles* d'Ulpien, III, § 5. — Les *vigiles* étaient des soldats commandés par un préfet, qui portait le nom de *præfectus vigilum* ; Strabon et Dion Cassius nous disent que le corps de cette garde était exclusivement composé d'affranchis. Strabo, liv. V, et Cassius, liv. LV.

(4) Ulpien, *ibid.*, § 6.

moignages de l'impuissance de l'Italie impériale à vivre de ses propres ressources (1).

6° *Ædificium.*—Ulpien énumère ce mode d'acquisition de la cité par les Latins, mais n'en donne pas d'autres détails, car la fin du titre qui s'y rapporte manque et n'a pu être retrouvée. Malheureusement le passage de Gaïus relatif à ce sujet est aussi très-incomplet ; voici ce qui nous est parvenu : ... *ædificio... non minus quam partem... patrimonii sui impenderit, jus...* (probablement : *Quiritium consequatur*)... (2). Ce que nous pouvons tirer de tout cela, c'est que le Latin qui avait employé une partie de son patrimoine à construire un édifice pouvait devenir citoyen ; mais quelle était la partie du patrimoine qui devait être absorbée par la construction ? Quelle devait être la nature de la construction ? Est-ce un édifice pour servir à l'utilité publique ou à l'usage privé ? Ce sont des questions auxquelles on ne peut pas répondre, faute de textes positifs. Ce qu'on peut affirmer, c'est que l'édifice devait être construit à Rome ou dans ses environs, *Romæ aut in continentibus* ; on était censé avoir rempli la condition de construire, quand on pouvait faire de l'édifice l'usage auquel il était destiné ; c'est ce que nous apprend un passage d'Ulpien : « *Perfecisse ædificium is videtur qui ita consummavit ut jam in usu esse possit* (3). »

7° *Pistrinum.*—Sur ce point les détails manquent plus que sur la construction d'un édifice. Sans doute établir un moulin ou une boulangerie, c'est un acte de grande

(1) Accarias, *Droit romain.* I, 114.
(2) Gaïus, I, § 30.
(3) Ulpien, loi 139, *De verb. sign.*, Dig., L, 16.

utilité pour la population. Les Romains, d'après les témoignages de Cicéron et de Tite-Live (1), accordaient peu de considération au commerce en général ; les affranchis, paraît-il, furent pendant longtemps les seuls qui profitèrent de cette source de richesse ; ainsi, même plus tard, peut-être que les Romains n'étaient pas assez portés à se livrer à cette industrie, qui ne s'exerce pas sans risques et sans difficultés ; aussi avait-on jugé bon d'encourager les Latins à embrasser cette branche de commerce, si utile pour tous, et on avait promis la cité romaine aux Latins qui établissaient un moulin ou une boulangerie.

8° *Triplex enixus.*—Ce moyen vient compléter en quelque sorte la *causæ probatio ;* car le Latin devenait citoyen par la *causæ probatio,* mais pour les Latines il n'y avait pas cet expédient. Un sénatus-consulte, qui ne nous est pas connu autrement que par la mention qu'en fait Ulpien *hoc loco* (2), décida que l'affranchie devenue Latine qui aurait donné le jour à trois enfants, trouvait dans cette circonstance le droit de devenir citoyenne romaine. Sans doute, on faisait allusion à des enfants *vulgo concepti,* car les femmes latines n'avaient pas le *connubium ;* c'est même l'expression d'Ulpien : ... *Ex senatusconsulto, vulgo quæ sit ter enixa... (jus Quiritium consequitur).* C'était peut-être un encouragement à la prostitution ; mais, au fait, les Latines ne pouvaient pas se marier légitimement ; et puis il fallait des bras pour la culture et pour la défense du pays ! Un fragment du jurisconsulte Paul nous apprend qu'on regardait comme

(1) Cicéron, *De officiis,* I, 42. — Tite-Live, XXI, 13.
(2) Ulpien, *Regul.,* tit. III, § 1, *in fine.*

trois accouchements féconds, quand la femme accouchait à la fois de trois enfants : *Ter enixa videtur etiam quæ trigeminos pepererit* (1).

L'énumération de ces avantages dont jouissaient les Latins nous montre pourquoi le titre de Latin était comme un demi-droit de cité, d'après l'expression de M. de Savigny, et comment il était devenu un privilége qu'ambitionnaient tous ceux qui ne pouvaient pas parvenir d'un seul coup à la cité romaine : c'est qu'on trouvait dans la latinité une porte ouverte qui permettait de franchir facilement le seuil, pour entrer dans la condition des citoyens.

CHAPITRE III

DES AFFRANCHISSEMENTS.

L'affranchissement, *manumissio*, était le moyen exclusivement réservé aux esclaves pour obtenir la liberté et la cité romaine ; c'était un acte dû à la clémence du maître, qui tenait entre ses mains la destinée de l'esclave. Par l'affranchissement l'esclave devient libre : *manumissio est datio libertatis* ; mais devient-il toujours citoyen romain au moment où il devient libre? On ne pourrait répondre à cette question sans distinguer trois périodes : la République, l'époque classique et le droit de Justinien.

I. — *Des affranchissements sous la République.*

Dans l'ancien droit romain, il n'y avait qu'une seule

(1) Paul, loi 137, *De verb. sign.*, Dig., L, tit. 16.

classe d'affranchis : les affranchis devenus citoyens romains ; la cité était la conséquence nécessaire et immédiate de l'affranchissement. La loi reconnaissait trois modes pour affranchir ; avait-on rempli l'un de ces modes solennels, l'esclave devenait libre et citoyen ; comme dans toutes les dispositions d'une législation primitive, il y avait dans les affranchissements de cette époque une grande simplicité : on était esclave, ou on devenait citoyen, point d'intermédiaire.

Quand l'esclave n'était pas affranchi avec les formalités requises par la loi, il ne devenait ni libre, ni citoyen ; il n'obtenait par là que l'espoir de n'être pas toujours esclave ; c'est ce que nous dit, sur l'affranchissement *inter amicos*, un passage cité par Schulting dans la *Jurisprudentia antejustinianea*, et qui est attribué par certains auteurs à Gaïus, par d'autres à Ulpien. La preuve que cet affranchissement ne produisait aucun effet, c'est que tout ce qu'il acquérait depuis, par donation ou de toute autre manière, appartenait à son maître (1). Tacite ajoute que l'affranchissement non solennel était une sorte d'avance faite par le maître à l'esclave, quant à la liberté ; le maître pouvait revenir sur son acte, et révoquer cette liberté précaire, si l'esclave lui en paraissait indigne ; s'il lui semblait, au contraire, que l'esclave était digne de la liberté, il pouvait lui donner la liberté entière, en remplissant les formalités qu'il avait négligé de remplir tout d'abord : *Ut possit dominus, si beneficii præstiti pæniteret, hominem ad servilia ministeria revo-*

---

(1) Dosithée est plus précis sur ce point : « *Omnia tamen*, dit-il, *quasi servus adquirebat manumissori.* » (*Disp. forensis de manumissionibus*, § 5, *in fine*.)

*care, vel posset novum beneficium in eum conferre, manu-
mittendo eum solenniter (1).* »

Par conséquent, ce qui caractérisait les affranchissements de cette époque, c'était l'*unité* : avait-on rempli
les formalités requises par la loi, l'esclave devenait citoyen ; les avait-on négligées, il demeurait esclave. Au
point de vue de la situation que lui créait la cité,
l'affranchi prenait le nom de *libertinus;* il s'appelait
libertus, au point de vue des rapports qui s'établissaient
par l'affranchissement entre lui et son patron.

Voyons maintenant quels étaient les modes usuels
d'affranchissement dans cette première période. Dosithée énumère trois modes solennels d'affranchissement
à cette époque reculée du Droit romain : le cens, la vindicte et le testament : *Antea enim una libertas erat, et libertas fiebat ex vindicta, vel ex testamento, vel in censu* (2).
Notre savant maître, M. Giraud, qualifie l'affranchissement par le cens de mode *administratif*, parce qu'il s'o-
pérait par l'inscription sur le registre du recensement
(*census*) ; l'affranchissement *per vindictam*, mode *judiciaire*, parce qu'il avait lieu avec des formes solennelles
et l'intervention du magistrat ; enfin l'affranchissement
ex testamento, mode *privé*, parce que l'autorité publique
n'y intervenait pas comme dans les deux modes précédents : c'était un acte de disposition privée (3). Nous
allons dire quelques mots sur chacun de ces trois modes
d'affranchissement.

---

(1) Tacite, *Annales*, XIII, 27.
(2) Dosithée. *Disputatio forensis de manumissionibus*, § 5.
(3) Giraud, *Essai sur l'histoire du Droit français au moyen âge*, t. I,
p. 311, édit. 1846.

Le cens (census). — Il y avait à Rome une espèce de tableau ou registre, appelé *census*, où chaque chef de famille était obligé de se faire inscrire, en indiquant le nombre des personnes qui composaient sa famille et tous les biens qu'il possédait. Ce cadastre, dû aux réformes de Servius Tullius, donnait au gouvernement la possibilité de recruter l'armée d'après le nombre des citoyens et de percevoir les impôts, surtout l'impôt de guerre, parce que le *census* détaillait les biens de toute nature que possédait le chef de famille, fidèlement estimés, sous la foi du serment (1). Les biens omis étaient confisqués ; les citoyens qui n'avaient pas eu le soin de se faire inscrire perdaient cette qualité et devenaient esclaves sans maître (2). Certaines cérémonies accompagnaient cette opération administrative ; Tite-Live (3) raconte qu'on sacrifiait une truie, une brebis et un taureau ; tous les citoyens, *omnes cives Romani, equites peditesque,* passaient en revue dans le Champ de Mars, et là ils étaient religieusement purifiés par le sacrifice dont nous venons de parler : *suovetaurilibus lustravit ;* de là le nom de *lustrum* donné à l'espace de temps quinquennal qui s'écoulait entre deux recensements.

De même qu'on perdait la cité en négligeant de se faire porter sur le registre du cens, de même on devenait citoyen en s'y faisant inscrire. « Aucune forme spéciale, dit M. Giraud, n'était imposée à ce point de vue, sinon l'accomplissement des solennités qui validaient le recensement lui-même, et l'inscription des

<hr>

(1) Denys d'Halicarnasse, liv. IV, § 16.
(2) Cicéron, *Pro Cæcina,* 31.
(3) Tite-Live, I, 44.

manumissi au cadastre, à la réquisition ou au moins avec le consentement du père de famille (1). »

Ainsi, l'inscription sur le registre du cens était devenue un mode d'affranchissement qui prit naissance après les réformes de Servius Tullius, et qui se conserva jusqu'au troisième siècle de l'ère chrétienne. Le maître qui voulait affranchir son esclave se présentait avec celui-ci devant le censeur et déclarait qu'il renonçait à sa puissance; le censeur, en vertu du pouvoir qui lui était confié, inscrivait le nom de l'esclave sur le registre du cens, au nombre des citoyens romains; l'esclave devenait ainsi libre et citoyen. C'est ce que nous dit un fragment d'Ulpien sur le titre *De libertis* : « *Censu manumittebantur olim, qui lustrali censu Romæ jussu dominorum inter cives Romanos censum profitebantur* (2).» Cicéron, dans son *Discours pour Cécina*, parle aussi de cette espèce d'affranchissement par le cens : *Quum is qui in justa servitute fuerit censu liberetur* (3).

L'affranchissement par le cens avait l'avantage d'être d'une grande simplicité de forme. Mais d'un autre côté il présentait certains inconvénients pratiques; ainsi on ne pouvait user de ce mode que tous les cinq ans, car cet intervalle séparait les opérations de recensement; en outre, il n'était praticable qu'à Rome, car dans les provinces le cens était remplacé par des déclarations faites par les contribuables devant les fonctionnaires

(1) Giraud, *Essai sur l'histoire du Droit français au moyen âge*, t. I, p. 311.
(2) Ulpien, *Regulæ*, tit. I, *De libertis*, § 8.
(3) Cicéron, *Pro Cæcina*, § 31.

nommés dans ce but et appelés *censitres*; le recensement sur le registre dont nous avons parlé n'était en usage qu'à Rome ; c'est ce que nous dit le jurisconsulte Dosithée : *Census autem Romæ agi solet* (1).

Sur ce mode d'affranchissement il y avait une controverse qui divisait les jurisconsultes, même du temps de Cicéron, et qui mérite d'être exposée. On se demandait si la liberté était acquise à l'esclave par l'effet immédiat de l'inscription sur le registre du cens, ou seulement après la clôture du lustre. Cicéron posait la controverse dans les termes suivants : *Quæritur, is qui domini voluntate census sit, continuóne, an ubi lustrum conditum fuerit, liber sit* (2) ? Il faut remarquer que *lustrum* désigne non-seulement les cinq ans qui s'écoulent entre les recensements, mais aussi la période pendant laquelle dure cette opération administrative jusqu'aux sacrifices qui indiquaient sa clôture. Dosithée, qui écrivait au troisième siècle et qui nous a laissé la *Disputatio forensis de manumissionibus*, parle aussi de cette grande controverse qui existait entre les jurisconsultes : « *Magna dissensio est inter prudentes,* » dit-il. L'opinion qui semble avoir prévalu, et qui est rapportée par Dosithée, est que l'affranchissement par le cens ne produisait son effet qu'après la clôture du *lustrum* : « *Non aliter vires accipere quæ aguntur in censu, nisi hæc dies sequatur, qua lustrum conditur ;* » et puis il donne le motif indiqué par les partisans de cette opinion : « *Existimant enim censum descendere ad diem lustri, non lustrum decurrere ad diem census* (3). » C'est

<hr>

(1) Dosithée, *Disputatio de manumissionibus*, § 17.
(2) Cicéron, *De oratore*, I, § 40.
(3) Dosithée, *ibid.*, § 17.

aussi à cette opinion qu'adhère notre éminent professeur, M. Charles Giraud : « Le cens, dit-il, ne conférait une liberté définitive qu'après l'expiration de la période lustrale, sans repentir du *manumissor* (1).

La vindicte (vindicta). — En parlant des Latins Juniens, nous avons été obligés d'anticiper sur la vindicte (2); mais le complément de ces idées trouve ici la place qui lui convient. Le nom même de *manumissio per vindictam* nous montre qu'il y avait dans ce mode d'affranchissement une *vindicatio*; l'opinion qui la fait dériver du nom de l'esclave *Vindicius* est aujourd'hui complétement abandonnée; Tite-Live, qui donne cette dernière étymologie, emploie lui-même l'expression *in libertatem vindicare*, comme synonyme de *manumittere*. En effet, la *manumissio vindicta* était une imitation de la *causa liberalis*, un procès fictif de la revendication de la liberté; la présence du magistrat, de l'*assertor libertatis* et des témoins, était essentiellement exigée outre celle du maître et de l'esclave.

L'affranchissement par la vindicte était une *legis actio* dans toute l'acception du mot, et digne des anciens Romains, qui entouraient de tant de formalités et de solennités sans fin tous les actes importants de la vie civile : La *vindicta*, sorte de baguette ou de lance, symbole de la propriété chez un peuple guerrier comme les Romains, ne manquait pas de figurer dans ce mode solennel d'affranchissement. Comme dans toutes les revendications, il devait y avoir ici aussi une violence, qui

(1) Giraud, *Essai sur l'histoire du droit français au moyen âge*, t. I, p. 311.
(2) Ci-dessus, page 50.

précédait la réclamation; c'était la *vis civilis*, ou la *vis fes-
tucaria*. Probablement c'est le maître qui exerçait cette
violence, dernier symbole de sa puissance sur l'esclave;
en effet il paraît que le maître, présentant son esclave
devant le magistrat, le frappait avec une baguette en
le faisait tourner sur lui-même; Justinien lui-même
parle dans deux constitutions de ces coups de verge,
ἐπιτιμήματα (1). — Dans la Gaule, les maîtres étaient un
peu plus aimables; au lieu de le frapper, *ictus*, il y
avait une pratique plus douce : le maître donnait à l'esclave un soufflet sur les joues; du moins c'est ce que
nous dit Sidoine Apollinaire. Plus tard, quand les
maîtres ont trouvé trop ennuyeux de remplir ces formalités ridicules, ils les ont fait accomplir par un licteur; en effet, il y a des textes qui nous disent que c'est
le licteur qui donnait les coups dont nous venons de
parler (2).

Cette violence simulée précédait toutes les *cessiones
in jure;* aussi voyons-nous quelque chose d'analogue
même dans les adoptions; or, en somme, la manumission par la vindicte, n'était qu'une variante, une application particulière de la *cessio in jure*, et la présence
du magistrat était sans doute de l'essence de cet acte.
L'assertor libertatis, l'adversaire apparent du maître —
puisque c'était un compère qui jouait ce rôle par com-
plaisance — prenant l'esclave par la main, proférait
devant le magistrat des paroles solennelles : *Hunc hominem liberum esse aio ex jure Quiritium*. Le maître,

(1) Loi 6, Code, *De emanc. liber.*, et la Novelle, 18, *in pr.*
(2) Loi 23, *De manumissis vindicta*, Dig., XL., 2; et Perse, *Sat. V*, 89 :
pectora hic tortor quem jactat ineptus.

au lieu de contredire cette assertion, relâchait l'esclave sur lequel il n'avait pas cessé d'avoir la main, et disait : *Hunc hominem liberum esse volo ;* ou bien, le faisant tourner une fois, — comme dit Perse : *una Quiritem vertigo facit,* — il disait à l'esclave : *Abito quo voles.* Alors intervenait le Préteur, pour faire cesser cette querelle fictive, et imposant la baguette il le déclarait libre : *Aio te liberum more Quiritium ;* ainsi la contestation imaginaire était terminée, et l'esclave devenait citoyen.

Tel a été, sans doute, l'affranchissement par la vindicte dans le génie des premiers Romains ; les formes de cette action symbolique étaient probablement soigneusement déterminées par la loi des Douze Tables ; mais il n'en reste pas de traces. C'est pourquoi les descriptions sur ce point sont plus ou moins hypothétiques. Quant à l'esclave, il ne jouait, dans toute cette comédie judiciaire, qu'un rôle purement passif ; mais, comme dans toute revendication, la présence de l'objet revendiqué était nécessaire ; et puisque l'objet de la revendication, dans l'affranchissement par la vindicte, c'était l'esclave, pour pouvoir le toucher, quand on prononçait les paroles solennelles, c'est pour cela qu'on exigeait sa présence.

Le testament (testamentum). — Le testament est un acte de dernière volonté par lequel le citoyen romain désignait son héritier et disposait de ses biens, en décidant ce qu'ils deviendraient après sa mort. Rendre la liberté à un esclave, c'était en quelque sorte disposer d'un de ses biens, et on pouvait le faire par testament. La loi des Douze Tables consacrait ce droit du citoyen, de disposer comme bon lui semble, par testament, de ses biens : « *Uti legassit super pecunia tutelave suæ rei, ita jus esto* (1). » Et le jurisconsulte Ulpien dit spécialement que la loi des Douze Tables permettait au maître d'affranchir son esclave par testament : « *Ut testamento manumissi liberi sint, lex duodecim tabularum facit, quæ confirmat...* (2). » A l'époque où nous nous plaçons, primitivement, peut-être que le pouvoir public se mêlait en quelque sorte même dans ce mode d'affranchissement ; car le testament se faisait devant les comices du peuple, qui devaient ratifier la volonté du défunt, comme un projet de loi. Puis à la place de l'in-tervention du peuple, on se contenta de la présence de quelques témoins, et le testament devint ainsi un mode purement privé, par lequel on pouvait affranchir.

Entre les deux modes d'affranchissement, où l'autorité publique intervient, et entre ce mode privé, il y a certaines différences qui méritent d'être signalées : *a*) La vindicte et le cens n'admettent pas de condition pour la *datio libertatis* ; le premier est un procès fictif, le second une opération administrative, et dans un cas comme dans l'autre l'incertitude ne trouve pas de place. Au contraire, l'affranchissement par testament peut être fait sans condition, *pendente conditione* ; l'affranchi est dans une position douteuse, esclave provisoirement, libre virtuellement, si la condition s'accomplit, et prend le nom de *statu liber* ; en attendant, il passe provisoirement sous la puissance de l'héritier ; mais dès que la condition s'accomplit, il devient libre, même s'il a été

<hr>

(1) Table V, § 1.
(2) Ulpien, *Regulæ*, tit. 1, § 9.

aliéné (1). *b)* En vertu du principe d'irrévocabilité de la liberté, on ne peut pas affranchir un esclav jusqu'à telle époque; aucun mode d'affranchissement n'admet le *dies ad quem*. Mais dans les testaments on peut donner la liberté à partir de telle époque : on peut mettre par conséquent un *dies a quo* ; au contraire, ce terme est impossible dans les affranchissements par la vindicte et par le cens (2). *c)* Enfin, dans les affranchissements par la vindicte ou par le cens, l'affranchi garde son pécule, si le maître ne le lui retire expressément; au contraire, dans l'affranchissement par testament, l'affranchi ne peut pas garder son pécule, dans le silence du maître; car c'est là une partie des biens qui appartiennent à l'héritier, et on ne peut les lui enlever sur une simple présomption de la volonté du défunt.

Il est probable qu'à cette époque, où tout ce qui concerne le droit était strict et rigoureux, la liberté devait être donnée dans des termes exprès et impératifs : «*Liber esto* ;» il y avait donc une liberté directe dont on gratifiait l'esclave dans la forme des legs *per vindicationem* ; ce qui présume nécessairement que l'esclave était en pleine propriété à celui qui lui léguait la liberté.

II. — *Des affranchissements à l'époque classique.*

Nous avons vu que dans la première période il n'y avait que trois modes d'affranchissement et une seule classe d'affranchis : les affranchis devenus citoyens ro-

(1) Ulpiani *Regulæ*, II, § 1 et suiv.
(2) Lois 33 et 35, *De man. test.*, Dig., XL, 4.

mains. Les jurisconsultes et les législateurs s'efforçaient à modifier le droit strict des Douze Tables, mais on n'osait pas l'attaquer en face; on laissait toujours subsister les anciennes institutions, et on cherchait à en atténuer les rigueurs par des voies détournées. Aussi, dans l'intérêt de la liberté, on a fini par admettre, en dehors des trois modes d'affranchissement de l'ancien Droit romain, certains autres modes pour sortir de l'esclavage, mais, vu le respect et la vénération que les Romains avaient pour leur *jus civile*, la vindicte, le cens et le testament étaient les seuls affranchissements qui produisaient, même à l'époque classique, un effet plein et entier, c'est-à-dire rendraient les esclaves libres et citoyens romains en même temps.

Mais si les trois modes d'affranchissement de l'ancienne époque étaient maintenus en droit même à l'époque classique, nous allons voir ce qu'ils sont devenus en fait.

Le *cens* était, comme nous avons dit, praticable seulement à Rome, et encore même là n'était-il pas d'un usage très-fréquent, puisqu'on ne faisait le recensement que tous les cinq ans. Peu à peu l'usage du *cens* tomba en désuétude; on le voit encore sous l'empire en 73, sous Vespasien; Ulpien, dont les fragments attestent l'existence de ce mode d'affranchissement, parle à l'imparfait, comme d'une chose qui avait existé jadis : *Censu manumittebantur olim* (1), dit-il. Il paraît cependant qu'il y eut encore un *cens* même après Ulpien, en 250, sous l'empereur Décius; puis les *professiones* qui rempla-

(1) Ulpiani *Regulæ*, I, § 8.

çaient le cens dans les provinces auparavant, le rem-
placèrent même à Rome. Dès lors, le cens n'avait plus
de raison d'être ; les contribuables faisaient leurs déclarations devant les *censitores*, sans aucune cérémonie (1).
Enfin quand le christianisme devint la religion de l'État,
l'affranchissement par le cens devenait impossible ; les
cérémonies religieuses qui accompagnaient le cens
étaient odieuses et rappelaient aux chrétiens le culte
païen ; donc, sans compter que le cens était déjà tombé
en désuétude, il était réprouvé par les mœurs chré-
tiennes. Aussi voyons-nous l'empereur Constantin abolir ce mode d'affranchissement et le remplacer par
l'affranchissement dans les églises. Même avant Constantin, les chrétiens avaient l'habitude d'affranchir les
esclaves, en déclarant leur volonté dans l'église, devant le peuple et l'évêque. Mais, cette pratique n'avait
aucune sanction légale ; l'esclave était libre en fait, mais,
légalement parlant, il ne l'était pas. Constantin érigea
cette pratique en droit par trois constitutions, dont deux
seulement nous sont parvenues (2). Ces constitutions datent, l'une de 316 et l'autre de 321. Quant au but de
ces constitutions, nous ne saurions mieux l'indiquer
qu'en reproduisant les paroles de notre savant maître et
éminent jurisconsulte, M. Charles Giraud, à ce sujet (3) :
« Sa pensée fut bonne, dit-il, car elle associa le christianisme à un acte d'humanité généreuse et convia
les esprits pieux par l'attrait d'un acte de religion, à

(1) Accarias, *Droit romain*, I, p. 101, note 3. — Ortolan, *Explication
historique des Institutes*, I, pp. 49 et 50.
(2) Constitutions 1 et 2, au Code, *De his qui in ecclesiis manumittuntur*. I, 13.
(3) Giraud, *Histoire du Droit françois au moyen âge*, t. I, p. 318.

l'accomplissement d'une libéralité civilisatrice (1). »

La *vindicte* était, à l'époque classique, le mode le plus fréquent d'affranchissement ; il paraît que les juriconsultes de l'époque classique aimaient fort les solennités et les formalités de tout genre dans les actes de la vie civile. Aussi ce mode d'affranchissement fut-il conservé en fait comme en droit à l'époque classique. Plus tard, on ajouta même une formalité de plus à celles qui constituaient l'affranchissement *per vindictam* : pour que le patron ne pût pas contester à l'affranchi la qualité d'homme libre, on l'obligea de faire un écrit constatant l'affranchissement : « *Patronus..... manumissionis instrumentum præstare cogitur* (1). » Mais le défaut de cette dernière formalité n'entravait enaucune façon le maintien de la liberté et la validité de l'affranchissement : « *Si servum ad libertatem perduxisti, instrumentorum amissio nihil ei nocere potest* (2). » L'affranchi devait prouver, en cas de contestation, par tout autre moyen, que l'affranchissement avait eu lieu.

L'affranchissement par la vindicte était, comme nous l'avons dit, une *cessio in jure* de la liberté ; le magistrat intervenait nécessairement ; mais comme c'était une *legis actio* tous les magistrats n'étaient pas compétents. Ceux qui avaient compétence de plein droit en cette matière sont les magistrats qui réunissaient l'*imperium* à la *jurisdictio*, comme étaient à Rome le préteur et le consul, et en province le président et le préfet (3).

(1) Constitution de Dioclétien et Maximien, loi 26, Code, *De liberali causa*, VII, 16.
(2) Loi 25, *ibid.*
(3) Paul, *Sentences*, liv. II, tit. xxv, § 5, *Quemadmodum filii sui juris efficiantur.*

C'est ce que nous dit le jurisconsulte Paul, dans le passage suivant : « *Apud magistratus municipales, si habeant legis actionem, emancipari et manumitti potest ;* » car les magistrats municipaux n'avaient pas, ainsi que les *magistratus populi romani*, les actions de la loi comme attribut de leur charge ; mais ils pouvaient les avoir à titre de concession. Un fragment d'Ulpien vient compléter ces idées (1) : « *Vindicta manumittuntur*, dit-il, *apud magistratum populi romani, velut consulem, prætorem, vel proconsulem.* » Au contraire, le délégué du proconsul n'était point compétent pour intervenir dans les affranchissements par la vindicte, car il n'avait qu'une *jurisdictio mandata*, il n'avait pas la *legis actio* dans les attributions de sa charge ; c'est ce que nous dit un fragment de Marcien : « *Apud legatum vero proconsulis nemo manumittere potest, quia non habet jurisdictionem talem* (2) ; » et plus loin, Ulpien, après avoir dit qu'on ne peut pas adopter devant le délégué du proconsul, s'explique mieux, en disant : « *Non est enim apud eum legis actio.*

L'affranchissement par la vindicte était, de la part du magistrat qui intervenait, un acte de juridiction gracieuse, *voluntaria*, et non pas un acte de juridiction contentieuse ; le magistrat assistait les parties dans ce mode d'affranchissement, puisque la loi exigeait son concours pour la réalisation de cet acte juridique. De

---

(1) Ulpiani *Regulæ*, tit. 1, § 7. — Un savant allemand, Unterholzner, et d'après lui M. Giraud expliquent le mot *prætorem* de ce passage d'Ulpien par une série d'abréviations, qui seraient P. R. A. P. E. Jur. (au lieu de Fur) Imre, ce qui voudrait dire : *Apud magistratum populi Romani apud quem est jurisdictio imperiumve...,* puis *velut consulem,* etc. Giraud, *Hist. du Dr. franç. au moyen âge,* vol. 1, p. 312, note 2.

(2) Loi 2, § 1, et loi 3, *De officio proconsulis et legati,* Dig., 1, 16.

là découlaient plusieurs conséquences, qui sont attes-
tées par divers fragments des jurisconsultes de l'époque
classique : ainsi on admit que le magistrat n'avait pas
besoin d'être en séance, ni d'être entouré de l'appareil
de la justice (1) : « *Non est omnino necesse pro tribunali
manumittere;* » il pouvait procéder à l'affranchissement
en se rendant au bain ou au théâtre : « *In transitu servi
manumitti solent, quum aut lavandi, aut ludorum gratia
prodierit Prætor.* » Ulpien dit qu'il a vu le Préteur affranchir même à la campagne, *in villa,* sans que les licteurs
fussent présents : *etsi lictoris præsentia non esset* (2). En
outre, le magistrat pouvait affranchir ses propres esclaves par-devant lui-même ; un fragment de Julien nous
montre que son précepteur Javolenus l'a fait en Afrique et en Syrie quand il était préteur, et que lui-même l'a
pratiqué étant consul et préteur (3) : « *In prætura et consu-
latu meo quosdam ex servis meis vindicta liberavi,* dit Julien.
Enfin on admit aussi que le proconsul ou le président de
la province pouvait affranchir aussitôt qu'il était sorti de
Rome, même avant d'être arrivé dans sa province (4).

L'affranchissement par la vindicte avait été le mode le
plus souvent employé à l'époque classique. Mais l'introduction du christianisme devait bannir aussi cette pratique, qui rappelait l'existence de la vie païenne. L'affranchissement dans les églises, admis en droit par les deux
constitutions de Constantin, dont nous avons parlé à
propos du cens, devait se substituer aussi à l'affranchissement par la vindicte, et cela est tellement vrai, que

(1) Loi 7, *De manumissis vindicta*, Dig., XL, 2.
(2) Loi 8, *ibid.*
(3) Loi 5, *ibid.*
(4) Loi 2, pr., *De officio proconsulis,* Dig., I, 16.

les jurisconsultes de l'époque de Justinien n'avaient qu'un souvenir très-confus de ce mode solennel d'affranchissement, qui jadis était si fréquent. « Les jurisconsultes de Justinien, dit M. Giraud, nous parlent des *inextricables circumductions* de l'émancipation, et des coups de verge de la manumission (1), avec l'ignorant mépris dont ils ont couvert tous les vieux symboles du droit classique. »

Le *testament* était le troisième mode d'affranchissement que les jurisconsultes de l'époque classique avaient hérité de l'ancien droit. L'esclave, devenu citoyen par testament du maître, pouvait recevoir la liberté de deux manières : il la recevait *directe* quand le maître disait dans son testament (2) : « *Stichus servus meus liber esto, liber sit*, ou *Stichum liberum esse jubeo*. » Ou bien, il recevait la liberté *per fideicommissum;* alors le maître s'adressait à un intermédiaire pour affranchir l'esclave auquel il voulait léguer la liberté et la cité : c'est ce qui arrivait généralement quand l'esclave qu'on voulait affranchir, était la chose d'autrui ; la formule en ce cas était : « *Rogo, fideicommitto heredis mei ut Stichum manumittat;* » par exemple, voulant donner la liberté à l'esclave de mon voisin, le testateur s'adressait ainsi à son héritier : « *Heres meus, rogo te ut Pamphilum, vicini mei servum, manumittas.* » Il est bon de remarquer que les fidéicommis n'étaient point obligatoires avant Auguste. Étant chargé lui-même d'un fidéicommis par le testament de Lucius Lentulus, Auguste l'exécuta ; puis il fit exécuter certains

(1) Giraud, *Essai sur l'Histoire du Droit français au moyen âge*, I, p. 319.
(2) Ulpiani *Regulæ*, tit. II, § 7.

autres fidéicommis qui méritaient sa protection par des considérations personnelles ; enfin Auguste chargea un magistrat spécialement créé : *prætor fidéicommissarius*, de régler toutes les difficultés relatives aux fidéicommis(1).

Mais il y avait entre le legs de liberté et le fidéicommis de liberté, certaines nuances qui les distinguaient l'un de l'autre, et qui trouvaient leur raison d'être dans la nature de ces deux sortes de libéralités. D'abord, quant aux formes, le legs de liberté ne peut être fait que par testament, ou par codicille confirmé dans le testament ; le fidéicommis de liberté pouvait être fait par un codicille quelconque (2) : c'est ce que nous dit un fragment du jurisconsulte Modestin : « *Libertates directæ, et testamento, et codicillis testamento confirmatis recte dantur ; fideicommissæ, et ab intestato, et codicillis non confirmatis relinqui possunt.* » Quant aux effets, celui à qui la liberté est léguée l'acquiert dès le jour de l'adition de l'hérédité sans aucun acte de l'héritier : il tient la liberté directement de son maître qui la lui a léguée ; il a donc pour patron le défunt ; c'est pourquoi il s'appelle *libertus orcinus;* au contraire celui qui reçoit la liberté par fidéicommis, ne devient libre qu'en vertu d'un acte de l'héritier ; donc c'est celui-ci qui est patron, et l'affranchi a envers l'héritier tous les devoirs dont l'affranchi est tenu envers le patron (3). Enfin, on ne peut léguer la liberté valablement qu'à l'esclave qu'on a en pleine propriété au jour de la confection du testament ; la liberté

(1) Instit., § 1 et suiv., *De fideicommissariis hereditatibus*, liv. II, tit. XXII.

(2) Loi 43, *De manumissis testamento*, Dig., XL, 4.

(3) Ulpiani *Regulæ*, tit. II, § 8.

par fidéicommis peut être laissée même à l'esclave d'autrui ; en ce cas l'héritier doit faire tout le possible pour affranchir l'esclave ; et toutes les tentatives sont inutiles, en droit classique le fidéicommis était éteint : « *Itaque et alienus servus redimi et manumitti potest,* » dit Gaius : « *quodsi dominus eum non vendat, sane extinguitur libertas,* » etc. (1).

Ce troisième mode d'affranchissement était le plus commode, et se conserva sans difficulté à travers les péripéties du droit. Nous pouvons ajouter qu'une constitution de Théodose le Jeune exigeait la présence de cinq témoins pour que l'acte de dernière volonté (2), contenant le legs de liberté, fût régulièrement fait.

Nous avons vu aussi ce qu'étaient devenus, à l'époque classique, les trois modes solennels d'affranchissement de l'ancien droit. Mais quant aux effets, l'*unité*, qui avait caractérisé les affranchissements de la première période, devait disparaître en même temps que les rigueurs de l'ancien droit. A côté 'e ces modes solennels, la jurisprudence avait introduit d'autres modes, non solennels, et désormais il y eut des affranchis citoyens et des affranchis non citoyens ; parmi ces derniers, les uns étaient Latins Juniens, d'autres devenaient déditices.

Les *affranchis citoyens* étaient ceux qui avaient reçu la liberté par l'un des trois modes d'affranchissement qui dérivaient de l'ancien droit : « *Cives Romani sunt liberti, qui legitime manumissi sunt, id est, aut vindicta, aut censu, aut testamento* (3). Ulpien ajoute : « *Nullo jure*

(1) Gaius, Com., II, § 265.
(2) Loi 8, § 3, *De codicillis*, Code, VI, 36.
(3) Ulpiani *Regulæ*, I, § 6.

impediente (1), parce qu'il y avait des causes à raison desquelles les affranchis ne devenaient pas citoyens romains, bien que leur affranchissement fût régulier. Nous pouvons citer trois causes qui ont cet effet : la première, c'est quand le maître n'a pas l'esclave en pleine propriété ; même s'il l'affranchit d'après les règles de la loi, l'esclave devient libre, mais Latin ; pour que l'affranchi soit libre et citoyen, il fallut que le maître ait sur lui la propriété quiritaire ; la propriété bonitaire ne suffit pas ; si l'affranchissement a lieu par acte entre-vifs, il faut regarder si, au moment de l'affranchissement, le maître avait la propriété quiritaire ; si la liberté est concédée par testament, il faut regarder le moment de la confection du testament et celui du décès : « *Justa libertas testamento potest dari his servis qui, testamenti faciendi et mortis tempore ex jure Quiritium testatoris fuerunt* (1). » La seconde cause dérive du défaut d'âge ; car la loi *Sentia* exigeait trente ans pour l'affranchissement *vindicta*, à moins que le conseil n'en eût décidé autrement : « *Ea lex (Ælia Sentia) minores XXX annorum servos non aliter voluit manumissos cives Romanos fieri, quam si vindicta, apud consilium justa causa manumissionis approbata, liberati fuerint* (2). » Enfin, quand l'esclave avait été pervers, étant affranchi, il ne devenait pas citoyen, mais *dedititius*, comme nous le verrons par la suite.

Quant aux *affranchis devenus Latins*, nous n'avons rien à ajouter ici ; en parlant des Latins Juniens nous avons indiqué quels sont les cas dans lesquels les affranchis deviennent Latins et non citoyens. Nous pou-

(1) Ulpiani *Regulæ*, I, § 23.
(2) Gaius, *De manumissione vel causæ probatione*, Com., I, § 18.

vons les résumer ainsi : L'affranchi devient Latin à l'époque classique, *a*) quand il n'est pas affranchi dans les formes solennelles ; *b*) quand le maître n'a que la propriété bonitaire ; *c*) quand il est mineur de trente ans

Un mot sur les affranchis appelés *dedititii*. Jadis tous les esclaves affranchis régulièrement devenaient citoyens ; la loi *Ælia Sentia*, dont l'esprit était de lutter contre les affranchissements, rendit la cité inaccessible aux esclaves pervers, c'est-à-dire aux esclaves qui avaient subi l'une des flétrissures que nous allons énumérer. Devenait déditice l'affranchi qui, durant son esclavage, 1° avait été enchaîné, *qui vincti sunt ;* on pouvait enchaîner un esclave non-seulement pour l'empêcher de fuir, mais aussi pour le punir de quelque méfait ; 2° celui qui avait été marqué, *quibus stigmata scripta fuerunt :* cela se faisait au moyen d'un fer chaud ; Ausone (1) dit qu'on marquait du fer rouge les esclaves voleurs et déserteurs ; 3° ceux qui avaient été soumis à la torture pour quelque délit dont ils étaient reconnus coupables, *propter noxam torti ;* 4° ceux qui étaient livrés pour combattre comme gladiateurs ou contre les bêtes féroces, *ut ferro aut cum bestiis depugnarent ;* 5° enfin, ceux qui avaient été incarcérés, mis en prison, *in custodiam conjecti* (2). »

Tous les esclaves qui se trouvaient dans l'une de ces catégories, ne pouvaient pas devenir citoyens romains par l'affranchissement ; ils devenaient libres, mais ils étaient assimilés aux pérégrins, qui, étant soumis par

(1) Ausone, *Epig.* 15 ; Juvénal dit aussi dans la satire XIV :
Uritur ardenti duo propter lintea ferro.
« On lui applique un fer brûlant pour deux linges volés. »
(2) Ulpiani *Regulæ*, I, § 11. Caius, I, 13.

le peuple romain, s'étaient livrés à la discrétion des vainqueurs : « *Victi et subacti se suaque omnia Romanis dediderunt.* » De là le nom de *déditices.* Or, les pérégrins déditices étaient dans une condition de beaucoup inférieure à celle des pérégrins ordinaires. Cette infériorité apparaît dans les considérations suivantes : *a)* d'abord, ils ne pouvaient d'*aucune manière* parvenir à la condition de citoyens romains : « *Dedititii nulla ratione possunt ad Romanorum libertorum beneficium pervenire,*» dit Gaïus (1) ; c'est pourquoi ce même jurisconsulte qualifiait la liberté donnée aux affranchis devenus déditices, de *pessima libertas. b)* Ils ne peuvent paraître ni à Rome, ni dans ses environs, c'est-à-dire dans un rayon de cent milles : «*In urbe Roma vel intra centesimum urbis Romæ miliarium morari prohibentur ;* » cette prohibition était sanctionnée par la perte de la liberté et celle de leurs biens ; devenus esclaves, sous la clause de ne jamais être affranchis, ils sont vendus en même temps que leurs biens au profit du peuple romain (2) : c'était là encore une disposition de la loi *Ælia Sentia ; c)* enfin ils ne participaient à aucun des droits civils : ainsi ils ne pouvaient ni vendre, ni acheter ; ils ne pouvaient ni disposer par testament, ni recevoir une libéralité testamentaire : « *Nullo modo ex testamento capere possunt... nec ipsi testamentum facere possunt* (3). »

Ajoutons, pour terminer sur les affranchis déditices, que leur condition ne se transmettait pas à leurs enfants ; ceux-ci étaient des pérégrins ordinaires et pou-

(1) Gaïus, Com., I, § 26.
(2) Gaïus, ibid., § 27.
(3) Gaïus, ibid., § 25.

raient, sans aucun doute, devenir citoyens romains, vu
que la défense de parvenir à la cité ne pouvait pas leur
être appliquée : c'est ce qui résulte d'un passage de
Gaïus sur la *causæ probatio ;* en effet, Gaïus dit que si
le fils d'un déditice devient citoyen romain — *filius
quamvis fiat civis Romanus* (1).... — son père n'aura pas
la puissance paternelle ; il est donc évident que le fils
d'un déditice pouvait devenir citoyen.

III. — *Des affranchissements à l'époque de Justinien.*

Des trois modes d'affranchissement, que les jurisconsultes de l'époque classique avaient empruntés à
l'ancien droit, le cens avait complétement diparu, étant
tombé en désuétude, et ne se retrouve plus à l'époque
de Justinien. Les deux autres modes, la vindicte et le testament, existent encore à cette époque ; les *Institutes* attestent leur existence, dans les termes suivants : « *Multis autem modis manumissio procedit :... aut vindicta,... aut per
testamentum* (2). » Mais probablement l'affranchissement *vindicta* ne se faisait plus avec les anciennes solennités ; le maître exprimait tout simplement sa volonté
devant le magistrat, les jurisconsultes de l'époque de
Justinien n'avaient conservé qu'un souvenir vague des
anciennes formes, qu'ils appellent *inextricables circumductions,* et sur lesquelles ils sont généralement très-
obscurs. Du reste, comme nous l'avons déjà dit, les
rigueurs de l'ancien droit, qui se rattachaient à ce mode
d'affranchissement, avaient disparu dès l'époque classi-

(1) Gaïus, Com., I, § 68.
(2) *Institutes,* § 1, *De libertinis,* I, 5.

que : ainsi on pouvait affranchir devant le magistrat, quand celui-ci allait au bain, ou au théâtre :... « *Semper manumitti solent, in transitu..., veluti cùm præses aut proconsul aut prætor in balneum vel in theatrum eat* (1). » Quant à l'affranchissement par testament, il se retrouve aussi à l'époque de Justinien ; après avoir énuméré la *manumissio per testamentum*, Justinien ajoute dans les Institutes, *aut per aliam quamlibet ultimam voluntatem* ; ceci se réfère, suivant M. Demangeat, au codicille et à la donation à cause de mort, par lesquels on pouvait aussi affranchir un esclave (2).

Mais à côté de ces affranchissements solennels, la pratique avait introduit certains autres modes qui n'ont pas tardé à devenir des moyens légaux d'affranchissement. Dès le commencement du quatrième siècle de l'ère chrétienne, deux constitutions de l'empereur Constantin avaient érigé en mode légal d'affranchissement, celui qui se faisait dans les églises, *in sacrosanctis ecclesiis* ; ces constitutions ne faisaient que sanctionner une pratique qui était fréquente chez les chrétiens. La première constitution de Constantin (3) est de 316, c'est-à-dire postérieure à l'édit de tolérance de cet empereur, et qui date de 313 ; mais elle est antérieure à sa conversion publique au christianisme. La seconde constitution est de 322, époque à laquelle Constantin partageait encore la couronne avec Licinius (4) ; celle-ci ne contenait pas une simple tolérance de pouvoir affran-

(1) *Institutes*, § 2, *De libertinis*, I, 5.
(2) Demangeat, *Droit romain*, I, p. 195.
(3) Giraud, *Essai sur l'histoire du Droit français au moyen âge*, t. I, p. 320.
(4) Lois 1 et 2, Code, *De his qui in ecclesiis manumittuntur*, I, 13.

chir dans les églises, comme la première, mais elle attribuait clairement à l'Église un droit, par lequel l'autorité ecclésiastique était substituée en quelque sorte à
l'autorité civile.

Voici en quoi consistait l'affranchissement *in sacrosanctis ecclesiis* : le maître déclarait sa volonté dans
l'église, devant les évêques et en présence du peuple,
sub aspectu plebis, assistentibus christianorum antistibus ;
un acte par écrit, signé par le pontife, constatait cette
déclaration, et prévenait ainsi toute contestation qui
aurait pu avoir lieu sur la liberté de l'affranchissement
en question ; c'était, pour nous servir des expressions
de la constitution de Constantin, un *testimonium evidens*
de la volonté du maître et de la liberté de l'affranchi.
Ce mode d'affranchissement était probablement le plus
estimé à l'époque de Justinien ; aussi le voyons-nous en
tête, dans l'énumération des modes d'affranchissement,
qui est donnée par les *Institutes*.

Justinien cite, *eodem loco*, deux autres modes privés
de manumission : l'affranchissement *inter amicos et per
epistolam*. Disons quelques mots sur chacun de ces deux
modes d'affranchissement entre-vifs.

L'affranchissement *inter amicos* consistait dans la déclaration du maître, devant ses amis, exprimant qu'il
donnait la liberté à son esclave. Justinien fixa le nombre des personnes présentes à cinq, *quinque similiter
testibus adhibitis*. Un écrit était dressé et signé par les
amis du maître, constatant l'affranchissement, *et litteras
tam publicarum personarum quam testium habeant* (1).

____

(1) Constit. 1, § 2, Code, *De Latina libertate tollenda*, etc., VII, 6.

L'affranchissement *per epistolam* consistait dans une lettre du maître, envoyée à son esclave qui se trouvait loin de lui, par laquelle il déclarait que l'esclave absent pourra vivre en liberté (1). « Il y avait affranchissement *per epistolam*, dit Théophile, lorsqu'on permettait par lettre à son esclave de vivre en liberté. » Il résulte d'une constitution de Justinien, qui figure dans le Code, que le maître devait faire signer sa lettre par cinq témoins, qui certifiaient sa signature et qui pouvaient, en cas de besoin, attester que cette lettre avait lieu : « *Si quis per epistolam servum suum in libertatem perducere maluerit, licere ei hoc facere quinque testibus adhibitis, qui post ejus litteras... suas litteras supponentes, fidem perpetuam possint chartulæ præbere* (2). »

L'énumération faite par Justinien dans les *Institutes* n'était pas limitative ; nous trouvons, au contraire, dans le Code (3) plusieurs autres modes d'affranchissements entre-vifs, admis et sanctionnés par Justinien ; nous en citerons quelques-uns, comme exemples : Quand le maître abandonnait son esclave malade, sans secours ; quand il prostituait une esclave achetée sous la condition *ne prostituatur* ; mais dans ces deux cas c'était une liberté acquise malgré la volonté du maître ; quand il avait marié une de ses esclaves à un homme libre : *si quis homini libero, suam ancillam in matrimonium collocaverit* ; quand le maître avait, dans un acte public, donné à son esclave le nom de fils : *si quis inter acta quemdam servum filium suum nominaverit* ; et quelques autres encore qu'il serait inutile d'énumérer.

Quant aux effets des affranchissements, Justinien revient à l'*unité* qui caractérisait la manumission de la première période; désormais tous les affranchis sont citoyens romains; nous ne pourrions mieux mettre en relief cette réforme de Justinien, qu'en citant les paroles de Théophile sur ce point : « Notre empereur, dit-il, désirant tout compléter et tout mettre en ordre, a, dans deux constitutions, corrigé les imperfections des anciennes lois, en abolissant la distinction des dédilices et des Latins, en ramenant ainsi à son premier état la législation relative aux affranchis, et en ne comptant plus qu'une seule classe d'affranchis (1)... » Les deux constitutions dont parle Théophile forment deux titres dans le Code de Justinien, *De Latina libertate tollenda* et *De dedititiorum libertate tollenda* (2); constitutions dues à l'initiative du jurisconsulte Tribonien, qui fut l'un des rédacteurs du Code.

Du Postliminium.

Le *postliminium* n'était pas précisément un mode d'acquisition de la *civitas Romana*, mais un mode de recouvrement; voilà pourquoi nous ne dirons que quelques mots sur ce point.

Théophile, dans sa *paraphrase*, définit le *postliminium* de la manière suivante : « C'est un droit qui fait rentrer dans leur premier état ceux qui reviennent de l'en-

(1) *Paraphrase* de Théophile, sur le titre *De libertinis*, des *Institutes* de Justinien.

(2 Code, tit. v et vi du liv. VII.

nemi. (1) » Voici en quoi consistait ce droit précieux, que les jurisconsultes romains avaient appelé *postliminium :* quand un citoyen était fait prisonnier par l'ennemi, il devenait esclave; mais dans sa patrie, on ne le considérait pas comme tel dès à présent; par une faveur spéciale, on le considérait encore comme citoyen sous une condition suspensive, qui était son retour dans la patrie. Si le captif revient, d'une manière quelconque, sur le territoire romain, ou d'un peuple allié, — *aut in civitatem sociam amicamve,* — il recouvre rétroactivement son droit de citoyen; il est censé, comme dit M. Demangeat (2), avoir dormi pendant tout le temps de sa captivité. Ce droit en vertu duquel le captif, revenu au foyer de sa famille, recouvrait sa qualité de citoyen s'appelait *postliminium.*

Le retour pouvait s'opérer d'une manière quelconque, avons-nous dit; en effet, que le captif fût revenu par ruse, par libération, par force, par rachat, il n'importait, le *postliminium* produisait son effet. Mais il faut, comme le fait remarquer avec beaucoup de raisons notre savant maître M. Labbé (3), que le captif qui retourne soit revenu avec l'intention d'être libre et de ne plus partir pour le lieu de captivité; l'histoire nous fournit un exemple bien connu, qui vient à l'appui de cette assertion; c'est l'histoire de Régulus; celui-ci, captif chez les Carthaginois, était venu à Rome pour conclure la paix; mais comme il avait promis de retour-

(1) *Paraphrase* de Théophile, sur le § 5 du titre *Quibus modis jus potestatis solvitur,* Institutes, liv. I, tit. XII.
(2) Demangeat, *Droit romain,* I, 303.
(3) M. Labbé, à son cours, année 1873-1874.

ner à Carthage, il ne profita pas du droit résultant du *postliminium*; aussi refusa-t-il de s'asseoir dans le sénat, car il n'était qu'un simple captif.

Cette institution du droit des gens était un correctif puissant de la chute dans la servitude en vertu du droit de guerre. Les étymologistes font dériver le mot *postliminium* de *limen* (porte) et *post* (après); nous avons recours encore aux explications du premier commentateur des *Institutes*, pour cette dérivation étymologique (1). En effet, dit Théophile, de même que le seuil d'une maison en est comme la frontière, ainsi nos anciens ont voulu que la frontière de l'empire romain en fût comme la porte : et voilà pourquoi la frontière est encore appelée *limes*, pour signifier l'extrémité et la borne. Le *postliminium* a donc été ainsi nommé de ce que celui qui a été pris par les ennemis revient par le seuil d'où il avait été perdu. Justinien donne lui-même cette étymologie : « *Dictum est postliminium a limine et post,* » et les auteurs modernes sont d'accord pour l'admettre (2). Cependant Heineccius en a proposé une autre, qui mérite d'être rapportée; fondé sur un texte de Plutarque à propos des superstitions des anciens Romains, il fait dériver le *postliminium* de ce que le captif qui revenait de chez l'ennemi n'entrait pas par la porte, mais *per tegulas et impluvium post limen*; de là l'étymologie *postliminium*, — retour de captivité.

Le *postliminium* avait un effet rétroactif; celui qui revenait de sa captivité, était censé n'avoir jamais été

---

(1) *Paraphrase* de Théophile, *loco suprà citato.*

(2) Institutes, § 3, *Quibus modis jus potestatis solvitur,* I, 12.

sorti du nombre des citoyens; c'est ce qui est dit dans un fragment d'Ulpien, qui se trouve dans le Digeste : *Retro creditur in civitate fuisse, qui ab hostibus advenit* (1). Justinien fait l'application de ce principe, à propos de la puissance paternelle : si les époux captifs reviennent à leur foyer, l'enfant né pendant la captivité est légitime et sous la puissance paternelle, comme si les parents n'avaient jamais été captifs : « ... *justos esse et parentes et liberos, et filium in potestate patris, quemadmodum jure postliminii reversus sit*.... (2) ; » le jurisconsulte Marcien attribue cette décision aux rescrits des empereurs Sévère et Antonin.

Nous n'avons parlé que des effets du *postliminium* sur la personne, parce que nous l'avons envisagé comme le recouvrement du droit de cité. Mais il est bon de remarquer, en terminant, que le *postliminium* s'appliquait aussi aux choses. Ainsi, un fragment de Pomponius dit : « *Duae species postliminii sunt, ut aut nos revertamus, aut aliquid recipiamus*...(3). » Ainsi, lorsque certaines choses tombées entre les mains de l'ennemi sont recouvrées, elles reviennent à leur maître, comme si elles n'avaient jamais cessé de lui appartenir; quelques passages de Marcellus font l'application de ce principe, quant aux esclaves, navires, chevaux et autres choses tombées au pouvoir de l'ennemi, et décident que : *postliminio recipiuntur*. Mais il en était différemment quant aux armes dont l'ennemi s'était emparé, parce que, dit Marcel, on ne peut les perdre que honteusement :

(1) Loi 16 Dig., *De captivis et de postliminio*, etc., liv. XLIX, tit. XV.
(2) Fragm. Marcien, loi 25, Dig., ibidem.
(3) Loi 14, ibid.

*Arma posthminio reverti negatur, quod turpiter amittan-
tur* (1). Abandonner les armes entre les mains de l'ennemi victorieux, était donc une honte pour ce peuple
fier, qui avait pour devise : *Vincere urbes, parcere sub-
jectis et debellare superbos* (2) !

(1) Lois 1 et 2, *ibid.*
(2) Virgile, *Énéide*, VI.

DROIT FRANÇAIS

DE LA NATURALISATION

PRÉCÉDENTS HISTORIQUES

> Chaque genre de mérite est
> sûr de trouver en France, et
> les occasions de se produire
> sans cesse, et des récompenses
> proportionnées à son degré
> d'utilité.   DESSART.

Les Codes des peuples se font avec le temps, mais, « à proprement parler, on ne les fait point, » disait Portalis dans son Discours préliminaire du Code civil. Aussi, pour bien étudier une institution civile, pour pénétrer son esprit et déterminer sa portée, il est toujours nécessaire de tracer les phases historiques par lesquelles a passé cette institution, avant d'arriver à l'état dans lequel elle se trouve actuellement.

Certes, il n'est pas de matière de droit, qui ait suivi pas à pas, et aussi fidèlement, les progrès dus à l'influence civilisatrice, que la naturalisation. Les révolutions, les changements constitutionnels, les cataclysmes politiques se sont toujours heurtés contre cette institution de droit ; c'est pourquoi, avant la rédaction du Code civil comme après, nous trouvons de nombreux actes législatifs concernant la naturalisation.

Nous avons indiqué, dans la première partie de ce travail, l'importance que les Romains attachaient au titre de citoyen. Mais ce ne sont pas seulement les Romains, qui faisaient de la qualité de citoyen un titre aussi précieux. De tout temps, et chez tous les peuples la distinction entre les nationaux et les étrangers fut assez bien établie ; et la naturalisation fut le titre le plus précieux, dont on pouvait gratifier un étranger.

Bacquet, en parlant de la distinction entre citoyens et étrangers, constate ce fait dans les termes suivants : « *Le nom de citoyen a esté anciennement de tous les peuples reputé excellent et honorable, en sorte qu'il n'a esté donné, octroyé, ni communiqué à aucun estranger, sinon en recognoissance ou remuneration de grande, rare et excellente vertu* (1). »

En remontant un peu aux époques reculées de l'antiquité, nous voyons le mépris pour les étrangers de plus en plus accentué. Les Égyptiens avaient réduit les étrangers, qui étaient venus chercher chez eux un asile et l'hospitalité, à la plus cruelle des servitudes ; il y avait des métiers, des travaux auxquels les étrangers étaient forcés de participer exclusivement ; aussi les voyons-nous inscrire sur les frontispices de leurs édifices, qu'à leur construction aucun Égyptien n'avait travaillé !

Les Scythes, dit-on, égorgeaient les étrangers sur l'autel de Diane.

Les Lacédémoniens avaient fermé complétement la

(1) Bacquet, édition 1621, *Du droit d'aubaine*, ch. II, § 1.

porte aux étrangers. Lycurgue leur avait défendu toute société et conjonction par mariage avec les étrangers et les étrangères ; de plus, le droit de bourgeoisie et l'accès aux affaires publiques étaient en termes exprès refusés aux étrangers. Ce n'est pas tout, pour rendre le séjour des étrangers dans les villes lacédémoniennes impossible, on prohiba tout trafic commercial avec eux ; Plutarque nous dit, qu'en frappant monnaie, — selon l'opinion commune, en cuivre, — on avait défendu l'achat des marchandises étrangères.

A Athènes, les étrangers étaient considérés comme ennemis ; pour entrer au nombre des citoyens, il fallait le suffrage de six mille personnes ; et encore, on n'accordait la cité aux étrangers, comme dit Bacquet, que : *pour grands et signalez services faicts à la Republique* (1). Solon avait ajouté une condition de plus : celui qui voulait se faire naturaliser, devait quitter sa patrie et s'établir à Athènes avec toute sa famille : « *Solonem,... vetuisse quemquam ex peregrinis civitate donari, nisi qui perpetuo a patria exularet, quique cum penatibus et universa familia Athenas commigrasset...* » Il va sans dire que les citoyens seuls participaient au pouvoir législatif et judiciaire et aux honneurs de l'État ; aussi Aristote, en définissant le citoyen, s'est-il emparé de ce trait caractéristique, en disant : « Λέγεται μάλιστα πολίτης ὁ μετέχων τῶν τιμῶν... ἄτιμος γάρ ἐστιν ὁ τῶν τιμῶν μὴ μετέχων (2). »

Les Athéniens attachaient au titre de citoyen une importance excessive. D'après une loi de Périclès, étaient citoyens athéniens, ceux-là seulement qui étaient nés

(1) Bacquet, *ibidem*, ch. II, § 2.
(2) Aristote, *De Republica*, liv. III, ch. v.

de père et mère athéniens, *qui utroque parente Athéniensi cive nati essent;* cinq mille hommes, qui avaient usurpé ce titre injustement et au mépris de cette loi, furent vendus publiquement! Les étrangers qui, à raison de leurs relations, devaient habiter Athènes, étaient relégués dans un quartier éloigné, tout à fait séparé de celui dans lequel résidaient les citoyens. Du reste, dès la plus tendre enfance on avait soin d'inspirer, en quelque sorte, ce mépris non-seulement pour les étrangers proprement dits, mais encore envers tous ceux qui n'étaient pas nés de père et mère athéniens; ainsi, hors de la ville d'Athènes, il y avait un lieu appelé *Cynosarges*, destiné pour les jeux et les exercices des enfants, dont l'un des parents était étranger.

Cependant dans cette classe méprisée, il y avait des génies auxquels les Athéniens durent plus d'une fois leur salut. Il nous suffit de rappeler que Thémistocle était du nombre de ces enfants métis, sa mère Abrotonom étant native de Thrace.

La plus éclatante marque de distinction que les Grecs voulaient accorder à un étranger c'était de lui conférer la bourgeoisie. Il paraît que les citoyens de Corinthe n'ont accordé cet honneur, avant les conquêtes d'Alexandre, qu'à Hercule; aucun mortel jusqu'alors n'avait été jugé digne d'un si grand honneur; aussi quand les ambassadeurs de cette ville vinrent offrir à Alexandre le titre de citoyen, et que le grand conquérant témoignait un certain mépris pour leur offre, ils lui répondirent : *Nulli unquam jus civitatis nec obtulerant nec donaverant, præterquam illi et Herculi* (1).

(1) Plutarque, *Cælius Rhodiginus*, liv. XIX, ch. xxxii.

Mais quelques priviléges spéciaux furent accordés aux étrangers, dans quelques États de la Grèce; nous pouvons citer le droit de contracter mariage, d'avoir des propriétés foncières, et l'exemption de la taxe que payaient ceux qui étaient domiciliés. La classe privilégiée, qui jouissait de ces droits, était connue sous le nom d'*ἰσοτελεῖς* (1). Les étrangers ainsi privilégiés étaient justiciables des tribunaux grecs. Du reste, la naturalisation même, devint plus facile à l'égard des étrangers; déjà Démosthène se plaignait que, de son temps, on octroyait le droit de cité à des personnes abjectes.

Nous ne reviendrons pas ici sur la condition des étrangers à Rome; rappelons seulement qu'ils n'avaient ni les droits civils, ni les droits politiques, réservés exclusivement aux citoyens; extérieurement ils se distinguaient par leur costume, car le *jus togæ* était attribué seulement aux citoyens romains. S'attribuer le titre de citoyen romain, était à Rome un crime capital; Suétone, *in Claudio Cæsare*, nous dit que ce crime était puni de mort : *Qui falso se pro cive Romano gerebat..... civitatemque Romanam usurpantes, securi percutiebantur.* On était donc plus sévère à Rome qu'à Athènes; car en pareil cas les Grecs se contentaient seulement de les vendre comme esclaves.

Arrivons aux Germains. Un mot d'abord sur l'organisation sociale chez les Germains; le peuple germain était une réunion d'associations, dont les membres étaient liés entre eux par l'obligation d'une garantie mutuelle, qui portait sur la sûreté de la vie, sur le droit

(1) Lawrence sur Wheaton, *Droit des gens,* III, p. 183, édition 1873.

de propriété, sur le maintien de la paix publique, et sur la poursuite du *wehrgeld* (1). La raison de ces associations chez les Germains est donnée dans les termes suivants, par M. Demangeat, dans sa savante dissertation sur la condition des étrangers en France (2) : « A une époque où l'autorité publique était nulle, on avait senti le besoin d'augmenter la force individuelle par ces associations partielles. » La garantie par laquelle se constituaient ces associations, s'appelait *plegium*, expression latinisée sans doute de quelque mot germanique, qui s'est conservé dans la langue anglaise, car *pledge* signifie en anglais « garantie ». Les associations dont nous parlons formaient des cantons, dont le nombre et la formation remontent au delà du souvenir de ceux qui nous ont laissé des détails sur la constitution des peuples germaniques.

Pour participer à ces associations, il fallait l'assentiment de tous les membres du canton; une fois entré dans cette association, on jouissait de tous les droits, et on se soumettait à toutes les obligations, qui naissaient activement et passivement de la garantie jurée par les membres de ces groupes, dont était constituée la société germanique; le signe honorifique, qui désignait le membre d'une association, était le port des armes; on n'avait pas le droit de porter des armes, avant d'être agréé par les membres du canton; c'est ce qui est dit,

(1) Le *wehrgeld* était la condamnation pécuniaire, encourue par celui qui avait commis un crime contre la vie, l'honneur ou la propriété d'autrui, due à la famille de l'offensé. — C'était une espèce de composition pour racheter le crime. — M. de Valroger, à son cours, année 1873.

(2) Demangeat, *Histoire de la condition civile des étrangers en France*, p. 10.

dans un passage très-précieux, dans la *Germanie* de Tacite : « *Arma sumere non ante cuiquam moris quam civitas suffecturum probaverit* (1). »

Tous ceux qui, arrivés à l'âge de la puberté, ne participaient pas à une communauté d'hommes libres, étaient considérés comme étrangers. La qualité d'étranger était donc la conséquence de ce fait, qu'on ne participait pas à une association qui était agréée dans un canton. L'étranger prenait le nom de *Warganeus*; ni la naissance, ni le lieu qu'il habitait, n'avaient aucune influence sur sa condition ; du moment qu'il ne participait pas à une communauté, il était hors de la protection de la loi ; non-seulement l'étranger ne jouissait d'aucun droit, mais encore pour l'empêcher de nuire à la société, il était poursuivi et mis à mort, pour les méfaits qu'il avait le malheur de commettre. De plus, s'il voulait habiter un canton, on lui imposait de trouver un garant, parmi les membres du canton ; celui-ci répondait pour l'étranger et se rendait ainsi solidaire pour le paiement du wehrgeld, si par suite de quelque délit il venait à être condamné. Chez les Saxons, l'étranger qui n'avait pas trouvé un pareil garant était vendu au profit du canton : *Peregrinum qui patronum non habebat vendebant Saxones*, dit l'agiographe Méginhard (2).

Peut-être cette rigueur n'existait-elle pas chez tous les peuples germains ; mais en tout cas, l'étranger, même celui qui avait trouvé un répondant, n'était pas traité sur un pied d'égalité avec les autres citoyens. Ainsi, n'ayant pas le droit de porter des armes, l'étranger, ne

(1) Tacite, *De moribus Germ.*, ch. xiii.
(2) Méginhard, *Translatio sancti Viti*, ch. xiii.

pouvait pas paraître dans les assemblées du peuple, où tous les assistants étaient armés de la tête aux pieds. L'étranger ne pouvait pas se faire justice par le duel privé, pour venger les injures faites à sa personne et à ses proches parents, et quand à la vengeance privée, à laquelle les lois substituèrent cette espèce de composition appelée *wehrgeld*, l'étranger ne pouvait pas prétendre à cet équivalent (1). Enfin, la propriété chez les Germains, étant le résultat du partage, qui avait eu lieu entre les membres des diverses associations germaniques, elle ne pouvait pas appartenir aux étrangers; partant de là, l'étranger n'étant pas propriétaire, il ne pouvait non plus disposer soit entre-vifs, soit par testament.

A cette époque primitive, où l'État germanique n'avait pas un gouvernement bien constitué, la première planche de salut qui s'offrait aux yeux de l'étranger, c'était d'abord de trouver un répondant; les citoyens avaient chez les Germains le droit de conférer aux étrangers la permission de résider parmi eux, droit qui dans une société bien constituée est exercé par le gouvernement. Les lois barbares n'abandonnaient pas cependant l'étranger dépourvu de toute protection; il existait en sa faveur une présomption, en vertu de laquelle, par le seul fait qu'un étranger avait passé trois jours et trois nuits sous le toit d'un Germain, il était

(1) Cependant dans les Capitulaires et dans les lois barbares, celui qui blesse ou tue un étranger payait au fisc une certaine somme à titre de *fredum*. D'après la loi Salique le fredum était le tiers du montant de la composition appelée *wehrgeldium* ou webrgeld; ce tiers revenait toujours au fisc, et le reste était attribué à la partie offensée ou à sa famille et prenait le nom de *faïda.* — M. de Valroger, à son cours. — Minier, *Droit coutumier,* p. 89.

censé avoir trouvé en celui-ci un répondant, un garant envers la société. On comprend bien pourquoi le Germain, outre les précautions qu'il prenait avant de recevoir un étranger dans sa maison, se hâtait de lui indiquer une autre demeure, s'il ne voulait pas assumer la responsabilité, dont nous venons de parler ; Tacite constate ce droit qu'avait le Germain de refuser aux étrangers l'hospitalité après le troisième jour (1), à côté de l'obligation de recevoir chez lui un étranger, comme un inconnu, car, dit-il : *Notum ignotumque, quantum ad jus hospitii, nemo discernit* (2).

Ce devoir de donner l'hospitalité aux étrangers, nous le trouvons dans plusieurs lois barbares ; c'est peut-être là un signe évident de la condition fâcheuse dans laquelle se trouvaient les étrangers : il fallait l'intervention de la loi pour accorder aux étrangers quelque sécurité. Ainsi la loi des Burgondes contenait une amende de trois sous d'or, contre celui qui aurait refusé l'hospitalité à un étranger ; la même loi décide, que si un étranger demande l'hospitalité à un Burgonde, et que celui-ci lui indique la maison d'un Romain, il sera condamné à payer au Romain trois solides, et au fisc trois autres comme amende, *mulctæ nomine* (3).

La seconde présomption favorable aux étrangers, dans les lois barbares, est celle en vertu de laquelle l'étranger, qui avait demeuré pendant un an au milieu d'eux, était censé avoir conquis désormai .s titre de membre de la communauté ; c'est ce que nous trouvons dans un

(1) Tacite, *De moribus German.*, ch. XXI.
(2) Ibidem, ch. XXII.
(3) Demangeat, *Histoire de la condition civile des étrangers en France*, p. 24.

titre de la loi Salique (1) : *Si quis admigravit et ei aliquis infra xii menses nullus testatus fuerit, ubi admigravit securus sicut alii vicini consistat.* C'était là une sorte de naturalisation tacite, fondée sur la présomption de volonté des citoyens, qui ont permis à l'étranger de résider parmi eux pendant un an.

Tous ces souvenirs de l'antiquité et surtout l'influence des traditions trouvées chez les Germains, ne pouvaient pas rester sans influence sur les Francs. Après la conquête de la Gaule, les Francs s'y installèrent et partagèrent le pays occupé ; l'État se formait ainsi, et le peuple franc se fixait peu à peu sur le territoire conquis ; désormais le lieu de naissance eut une certaine influence sur la nationalité, et de cette manière on arriva à l'idée de considérer comme étranger, celui qui n'était pas né de parents francs et sur le territoire conquis.

Quelques monuments législatifs dus aux rois des premières races reproduisent chez les Francs les traditions de la société germanique (2). La condition des étrangers était probablement la même à cette époque de formation du royaume franc, que chez les Germains. Voici un fait qui nous révèle bien l'influence des anciennes traditions : il y avait une disposition dans la loi des Burgondes, suivant laquelle l'étranger qui arrivait dans une ville était présumé être esclave fugitif ; en con-

---

(2) Titre xlviii, *De migrantibus*, § 2. Ce délai d'un an et un jour, se rencontre au moyen âge comme condition d'acquisition du droit de bourgeoisie.

(2) Outre le titre *De migrantibus* de la loi Salique, on peut citer un décret de Childebert et un autre de Clotaire II de l'an 595, qui organisaient des centuries ou centènes comme les cantons des Germains formés par l'association du plegium.

séquence, on le soumettait à la torture pour avouer sa condition (1). Les formules de Marculfe et un capitulaire de l'an 803 témoignent que cette disposition continua de subsister, même après la conquête de la Bourgogne par les Francs.

Les Capitulaires obligèrent l'étranger à se placer sous la protection d'un seigneur ; c'était, en quelque sorte, la reproduction de l'usage d'avoir un répondant, que nous avons vu à l'époque germanique. Un capitulaire de Charlemagne, de l'an 806, défendait de faire le commerce avec l'étranger qui n'avait pas fait le choix d'un seigneur : *Nisi eum cognoscat qui vendidit* (2), *aut de quo pago est.....*, *vel quis est ejus senior*. Une fois le choix du seigneur fait, on ne pouvait plus le changer ; tout laisse à croire que les seigneurs ne rendaient pas aux étrangers ce service, sans tirer un profit pécuniaire ; un autre capitulaire défendait aux comtes de percevoir l'impôt du cens sur les réfugiés espagnols ; cette disposition fut complétée par un capitulaire de Charles le Chauve qui voulait qu'on traitât ces Espagnols comme les Francs (3). Plus tard, ce fut sous la protection du roi que les étrangers durent se placer ; ainsi nous voyons dans les Établissements de saint Louis (4) que les étrangers ne pouvaient reconnaître d'autre seigneur que le roi.

Quant à la naturalisation, en dehors de la concession

(1) La loi Burgonde était ainsi conçue : « *Quicumque hominem extraneum cujuslibet nationis ad se venientem susceperit, discutiendum judici præsentet, ut cujus sit tormentis adhibitis fateatur* » (titre xxxix, § 1).
(2) *Capit. Car. Magn.*, anno 806, § 3.
(3) Baluze, I, p. 500, et II, p. 27.
(4) Demangeat, *op. cit.*, page 46.

faite par le gouvernement, on a voulu soutenir qu'il y avait aussi une espèce de naturalisation par le bienfait de la loi, dépendant de la volonté de l'étranger, et consistant dans ce qu'on appelait les *Professiones legis*. Une parenthèse est ici nécessaire pour donner l'explication de la théorie connue sous ce nom, soutenue avec beaucoup d'énergie par les légistes italiens, et qui trouva des nombreux partisans parmi les savants du dernier siècle.

Après la conquête de la Gaule par les Francs, les divers peuples qui composaient le pays conservèrent pendant longtemps leur individualité nationale et législative. L'œuvre d'assimilation de ces peuples d'origine si diverse, Francs, Gallo-Romains, Burgondes et autres, fut aussi longue que difficile. Chaque individu était régi par la loi du peuple auquel il appartenait ; et, comme le fait remarquer avec beaucoup de raison notre savant maître, M. de Valroger (1), il y avait autant de lois qu'il y avait de peuples dans le royaume franc. Cette multiplicité des nations qui composaient l'empire franc est bien traduite par ces paroles, devenues légendaires, qu'Agobard, archevêque de Lyon, écrivait à Louis le Débonnaire : « On voit souvent converser ensemble « cinq personnes, dont aucune n'obéit aux mêmes « lois. »

De cette diversité d'origine chez les peuples, qui composaient le royaume franc, il résultait souvent une confusion sur la nationalité de certaines personnes ; et, comme les lois étaient personnelles, lorsqu'un procès

____

(1) M. De Valroger à son cours d'*Histoire du Droit*, année 18:5.

s'élevait entre deux parties, le premier point sur lequel se portait l'examen des juges était celui de déterminer, d'après quelle loi la sentence devait être rendue. De là l'usage, qui s'introduisit dans les tribunaux de cette époque, de poser préalablement aux justiciables la fameuse question : *Qua lege vivis ?* Cet usage emprunté aux pratiques italiennes, car c'est en Italie que la confusion de nationalité donnait lieu à plus de difficultés. — est connu dans la doctrine sous le nom de *professiones legis* ou d'*interrogationes*, parce qu'au début de chaque litige, les parties devaient remettre au juge un acte justifiant de quelle loi elles étaient justiciables ; cet acte s'appelait *professio legis*.

C'est dans cette pratique que les partisans de la théorie des *professiones legis* ont cherché une espèce de *naturalisation volontaire*, due à la déclaration qu'une partie faisait de la loi, à laquelle elle voulait se soumettre. — Parmi les nombreux textes que l'on cite comme témoignage de cette pratique, celui qui figure le plus souvent en tête est un édit de Lothaire, fils de Charlemagne, de l'an 824. Des troubles avaient eu lieu en Italie, à raison des discussions qui s'étaient élevées entre le pape Eugène II et les Romains, relativement à la loi qui devait les régir. C'est à la suite de ces circonstances qu'intervint la constitution de Lothaire, spéciale à l'Italie, et dans laquelle il est dit : « *Volumus ut omnis senatus et populus Romanus interrogetur quali vult lege vivere et sub ea vivat.* Mais il n'est pas difficile de réfuter l'argument qu'on veut tirer de ce texte. Parce que, en premier lieu, cette constitution de Lothaire, comme le fait remarquer très-judicieusement notre éminent professeur, M. de Valroger, contenait un choix collectif entre le droit franc et le droit lombard, déterminé par des circonstances particulières pour les peuples de l'Italie. En second lieu, M. de Savigny (1), qui a réfuté de la manière la plus péremptoire la théorie des *professiones legis*, fait remarquer que : par l'interrogation *qua lege vivis*, on ne demandait pas aux parties sous quelle loi elles voulaient se placer, mais bien sous quelle loi elles vivaient, ce qui est tout à fait autre chose ; cette question préalable était nécessaire, parce que les procès civils entre deux parties de nations différentes étaient jugés d'après la loi du défendeur (2).

Les savants du dernier siècle ont cherché un second argument, pour soutenir la théorie des *professiones legis*, dans un passage de la loi salique, éditée par Hérold au seizième siècle. Ce texte est ainsi conçu : « *Si quis ingenuus Francum, aut barbarum aut hominem qui sub lege Salica vivit, occiderit...* » On conclut de là qu'il y avait trois catégories de personnes : le Franc, le barbare, et l'homme vivant sous la loi salique sans être ni Franc, ni barbare ; cet homme, a-t-on ajouté, ne peut être que le Gallo-Romain, qui ayant été interrogé *qua lege vivit*, avait adopté la loi salique dans sa *professio legis*.

L'argument serait décisif, si l'authenticité de ce texte nous était garantie ; mais on est d'accord à voir là une interpolation de la part de Hérold, car, dans tous les autres manuscrits il n'est pas question de

____

(1) Savigny, *Histoire du Droit romain au moyen âge*, t. I, pp. 164 et suiv.

(2) Lex Ripuar., tit. xxxi, § 3.

l'homme non barbare vivant sous la loi salique. Les autres compilations contiennent seulement ces mots : « *Si quis occiderit aut Francum, aut barbarum hominem qui sub lege Salica vivit...;* » ce barbare vivant sous la loi salique, était sans doute l'étranger, qui avait obtenu du roi la concession de vivre sous la loi salique.

Aussi, la théorie des *professiones legis* est aujourd'hui complétement abandonnée. L'autorité qui se rattache aux noms de MM. de Savigny, de Valroger et Demangeat, nous permet de tenir comme certain qu'on ne pouvait pas changer sa nationalité par la *professio;* donc, on ne peut pas prétendre que ce genre de *naturalisation* existait dans la monarchie franque (1).

Avant de finir avec cette période, il est bon d'indiquer deux modes spéciaux qui opéraient un changement de nationalité. La première, c'est que la femme mariée prenait la nationalité de son mari; donc, si elle était étrangère, le mariage opérait mutation de nationalité. — L'entrée dans les ordres ecclésiastiques était le second mode qui opérait un changement de nationalité; en effet, l'Église avait persisté à vivre sous la loi romaine; nous ne saurions mieux donner la raison de ce fait, à une époque où tout homme cherchait à adopter la loi salique, qu'en reproduisant les paroles suivantes de *Montesquieu :..* « Le Droit romain perdit son usage chez les Francs, à cause des grands avantages qu'il y avait à être Franc..... tout le monde fut

____

(1) M. de Savigny, *op. cit.* — M. de Valroger, à son cours. — M. Demangeat, *Histoire de la condition civile des étrangers en France,* pp. 60 et suiv.

porté à vivre sous la loi salique. Il fut seulement retenu par les ecclésiastiques, parce qu'ils n'eurent pas d'intérêt à changer. Les différences des conditions et des rangs ne consistaient que dans la grandeur des *compositions*. Or, des lois leur donnèrent des compositions aussi favorables que celles qu'avaient les Francs ; ils gardèrent donc le Droit romain (1). » Les personnes entrées dans les ordres changeaient donc de nationalité, et vivaient désormais sous la loi romaine.

Nous terminons ici ces notions historiques sur la naturalisation, pour étudier cette matière dans les Coutumes, qui ont précédé la législation du Code, qui nous régit actuellement.

(1) Montesquieu, *Esprit des lois*, liv. XXVIII, eb. 4. Il faut rappeler que, quand on avait tué un Franc, le prix de composition qu'on payait à sa famille était de 200 sous d'or s'il était simple bourgeois, de 600 sous s'il était noble ; quand on avait tué un Romain, on payait 300 sous seulement s'il était convive du roi, et autrement 100 ou 15 sous suivant que c'était un Romain possesseur ou simple tributaire.

PREMIÈRE PARTIE

DROIT COUTUMIER

CHAPITRE Ier

DE LA CONDITION DES AUBAINS DANS L'ANCIEN DROIT

Les Coutumes, en dehors de quelques institutions relatives aux obligations réciproques du vassal et du souverain, avaient reproduit avec peu de modifications les principes des lois germaniques; ce lien entre les lois barbares et le droit coutumier apparaît incontestablement dans toutes les règles de l'ancien droit. Cette idée ancienne, qui faisait qu'on regardait l'étranger comme un ennemi, devait nécessairement exercer son influence sur les institutions coutumières. L'étranger, qui apparaît sous le nom d'*aubain*, est, sous les coutumes, dans des conditions presque aussi fâcheuses que sous les lois barbares. Combien de temps et quels efforts ont été nécessaires pour arriver à la réalisation de ces paroles de Denisart (1) : « Chaque genre de mérite est sûr de trouver en France, et les occasions de se produire

(1) Denisart, *Collection de décisions nouvelles*, v° *Naturalisation*, § 2.

sans envie, et des récompenses proportionnées à son degré d'utilité ! » Bacquet disait encore au commencement du dix-septième siècle : *Au cœur de l'estranger haut eslevé, y a tousiours soupçon de quelque poison caché;* c'est lui qui nous raconte aussi que, quand on parlait un jour au roi Louis XII de marier Madame Claude, sa fille, à un prince étranger, le Roi répondit : « *Je ne feray jamais autre alliance que des souris et des rats de mon royaume* (1). »

On est bien loin de s'accorder sur l'étymologie du mot *aubain.* On a prétendu que c'est une contraction des mots *alibi natus;* mais cette opinion, très-soutenue anciennement, est généralement abandonnée aujourd'hui; et la raison pour laquelle on repousse cette opinion, c'est que nous trouvons même des individus nés en France qui sont appelés *aubains.* Une autre opinion assez ingénieuse, mais qui n'a pas prévalu, est celle de M. Sapey (2), qui fait dériver le mot *aubain* de *Albani :* on appelait ainsi, suivant le *Glossaire* de du Cange, les registres des fonctionnaires publics, et par conséquent celui sur lequel étaient inscrits les étrangers ; mais ce n'est qu'une pure conjecture. L'étymologie donnée par de Laurière, dans ses notes sur Ragueau, et qui a été adoptée par M. Dalloz, Rossi et Demangeat (3), est celle qui fait dériver le mot *aubain* du mot *Albani;* ce nom servait à désigner les Ecossais, parce qu'au moyen âge, comme dans les temps anciens, on avait l'habitude de désigner

---

(1) Bacquet, *Droit d'aubaine,* partie I, ch. II, § 18.
(2) Sapey, *Les étrangers en France,* p. 52.
(3) Dalloz, *Rép. de jurispr.* v° *Droit civil,* n° 22. Rossi, — *Encyclopédie du Droit,* v° *Aubaine.* — Demangeat, *Condition des étrangers,* n° 23, pp. 67 et suiv.

plusieurs peuples par le nom particulier à l'un d'eux. Or, Jacques Ware (1) nous dit qu'on appelait les Écossais Albani : *Scoto-Britanni, quos Hiberni vulgo Albanos vocant;* et dans les lois de Guillaume le Conquérant nous trouvons les Écossais sous le nom de *Scoti Albanice.* Du reste, l'usage de désigner les étrangers par le nom d'un peuple existe aujourd'hui même en Orient ; M. Demangeat fait remarquer que, chez les Turcs, l'épithète de *Franki* est synonyme du mot « infidèles; » et nous pouvons affirmer que les Roumains Macédoniens, sous le nom générique de *Frenco*, désignent les étrangers sans distinction.

Les premiers titres, dans lesquels nous trouvons employé le mot *aubain,* sont du neuvième siècle. Une charte de Louis le Débonnaire, de l'an 820, concédant à l'évêque Ynchadus et à ses successeurs le droit d'immunité sur la terre de Sainte-Marie, contient cette expression latinisée, *albani*, car tous les titres étaient écrits en latin à cette époque-là. La même expression se trouve aussi dans un diplôme de Lothaire, du même siècle (2)

Quant aux termes *droit d'aubaine*, ils peuvent avoir trois acceptions différentes. Dans un sens étroit, tout spécial et très-commun, on désigne par là le droit en vertu duquel le roi succédait à l'aubain ; car, parmi les incapacités qui frappaient les aubains, il y avait celle qu'ils ne pouvaient pas transmettre leurs biens par succession. Dans un sens un peu plus étendu, cette expression

(1) Ware, *Antiquit. hybernic.*, cap. LXXVII.
(2) Demangeat, *Condition civile des étrangers en France*, n° 23, p. 66.

comprend l'ensemble des incapacités qui frappent les étrangers, au point de vue de la transmission et de l'acquisition des biens par testament. Enfin, dans un sens très-large, l'expression *droit d'aubaine* désigne l'ensemble des règles concernant les aubains.

Voici comment définit le mot *aubain*, Loysel dans ses *Institutes coutumières* (1) : « *Aubains sont estrangers qui sont venus s'habituer en ce royaume, ou qui en estant natifs s'en font volontairement estrangers.* » Et Jean Bacquet, qui, dans son ouvrage publié au commencement du dix-septième siècle, donne des détails si précieux sur les étrangers dans l'ancien droit, dit, en faisant la distinction entre Français et étrangers : « *...L'autre sorte d'habitants du royaume est des aubains, c'est-à-dire des estrangers qui ne sont naiz en France, ains en pays estrange, auquel le roi de France n'est recognu, ny obéy, et sont venus demeurer au royaume* (2). »

Pothier, dans son *Traité des Personnes*, parlant de la condition des étrangers dans l'ancien droit, nous dit qu'ils étaient de deux espèces : les uns qu'on nommait *aubains*; c'étaient ceux qui étaient nés dans les États voisins et dont on pouvait connaître l'origine; les autres qu'on appelait *épaves*; c'étaient ceux qui étaient nés dans les États éloignés de la France (3) et dont on ignorait la véritable patrie. Nous trouvons dans l'ouvrage de M. Demangeat l'étymologie du mot *épaves*; il vient du latin *exparefacta*, expression par laquelle on désignait

---

(1) Loysel, *Institutes coutumières*, liv. I, n° 18.

(2) Bacquet, *Œuvres*, édition 1621, *Du droit d'aubaine*, part. I, ch. i, n° I.

(3) Pothier, *Traité des personnes*, partie I, titre ii, section 2, — tome XXIII.

les animaux effarouchés qui s'étaient éloignés de leur troupeau et dont on ne connaissait pas le maître (1).

Bacquet donne l'explication du mot *épaves*, d'après un extrait des registres de la Chambre des comptes, qu'il considère comme très-ancien et qui est ainsi conçu : « *Espaves* sont hommes et femmes nez dehors le royaume, de si loingtains lieux, que l'on n'en peut au royaume avoir connoissance de leurs nativitez ; et quand ils sont demeurants au royaume, peuvent être dits *espaves.* »

Dans la pratique, cette distinction entre les *aubains* et les *épaves* n'avait aucune importance réelle ; les uns et les autres étaient frappés des mêmes incapacités ; du moins Pothier et presque tous les auteurs n'en font aucune différence. Mais il paraît cependant qu'il y en avait une, quoiqu'elle ne présente pas beaucoup d'intérêt, et qu'elle soit relative à une classe spéciale d'étrangers ; cette petite nuance, empruntée par Bacquet encore à un extrait (2) des registres de la Chambre des comptes, consiste en ce que les épaves ne pouvaient pas tester au profit de leurs enfants naturels légitimés, car *le roi est héritier de tout quand ils trépassent ;* ce droit est accordé aux aubains, mais, sans doute, pas d'une manière générale.

(1) Demangeat, *op. cit.,* p. 69.

(2) Cet *extrait* contient certains détails assez curieux : ainsi, il paraît que l'on considérait comme aubains non-seulement les personnes nées à l'étranger, mais aussi les enfants nés en France, mais dont la famille était inconnue : *les enfants nouveaux nas, pris et gaignes par aucunes jeunes femmes, désirant estre celées.* Il paraît aussi que l'abandon des enfants naturels n'était pas chose rare ; généralement on les exposait aux portes des églises : *Et pour ce les faut mettre aux huys des anciennes Eglises avec du sel, en signifiant qu'ils ne sont pas baptisez.*

Mais il y avait entre les aubains une distinction bien plus importante. Pendant plusieurs siècles on comprenait dans l'expression *aubains* deux classes de personnes, qu'il faut bien distinguer l'une de l'autre : dans la première classe on faisait entrer tous les individus qui quittaient le diocèse où ils étaient nés, pour aller s'établir dans un autre diocèse. Le fait d'avoir quitté l'évêché ou la *chastellenie* (territoire de son seigneur) où il résidait, pour aller s'établir dans un territoire nouveau, avait pour résultat qu'on le considérait comme *aubain* dans la seigneurie où il s'établissait. Le nouveau seigneur percevait sur ces individus venus dans sa seigneurie, outre le *cens*, qui était dû par tous ceux qui n'étaient pas possesseurs de fiefs et en la puissance du seigneur, encore un droit d'*aubaignage*, qui consistait dans la confiscation des biens si l'aubain restait un an et un jour, sans faire aveu au seigneur, et dans l'obligation de lui léguer par son testament quatre deniers, sans quoi le seigneur lui succédait à tous les meubles, à l'exclusion des autres héritiers. C'étaient, comme dit notre illustre maître, M. Chambellan, des *aubains français* (1) ; les *Établissements* de saint Louis (2) font mention de ces aubains nés en France. Certains auteurs — nous pouvons nommer M. Sapey — ont soutenu que cette classe d'aubains a disparu lors des *Établissements* de saint Louis (3) ; mais Salomon a combattu avec succès cette opinion, en reprochant à son adversaire, d'une

<hr>

(1) M. Chambellan, à son cours de *Droit coutumier*, année 1874-1875.
(2) *Établissements* de saint Louis, liv. I, ch. LXXXVII.
(3) Sapey, *Les étrangers en France*, etc., pp. 86 et suiv. — Salomon, *Essai sur la cond. jurid. des étrang.*, XIII, note 19.

manière aussi spirituelle que judicieuse, qu'il faisait d'un acte de naissance un acte de décès. Le fait est que cette première classe a dû disparaître par suite de l'émancipation des communes, à partir de Philippe le Bel, et grâce à l'influence que prenait la royauté vers le quatorzième siècle. Alors, le roi commença à exercer seul le droit d'aubaine sur les véritables étrangers, et on ne considéra plus comme aubains les individus nés en France, qui transportaient leur résidence dans une autre seigneurie (1).

Dans la seconde classe d'aubains on comprenait les étrangers proprement dits; notre excellent professeur, M. Chambellan, les appelle *aubains non français;* ce sont les véritables aubains, correspondant à la définition donnée par Bacquet et par Loysel. C'est parmi les aubains de cette seconde catégorie, qu'on faisait la distinction entre aubains et épaves; distinction qui, comme nous l'avons dit, n'avait pas une importance pratique. En parlant d'aubains, nous nous référons toujours à cette classe, c'est-à-dire aux étrangers proprement dits.

Avec Charlemagne, l'unité gouvernementale du royaume franc avait disparu; les seigneurs avides et ambitieux ne reconnaissaient plus de frein pour leurs prétentions. Les étrangers se présentèrent à leurs yeux comme une classe de personnes dont on pouvait tirer un profit considérable; les seigneurs dirigèrent leurs regards vers cette source de profits, et les étrangers furent

(1) Demangeat, *Cond. des étrangers en France,* n° 21, pp. 72 à 81. Et un précieux article publié par M. Barillet dans la *Revue pratique,* année 1863, t. XV, p. 521.

assimilés aux serfs. « Aubains ou épaves, dit Pothier, étaient en quelque sorte regardés comme serfs; ou du moins leur condition ne différait pas de celle des serfs (1). » C'était la mise en pratique du souvenir barbare, suivant lequel l'étranger était considéré et vendu comme esclave.

Parmi les textes nombreux qui attestent que les aubains étaient assimilés aux serfs, M. Demangeat en relève trois surtout qui méritent le plus d'attention (2). Le premier est tiré de la Coutume de Champagne, qui remonte au treizième siècle : « *Avant aucuns Albins vient demeurer dans la justice d'aucuns seigneurs, et li sires dessous qui il vient ne prend le service dedans l'an et jour; si les gens du roy le savent, ils en prennent le service.* » En outre, dans la Coutume d'Anjou, il y a un chapitre intitulé : *De home estrange et cuvert*; or, comme le prouve Mathieu Pâris, dans son *Histoire d'Angleterre*, le mot *cuvert* servait pour désigner les serfs. Enfin, le texte le plus récent où apparaît cette assimilation, c'est la Coutume de la baronnie de Châteauneuf, dont un article dit : « Si aucun aubain autrement appelé un avenu, est demeurant par an et jour, dedans ladite chastellenie sans faire adveu de bourgeoisie, il est acquis serf audit seigneur. » Cet usage féodal persista jusqu'au quinzième siècle.

Les seigneurs percevaient sur les aubains des redevances plus ou moins fortes, suivant les Coutumes; ces

---

(1) Pothier, *Traité des personnes*, 1re partie, tit. 11, section 2, t. XXIII, p. 253.

(2) Demangeat, *Condition civile des étrangers en France*, n° 26, p. 83. — *Recueil des olim*, publié par Beugnot.

redevances annuelles sont connues sous le nom de *droits de cherage*; le nom de «chevage» vient de ce que cette redevance était due par tout chef de famille aubain. Le taux de droit de chevage variait suivant les lieux ; dans le bailliage de Vermandois, qui dépendait immédiatement de la couronne, ce droit s'élevait à 12 deniers par an : « Epaves ou aubains furent chacun an contraints à... payer 12 deniers parisis, le jour de la Saint-Rémi, à peine de 7 sous 6 deniers d'amende. » Le second droit perçu par les seigneurs est connu sous le nom de *formariage* ; voici en quoi consistait ce droit : Les aubains, nous dit Pothier, ne pouvaient se marier qu'à des aubains, sans le consentement du seigneur. Le seul mariage valable, qui pouvait se passer du consentement du seigneur, était celui contracté par l'aubain avec une personne de la même condition que lui et habitant la même seigneurie. Si l'aubain voulait épouser une personne d'une autre condition, ou habitant une autre seigneurie, il devait obtenir le consentement de son seigneur, sans quoi il était sujet à l'amende. M. Demangeat pense que cette amende consistait quelquefois dans la confiscation de tous les biens de l'aubain, et que, jusqu'au douzième siècle, le mariage même, contracté avec le mariage d'un forain sans le consentement du seigneur, pouvait être déclaré nul. Dans le cas où ce consentement du seigneur avait été obtenu, les aubains devaient payer le *formariage*; Bacquet, d'après les registres de la Chambre des comptes, nous dit qu'il était du tiers des biens ; Pothier ajoute que c'était quelquefois le tiers, et d'autres fois la moitié des biens. Le droit de formariage subsista plus longtemps que le droit de chevage ; dans la

Coutume de Châlons, il ne fut aboli qu'au seizième siècle, époque à laquelle cette Coutume fut rédigée; nous y trouvons en effet un article spécial portant abolition du droit de formariage (1).

Quant aux incapacités, tant au point de vue du droit public, qu'au point de vue du droit privé, qui frappaient les étrangers, le cadre restreint de notre travail ne nous permet de faire qu'une exposition très-rapide.

Au point de vue du *droit public*, les étrangers étaient absolument incapables d'occuper une fonction publique dans le royaume, de quelque nature qu'elle fût; Pothier nous atteste cette incapacité dans des termes exprès. Les aubains ne pouvaient pas être avocats, parce qu'ils n'étaient pas reçus à prêter le serment professionnel. Dans les Universités on ne leur conférait des grades qu'à la charge de ne pas s'en servir dans le royaume. L'ordonnance de Charles VII du 2 mars 1431 rendit les aubains incapables d'occuper des offices ou des bénéfices en France; il leur est défendu de tenir des archevêchés, évêchés, abbayes, prieurés et autres dignités. L'article 17 de l'ordonnance de Blois défendait aux prélats de donner à ferme le temporel de leurs bénéfices à des étrangers. Bacquet nous dit que cette incapacité des aubains de prendre à ferme les finances, s'étendait aussi aux fermes des domaines du roy, aux aides, gabelles et autres fermes publiques.

La *naturalisation* relevait, en principe, les aubains de ces incapacités. Nous mettons cette réserve, parce que dans certains cas la naturalisation n'était pas assez effi-

____

(1) Pothier, *Traité des personnes, loc. cit.* — Demangeat, *op. cit.*, n° 29, pp. 103 et suiv. — Cout. de Châlons, art. 16.

cace pour effacer complétement l'incapacité de l'aubain. Ainsi l'article 4 de l'ordonnance de Blois contenait que nul étranger, *quelques lettres de naturalité qu'il ait obtenues*, ne pouvait être pourvu d'archevêchés, abbayes et évêchés. Pothier nous donne le motif de cette réserve, en disant qu'on a regardé ces places comme si importantes dans l'ordre de la religion et du gouvernement, qu'on a cru ne devoir les confier qu'à des *Français originaires* (1).

Au point de vue du *droit privé*, les aubains étaient en général incapables de recevoir ou de disposer par testament, ou autre acte à cause de mort, comme ils étaient incapables de transmettre ou de recueillir par voie de succession *ab intestat* (2). *Aubains ne peuvent succéder ny tester que jusques à cinq sols, et pour le remède de leurs âmes*, dit Loysel dans les *Institutes coutumières*. Certaines exceptions ont été admises, soit par motif d'équité, soit dans le but de favoriser les intérêts de l'État.

Ainsi, quant à l'incapacité de transmettre, l'équité avait conduit à admettre de bonne heure une exception en faveur de l'enfant légitime et regnicole que l'aubain laissait en France. Les Coutumes, comme celles d'Anjou, du Maine, de Péronne, s'expriment formellement sur ce point. Les enfants de l'aubain nés en France, ou naturalisés et résidant dans le royaume, venaient à la succession de leur père, à l'exclusion du roi ; la faveur n'é-

(1) Bacquet, *Traité des droits d'aubaine*, ch. xv, n° 8. — Pothier, *Traité des personnes*, 1re partie, tit. ii, sect. 2. — *Revue pratique, Droits des étrangers en France*, t. XV, p. 527.
(2) Loysel, *Inst. coutum.*, liv. I, tit. i, n° 49.

tait pas accordée aux enfants, car ils n'étaient pas incapables de recueillir, vu qu'ils étaient Français ; mais elle était accordée à l'aubain, père de ces enfants regnicoles, en faveur de ces derniers. Dans ce cas, comme le roi était exclu par des enfants regnicoles, on admettait au partage même les enfants que l'aubain laissait à l'étranger et qui étaient des véritables aubains ; ceux-ci venaient en concours avec leurs frères résidant en France (1) ; rien ne s'opposait à un partage équitable entre les enfants de l'aubain.

Pour favoriser le commerce en France et pour encourager les étrangers à venir sans crainte faire le commerce dans le royaume, une coutume constante, sanctionnée par les ordonnances royales, avait relevé les aubains commerçants de l'incapacité de transmettre. Cette exception fut admise d'abord pour les étrangers qui venaient aux foires ; Bouteillier et du Cange font mention de ce privilége, dont jouissaient depuis longtemps les aubains commerçants qui venaient aux célèbres foires de Champagne ; le roi ne pouvait leur succéder qu'au cas où ces étrangers viendraient à mourir sans héritier : « *Toutes manières d'aubains d'outremontains, qui sont marchans des foires, se ils muirent dedans le cours de la foire, sans hoirs de leurs, l'avoir est acquis au roys* (2). » Ce privilége, purement commercial, ne s'étendait qu'aux biens meubles. Une ordonnance de Philippe de Valois, du mois de juillet 1341, sur les

(1) M. Chambellan, à son cours. — Cout. d'Anjou, art. 11. — Cout. du Maine, art. 48. — Demangeat, *Condition des étrangers*, n° 42, p. 159. — Aubry et Rau, t. I, § 76, p. 277. — Pothier, *loc. cit.* — *Revue pratique*, XV, p. 528.

(2) Du Cange, v° *Albani.*

foires de Champagne, permet aux marchands étrangers de vendre et introduire leurs marchandises, en franchise des droits; en même temps, pour soustraire ces aubains à la juridiction française, on avait institué une sorte de tribunal composé des juges, appelés *gardiens de la foire*, qui vidaient les contestations, assistés de huit principaux marchands. Une ordonnance de Charles VII, en date de 1443, accordait à la ville de Lyon le droit d'avoir trois foires franches, comme celles de Champagne; Lyon obtint une quatrième, par les lettres patentes de Louis XI. Ces divers actes concernaient les étrangers venant dans les foires, parce que jusqu'au quinzième siècle le commerce, sauf quelques grandes villes, était concentré dans les foires : du moins c'est là que les marchands étrangers paraissaient se donner rendez-vous. Plusieurs ordonnances royales, entre autres celles du mois de février 1461 et du mois d'avril 1464, dues à l'initiative économique de Louis XI, et deux autres ordonnances de Henri II, vers la moitié du seizième siècle, ont généralisé ce privilége à toutes les villes de France (1). Des exceptions à l'incapacité de transmettre furent ensuite admises en faveur des étrangers employés au desséchement des marais, au défrichement des terres incultes et aux travaux des mines.

A partir du seizième siècle, plusieurs autres exceptions furent admises à la double incapacité des aubains de transmettre et de recueillir. En 1607, Henri IV, établis-

----

(1) Demangeat, *op. citato*, n. 44, pp. 167 à 177. — M. Barillet, dans son article de la *Revue pratique*, t. XV, p. 528, année 1863. Une lettre royale de 1552 et un édit de 1607 exemptaient les étrangers employés au desséchement.

sant les manufactures de tapisseries de Flandre, exemptait des droits d'aubaine les ouvriers étrangers qui venaient travailler dans ses manufactures. Le même
privilége fut accordé aux ouvriers qui venaient travailler
dans la manufacture royale des Gobelins, établie en 1667 ;
enfin il fut étendu aux ouvriers étrangers travaillant
dans la manufacture de tapisserie de Beauvais, par
arrêt du Conseil en date du 15 juillet 1722. Une ordonnance de François 1er, de l'an 1554, accordait ce
privilége aux militaires étrangers qui avaient servi
dans l'armée française; cette ordonnance, n'étant pas
enregistrée par les parlements, fut renouvelée sous
Louis XV, en 1715, et favorisait les soldats qui
avaient servi dix ans dans l'armée. Un édit de 1687
l'avait accordé aux marins qui avaient servi cinq ans sur
les vaisseaux du roi; il paraît que ce privilége existe
aujourd'hui encore en Angleterre.

Les *étudiants des universités* venant de pays étrangers
pour faire leurs études en France, méritent de nous
arrêter un moment sur le privilége, qu'on leur accordait en les exemptant du droit d'aubaine. Ce grand pays,
qui sans contestation est devenu le foyer de la science,
avait ouvert de très-bonne heure les portes de ses
universités au profit des jeunes étrangers qui voudraient
développer leurs talents et leur intelligence, en puisant
dans la source intarissable de la science que les
écoles françaises offrent avec tant de générosité à toutes
les nations. C'est grâce à ces traditions anciennes que
nous voyons affluer aujourd'hui la jeunesse intelligente
de tous les pays étrangers, qui vient recevoir l'instruction dans les Facultés de la France! Que cette digres-

sion nous soit permise, à nous qui, en qualité d'étrangers, avons trouvé un asile aussi généreux dans les écoles françaises ; en prononçant ces paroles, nous sommes loin de croire que nous pourrions nous acquitter de l'immense dette de reconnaissance que nous avons contractée envers le pays où nous avons reçu l'instruction.

Dès le commencement du quatorzième siècle, une ordonnance de Louis X, de 1315, exemptait formellement les étudiants étrangers de tout droit d'aubaine. Lebret, Choppin, Bacquet attestent cette faveur accordée d'abord aux étudiants de l'Université de Paris, et puis à tous les étudiants étrangers faisant leurs études dans quelque université de France. Du reste, comme le fait remarquer M. Demangeat, les étudiants étrangers n'étaient point sujets au droit de représailles, et n'étaient jamais obligés de quitter la France, en cas de guerre. Cependant Bacquet discutait la question de savoir si les écoliers étrangers devaient jouir de l'exception de recueillir et transmettre une succession, parce que, dit-il, les priviléges dont jouissent les étudiants sont relatifs à leur personne et à leurs biens, pendant leur vie seulement, mais non après la mort. Nous croyons, avec MM. Aubry et Rau, et Demangeat, que l'affirmative devait être admise ; telle est aussi l'opinion de notre savant maître, M. Chambellan (1).

Enfin, tous les aubains, sans exception, étaient relevés de la double incapacité de transmettre et de recueillir,

---

(1) Lebret, *De la souveraineté du roi*, liv. II, ch. x. — Choppin, *Du domaine*, liv. I, tit. xi. — Demangeat, *op. citato*, n. 46, p. 189. — Aubry et Rau, t. I, p. 278, note 8. — M. Chambellan, à son cours de Droit coutumier, année 1875.

relativement à certains objets déterminés, comme les rentes sur l'État, sur la ville de Paris, et celles constituées par le clergé. Pothier parle de cette exemption dans les termes suivants : « Les aubains qui sont propriétaires de rentes créées par le roi, à la charge qu'elles soient exemptes du droit d'aubaine, peuvent transmettre à leurs parents la succession desdites rentes (1). »

Pour résumer les incapacités dont les aubains étaient frappés dans l'ancien droit, certains auteurs ont essayé de formuler une règle, en disant qu'ils étaient capables de faire tous les actes juridiques entre-vifs, mais qu'ils ne pouvaient faire les actes à cause de mort, ni en profiter. On veut ainsi couper court à la question, mais on n'y répond pas d'une manière satisfaisante.

En effet, on reconnaissait aux aubains, comme disent MM. Aubry et Rau, la faculté de contracter, de posséder des biens meubles et immeubles, d'acquérir et aliéner entre-vifs, à titre onéreux ou gratuit ; mais tous ces actes-là, comme le fait remarquer M. Chambellan, tiennent au droit des gens ; on peut, si on veut, les comprendre dans l'expression générique d'actes entre-vifs ; mais cette expression ne suffit pas pour préciser l'incapacité des aubains.

Nous avons vu, en effet, des actes entre-vifs, et notamment ceux qui concernent le droit public, à l'égard desquels les aubains étaient complétement incapables. Aussi, M. Chambellan propose de formuler la règle plutôt de la manière suivante : Les étrangers ne pouvaient

____

(1) Pothier, *Traité des personnes*, 1re partie, tit. II, sect. 2, p. 263, t. XXIII.

pas faire les actes de droit civil, dans le sens strict de
ce mot, mais ils étaient capables des actes de droit des
gens (1).

CHAPITRE II

DES LETTRES DE NATURALITE.

La *naturalisation* était le seul moyen, par lequel l'aubain pouvait se soustraire aux nombreuses incapacités,
dont il était frappé, dans l'ancien droit. Nous verrons par
la suite si cette proposition ne doit pas admettre une
certaine réserve ; mais Bacquet, Loysel, Pothier n'en
admettent aucune. Ainsi nous voyons dans Bacquet que
« ...les estrangers obtiennent du roy, *pour empêcher
l'effet du droict d'aubeine* (2), des lettres qui sont appelées *lettres de naturalité...* » Loysel, dans ses *Institutes
coutumières*, nous dit : « *Il n'y a que les lettres de naturalité qui exemptent du droict d'aubeine* (3). » Et Pothier
exprime la même idée dans les termes suivants : « Les
étrangers ne peuvent acquérir le droit de citoyen français que par les *lettres de naturalité.* » Et plus loin, il
ajoute : « Il n'y a que les *lettres de naturalité* qui naturalisent les étrangers et qui leur attribuent sans réserve les droits de citoyen (4). »
Merlin définit la naturalisation dans les termes sui-

(1) M. Chambellan, à son cours de Droit coutumier. — Aubry et
Rau, t. I, § 76, p. 277, 4e édit.
(2) Bacquet, *Droit d'aubeine*, 3e partie, ch. XXIV, n° 1.
(3) Loysel, *Institutes coutumières*, liv. I, tit. I, n. 55 *in fine*.
(4) Pothier, *Traité des personnes*, 1re partie, tit. II, sect. 3, t. XXIII,
p. 267.

vants (1) : « La naturalisation, c'est l'acte par lequel un étranger obtient les mêmes droits et priviléges que s'il était né Français. » Denisart s'exprime à peu près dans les mêmes termes en disant : « Naturaliser quelqu'un, c'est le rendre capable de tous les effets civils (2), comme le sont les originaires français. » Le moyen par lequel on naturalisait les étrangers dans l'ancien Droit était ce qu'on appelait les *lettres de naturalité ;* et encore ce moyen n'était-il accordé qu'aux étrangers catholiques ; car, comme nous verrons bientôt, la catholicité était une question préalable, que l'on examinait avant d'accorder cette faveur.

Nous empruntons à Bacquet la notion suivante sur les lettres de naturalité : « *Les lettres de naturalité,* dit-il, *sont celles par lesquelles les estrangers demeurans au royaume de France, pals, terres et seigneuries de l'obéissance du roy, ont coustume d'obtenir pour estre faicts comme originaires de France (3)... »* On les appelle ainsi, parce que par ces lettres l'étranger est mis au même rang que celui qui est né en France, comme le *naturel* français. Suivant Baldo, on pourrait les appeler *lettres de civilité,* parce que par ce moyen on reçoit le droit de cité : « Extranei jus alicujus *civitatis* Galliæ, sive Pari-« siensis, sive Lugdunensis... (sive alicujus civitatis) asse-« qui possunt. » Enfin Bacquet dit qu'on pourrait les appeler aussi *lettres d'adoption,* parce que les étrangers naturalisés sont en quelque sorte adoptés par le royaume, et mis sur la même ligne que les fils de la France : « Quia

(1) Merlin, *Répertoire,* v° Naturalisation, t. VIII, p. 199.
(2) Denisart, *Collection de décisions nouvelles,* v° Naturalisation.
(3) Bacquet, *Droit d'aubeine,* 3ᵉ partie, ch. xxııı, n. 1.

« per hujusmodi rescriptum, qui regni jure donantur,
« videntur quasi *adoptati* in regno, et de sua regione in
« regnum Gallicum translati. » Mais l'expression consacrée, pour désigner l'acte en vertu duquel les étrangers
deviennent Français, est celui de *lettres de naturalité* (1).
Pothier nous fait remarquer que les aubains obtenaient
quelquefois des lettres du roi, qui leur permettaient de
posséder des offices ou des bénéfices ; mais l'effet de ces
lettres se bornait à les relever de l'incapacité spéciale de
posséder des bénéfices ou un office ; il ne faut pas les
confondre avec les lettres de naturalité, dont l'effet était
général, parce que l'aubain naturalisé obtient les mêmes
droits que les originaires français ; ils sont, d'après l'expression de Bacquet, *mis au rang de ceux qui sont naiz en
France* (2).

Le droit d'accorder des lettres de naturalité a été toujours l'apanage de la royauté. Tous les auteurs s'accordent sur ce point ; aussi Pothier nous dit (3) : « Le roi
seul peut naturaliser les étrangers ; cet acte est un exercice de la puissance souveraine, dont il est le seul déposi-
taire. » Merlin nous dit aussi : « Ces lettres que le roi
seul pouvait accorder (4)... » La même idée est exprimée par Denisart dans les termes suivants : « On nomme
naturalisés les étrangers auxquels le roi a accordé des
lettres par lesquelles il leur permet de demeurer dans
le royaume pour y jouir des mêmes priviléges dont
jouissent les Français regnicoles. » Loysel, après avoir

(1) Pothier, *Traité des personnes*, 1re partie, tit. II, sect. 3, t. XXIII,
p. 267.
(2) Bacquet, *loco citato suprà*.
(3) Pothier, *loco citato*.
(4) Merlin, *Répertoire*, v° Naturalisation.

parlé des incapacités dont les aubains étaient frappés, ajoute : « *Le tout, s'ils ne sont naturalisez par lettres du roy...* (1). » Bacquet affirme cette vérité dans plusieurs passages de son *Traité du droit d'aubeine*, parmi lesquels nous en avons déjà cité quelques-uns. C'est sur cet apanage même que la royauté fondait ses prétentions exclusives au droit d'aubaine; car, puisqu'il n'y avait que le roi qui protégeait les étrangers, puisqu'il n'y avait que le roi qui pouvait les adopter et les mettre sur le même rang que les Français, il était juste que le roi seul pût leur succéder, quand les aubains ne laissaient pas d'enfants légitimes nés et demeurant en France comme regnicoles. D'un autre côté, la somme que l'aubain payait pour obtenir les lettres de naturalité profitait aussi au roi exclusivement; aussi voyons-nous dans Bacquet la décision suivante : « ...Au roy seul appartient la finance due à cause des lettres de naturalité, pour l'indemnité de Sa Majesté (2). »

Le premier acte que nous offrent les recueils dans lesquels nous voyons employé le mot « naturalisation » est une ordonnance du 23 mars 1302 ; mais, dès le onzième siècle, ce moyen d'assimiler les étrangers aux Français était souvent pratiqué, et nous le voyons jouer un grand rôle sous le nom de « droit de bourgeoisie » ; de nombreuses variations ont eu lieu pendant trois siècles, jusqu'au moment où s'est arrêtée la théorie de la naturalisation, telle qu'elle nous apparaît dans les actes appelés *lettres de naturalité*. Le premier acte de cette espèce, que nous trouvons dans les recueils, ce sont les

(1) Loysel, *Institutes coutumières*, liv. I, tit. I, n. 55.
(2) Bacquet, *Droit d'aubeine*, 3ᵉ partie, ch. xxv, n. 3.

lettres accordées en 1397 à un étranger génois : c'est la première application de l'ordonnance de 1302 parvenue jusqu'à nous.

Nous croyons qu'il n'est pas inutile de donner ici un modèle de lettre de naturalité, que nous empruntons à Bacquet ; nous tirerons de ce formulaire certaines conséquences quant aux effets de la naturalisation (1).

Voici la manière dont les lettres de naturalité étaient conçues :

« Henry, par la grâce de Dieu, roy de France et de Pologne, à tous présents et à venir, salut. Reçeu a nous l'humble supplication de nostre bien-aimé, tel, natif de Lucques, contenant que dès longtemps, il seroit venu en celluy nostre royaume, en intention de faire service à nos prédécesseurs roys, et à Nous, tant en fait des guerres qu'autrement, en plusieurs sortes de manières, avec nos lois, et intention de finir le reste de ses jours sous nostre obéissance, comme nostre vray et loyal sujet. Toutefois d'autant qu'il est estranger, non natif, ne originaire des royaume, païs, terres et seigneuries de nostre obéissance, il doute que nos officiers ou autres voulussent l'empêcher, en la jouissance des biens et droits qui luy peuvent appartenir en nos païs, terres et seigneuries, et que d'iceux et autres qu'il pourroit à l'avenir acquérir, il ne pust librement disposer entre-vifs, ou par testament....... Pourquoy, Nous, ces choses considérées, et pour autres bonnes, justes et raisonnables causes, à ce Nous mouvans, ayans égard aux bons et agréables services que le suppliant

____

(1) Bacquet, *Droit d'aubeine*, 3ᵉ partie, ch. xxiii, n. 2.

Nous a cy-devant fait, au fait de nos guerres, et inclinants à la requête qui nous a esté faite en sa faveur par aucuns de nos spéciaux serviteurs, luy avons permis, accordé et octroyé, et de nos certaines science, grâce spéciale, pleine puissance et autorité royale, permettons, accordons et octroyons, et par ces présentes voulons et Nous plaist, qu'il puisse et luy soit loisible, demeurer, resider et habiter en cestuy nostre royaume, païs, terres et seigneuries de nostre obéissance; jouir des priviléges, franchises et libertez, immunitez et droits, desquels jouissent nos vrais sujets et originaires de nostre royaume..... »

Comme nous voyons, ces lettres de naturalité étaient accordées sous une condition : c'est que l'étranger qui a obtenu la naturalisation ait fixé sa résidence en France : « *finir ses jours sous nostre obéissance*, » était-il dit dans ces lettres. La non-résidence était considérée comme une renonciation de la part de l'aubain naturalisé, aux avantages qui résultaient de ses lettres de naturalité (1).

L'aubain qui obtenait des lettres de naturalité payait au roi une certaine somme proportionnée à sa fortune : c'était, comme dit Bacquet, une indemnité due à Sa Majesté. Cette somme était fixée dans la Chambre des comptes, et il faut croire qu'elle était souvent assez élevée; car Bacquet nous dit qu'elle était la même que celle qu'on payait jadis sous le nom de forma-

(1) Ordonnance de Louis XII, de 1499. — Une ordonnance du mois de février 1720, enregistrée au mois d'avril, dit que les étrangers nationalisés ne pourront naviguer sous le pavillon français, s'ils n'ont fait dans les ports ou autres lieux français, une résidence continuelle de *quatre années*. (Denisart, v° *Naturalisation*, n. 17).

riage (1). Pothier nous fait remarquer que le roi en faisait quelquefois remise à celui qui obtenait les lettres de naturalité; c'est ce qui arrivait lorsque la naturalisation était accordée à l'aubain comme récompense des services que celui-ci avait rendus à la France (2). C'était là, en effet, une indemnité due au roi, d'après l'expression de Bacquet; car, en le naturalisant, le roi renonçait au droit d'aubaine, qui aurait pu s'ouvrir à son profit, si l'aubain venait à mourir sans enfants légitimes regnicoles. Il paraît que plus tard, au lieu de payer cette finance au roi, l'usage s'était établi de faire tout simplement une aumône aux pauvres.

Les lettres de naturalité étaient obtenues en la grande Chancellerie, et devaient être vérifiées et enregistrées par la Chambre des comptes. On les faisait enregistrer aussi au Parlement, dans les chambres du Domaine, et autres bureaux de finances, mais cet enregistrement ne servait qu'à faciliter l'exécution des lettres de naturalité. Le seul enregistrement essentiellement nécessaire était, comme dit Pothier (3), celui qui était fait en la Chambre des comptes. Depuis un arrêt du Conseil, en date du 12 mars 1735, la Chambre des comptes avait ce droit d'enregistrement exclusivement, « *privativement à toutes Cours,* » comme dit Denisart (4).

L'enregistrement des lettres de naturalité était nécessaire à un double point de vue, car il satisfaisait à un

(1) Bacquet, *Droit d'aubaine,* 3ᵉ partie, ch. xxv, n. 1.
(2) Pothier, *Traité des personnes,* 1ʳᵉ partie, tit. 11, sect. 3, t. XXIII, p. 267.
(3) Pothier, *eodem loco.*
(4) Denisart, *Collection de décisions nouvelles,* v° Naturalisation, n. 4.

double intérêt : l'intérêt du roi et l'intérêt des parties. En effet, nous avons dit que par les lettres de naturalité le roi renonce au droit d'aubaine; la Chambre des comptes et les chambres du Domaine, étant chargées des intérêts particuliers du roi, il faut faire enregistrer les lettres de naturalité à ces chambres, pour tenir lieu du droit que le roi avait sur les biens de l'aubain. D'un autre côté, en vertu des lettres de naturalisation, l'incapacité de transmettre et de recueillir disparaît, dans l'intérêt de l'aubain naturalisé; or, ces questions sont jugées en dernier ressort au Parlement; il fallait donc enregistrer les lettres de naturalité au Parlement, car on n'attachait aucune importance à celles qui n'étaient pas enregistrées, comme à tout autre titre revêtu du grand sceau, si l'enregistrement n'avait pas eu lieu.

Deux arrêts du Parlement confirment cette doctrine en termes exprès. Le premier arrêt est du 4 septembre 1738, rendu dans l'affaire de Louis Flandio, sur les conclusions de l'avocat Gilbert. Les lettres de naturalité de Flandio n'étant pas enregistrées au Parlement antérieurement au décès de son frère, à la succession duquel il prétendait venir, on lui a préféré la femme du défunt, comme étant saisie de la succession de son mari par la loi *Unde vir et uxor*. Le Parlement décida par cet arrêt, que les lettres, n'étant pas enregistrées, ne lui avaient communiqué aucune capacité. Le second est un arrêt en date du 20 décembre 1737, rendu dans l'affaire de la dame de la Thuillerie. Elle avait hérité de Tauxier, Français de naissance, par testament, de 250 livres de rente perpétuelle, constituées sur les aides et gabelles de France, et de 500 livres de rente viagère.

La dame de la Thuillerie, qui était née à Liége, avait obtenu délivrance de son legs en cause principale; mais en cause d'appel elle fut jugée incapable de profiter du legs de rente perpétuelle (1), la Cour lui ayant adjugé seulement le legs de la rente viagère. L'enregistrement des lettres de naturalité au Parlement était donc nécessaire, comme dit Pothier, plutôt pour faciliter leur exécution que pour assurer leur validité.

Avant d'enregistrer les lettres de naturalité, une question préalable était examinée : on n'ordonnait l'enregistrement qu'après une information de catholicité de vie et mœurs de l'impétrant. Cette mesure se justifie par la considération qu'on doit être très-modéré, lorsqu'il s'agit de conférer un titre que l'on peut considérer, à juste raison, comme le plus enviable, le titre de citoyen; si on prodiguait ce titre sans trop de scrupule, il finirait inévitablement par perdre toute sa dignité. Quant à la condition de catholicité, elle a été peut-être rigoureusement exigée à l'époque, de triste mémoire, où les sentiments religieux ont fait couler plus d'une fois le sang des citoyens; mais plus tard on dispensait de cette preuve; Denisart nous cite l'enregistrement des lettres de naturalité du fameux Law, du maréchal de Saxe et de quelques autres étrangers illustres, qui fut accompli sans la moindre résistance.

En dehors de l'enregistrement, une autre formalité était imposée à l'impétrant. Nous voyons dans l'édit du mois de décembre 1703, dans la déclaration du mois de mars 1708 et dans l'article 10 du tarif du 21 septembre

(1) Pour ces deux arrêts, Denisart, *Collection de décisions nouvelles,* v° *Naturalisation,* n. 6 à 11.

1722, que les lettres de naturalité étaient sujettes à l'*insinuation*. Mais cette formalité n'entraînait aucune déchéance, car elle n'était pas prescrite à peine de nullité; la question s'est présentée plusieurs fois devant le Parlement, sur les conséquences du défaut d'insinuation, et notamment dans l'affaire Borio, tranchée par l'arrêt du 18 mars 1747. Un sieur Boulanger, mort à Paris, le 13 juin 1740, avait institué pour légataire un sieur Borio, Italien d'origine; Borio avait obtenu des lettres de naturalité qu'il avait fait enregistrer, mais il avait négligé de les faire insinuer. Nécessairement, les adversaires de Borio lui reprochaient cette négligence, et prétendaient que le défaut de cette formalité entraînait la nullité de l'enregistrement. Borio, qui avait procédé à l'insinuation depuis que l'enregistrement avait été attaqué, répondit qu'on devait regarder l'insinuation comme une prescription dans l'intérêt du fisc — comme une formalité bursale, suivant son expression — et qu'il importait peu en quel temps ce droit fût payé. Sur les conclusions de l'avocat général le Bret, la cour décida que l'enregistrement était valable, et ordonna l'exécution du legs en faveur de Borio (1), ayant jugé que l'insinuation n'était point ici une formalité rigoureuse.

Une clause restrictive était toujours insérée dans les lettres de naturalité, après avoir dit qu'elles étaient accordées à un tel, pour en jouir lui et ses héritiers. C'était la clause : « *Proviso quod impetrantis heredes sint regnicolæ.* » Bacquet mentionne la discussion qui avait lieu sur le sens de cette clause, qu'on était accoutumé

(1) Denisart, *Collection de décisions nouvelles*, v° Naturalisation, n. 19.

à mettre en la Chambre des comptes. Quelques auteurs, parmi lesquels Alciat, avaient pensé que le mot « héritiers » était relatif aux plus proches parents à succéder, comme père, mère, frère, oncle, etc.; et que le sens de la clause serait : Si ces proches parents sont à l'étranger, quoique le défunt laissât des parents plus éloignés en France, regnicoles ou naturalisés, le roi devrait succéder néanmoins à l'aubain naturalisé qui se trouverait dans cette condition. Bacquet trouve cette interprétation plus *subtile* qu'*équitable :* car le mot « héritier », dit-il, *non solum ad proximum heredem, sed ad ulteriores refertur.* Le vrai sens de la clause *proviso quod heredes* était que les lettres de naturalité ne profitaient pas aux enfants étrangers de l'impétrant s'ils n'y étaient pas formellement compris. Les enfants de l'impétrant ne pouvaient profiter des avantages résultant de la naturalisation de leur ascendant, que s'ils étaient regnicoles, c'est-à-dire nés et résidant en France, ou naturalisés. Bacquet est partisan de ce système, parce que, dit-il, *les enfants estant naiz hors de France, peregrini sunt et alienigenæ, ideoque hereditatum incapaces.* M. Demangeat, qui, dans son ouvrage sur la condition civile des étrangers (1), envisage cette question, adhère aussi à cette seconde interprétation. Pothier, qui traite toutes ces questions *ex professo,* ne néglige pas de se prononcer sur ce point, et conclut que l'étranger natu-

(1) Bacquet, *Droit d'aubeine,* 3e partie, ch. xxv, n. 6, et ch. xxvi, n. 1 et suiv. — Art. 90 de la nouvelle Coutume de Sens. — Arrêt rendu en la chambre du Trésor, 5 août 1593, pour la succession de Voillot (cité dans Baquet). — Demangeat, *Condition civile des étrangers en France,* n. 13, p. 167. — Pothier, *Traité des personnes,* 1re partie, tit. II, sect. 3, t. XXIII, p. 263.

ralisé doit avoir pour héritiers ses plus proches parents regnicoles, même s'il existe de plus proches parents en pays étrangers : la qualité d'héritier, dit-il en terminant, appartient au plus proche parent regnicole.

Voyons maintenant quels étaient *les effets de la naturalisation* dans l'ancien droit. L'étranger naturalisé, dit Pothier, jouissait de presque tous les droits des citoyens. Nous avons déjà dit quelques mots sur cette réserve que fait ici Pothier, en parlant de certaines dignités inaccessibles aux étrangers, même quand ils étaient naturalisés. Rappelons encore une fois qu'en vertu de l'article 4 de l'ordonnance de Blois de l'an 1579, les étrangers, même pourvus de lettres de naturalité, ne pouvaient point occuper les trois dignités ecclésiastiques suivantes : ils ne pouvaient être pourvus d'évêchés, archevêchés et abbayes. L'importance de ces dignités a paru d'un ordre si élevé, qu'on a cru nécessaire de ne les confier qu'à des Français originaires (1).

Mais là ne se borne pas la différence qui continuait d'exister entre l'aubain naturalisé et le Français originaire. A certains autres points de vue, l'étranger naturalisé était dans une condition inférieure à celle du Français. Deux déclarations, l'une en date du 26 janvier 1639 et l'autre du 22 juillet 1697, décidaient que

(1) Toutefois une clause particulière insérée par le roi dans les lettres de naturalité pouvait le relever de cette incapacité, et habilitait les étrangers à posséder ces dignités éminentes. Pothier dit qu'on a vu plusieurs étrangers qui en ont été pourvus. — Pothier, *Traité des personnes*, 1re partie, tit. II, sect. 2, t. XXIII, p. 251. — *Revue pratique*, article de Barillet sur la *Condition des étrangers en France*, t. XV, p. 536, année 1863. — Un édit de septembre 1669 dispensait les Savoyards de cette rigueur ; quelques autres peuples furent dispensés ensuite.

les aubains naturalisés demeuraient assujettis à payer le droit dû par les étrangers à raison du commerce qu'ils faisaient en France. Quelques arrêts, qui ont fait l'application de ces ordonnances, avaient admis que les dispositions des deux ordonnances que nous venons de mentionner étaient prescrites sous peine de nullité des lettres de naturalité ; par conséquent, si l'aubain naturalisé ne payait pas la somme pour laquelle il était taxé, les lettres par lui obtenues étaient considérées comme non avenues.

De plus, l'aubain qui avait obtenu des lettres de naturalité ne pouvait venir à la succession de son parent français ou naturalisé, si celui-ci laissait d'autres parents *nés* en France, même à un degré plus éloigné que dans le cas où cet aubain en question était le fils légitime du *de cujus* (1). En outre, les étrangers naturalisés, dit Pothier, ne peuvent tester et transmettre leur succession qu'au profit de ceux de leurs parents qui étaient nés en France ou naturalisés ; mais c'est là une incapacité qui tient à la qualité du successible plutôt qu'à celle du défunt (2).

Mais, d'un autre côté, il pouvait arriver qu'en fait l'aubain naturalisé eût plus de droits que le Français originaire ; ceci semble assez curieux au premier abord, c'est pourtant ce qui arrivait en réalité. Il y avait des Coutumes qui prohibaient de disposer des héritages propres, par donation ou testament, si ce n'est du quart,

(1) *Revue pratique, loco citato.* — Demangeat, *op. citato*, n. 43, p. 163.

(2) Pothier, *Traité des personnes*, 1re partie, tit. ii, sect. 3, t. XXIII, p. 268.

de la moitié ou à vie seulement. Cette disposition s'expliquait par le désir de conserver dans la famille les héritages propres et de les transmettre aux héritiers du sang ; mais elle ne concernait point un héritier anomal et irrégulier, tel que l'étranger naturalisé, qui ne venait à la succession qu'en vertu d'une faveur spéciale résultant des lettres de naturalité, et non en vertu du droit de la Coutume. L'étranger naturalisé pouvait donc librement disposer de tous ses biens (1) ; par conséquent, il était en fait plus privilégié que le Français originaire.

Ces différences entre l'aubain naturalisé et le Français originaire expliquent la réserve que fait Pothier, en disant que les étrangers naturalisés jouissent de *presque* tous les droits des citoyens. A part ces nuances, les étrangers naturalisés étaient donc mis sur la même ligne que les Français de naissance ; Bacquet le dit en termes formels : « *Par le moyen des lettres de naturalité les estrangers sont mis au rang de ceux qui sont naiz en France* (2). » — Cette assimilation entre l'étranger naturalisé et le Français originaire apparaît clairement du spécimen de lettre de naturalité, que nous avons reproduit ci-dessus.

Nous allons maintenant relever brièvement *les effets* résultant de ces lettres de naturalité, en vertu desquels les aubains obtiennent les mêmes priviléges que les Français. Bacquet énumère, en premier lieu, le droit de disposer librement de tous les biens, par acte entre-vifs ou de dernière volonté. Nous venons de voir que, sur ce point, l'étranger naturalisé était, dans quelques coutu-

(1) Ainsi jugé par un arrêt de 1566. — Dionysius Fontanus, *in Consuet. Blesensibus*, art. 20. — Demangeal, *loco suprà citato.*
(2) Bacquet, *Droit d'aubeine*, 3ᵉ partie, ch. xxiv, n. 1 *in fine.*

mes, mieux traité même que le Français originaire. Un arrêt du Parlement, en date du 8 juin 1566, atteste ce droit (1), résultant de la phrase sacramentelle, qu'on insérait dans les lettres de naturalité : « Nous plaist, qu'il puisse et luy soit loisible de demeurer....... jouir des priviléges, libertez, immunitez et droits, desquels jouissent nos vrais sujets... » L'arrêt que nous venons de mentionner est intervenu dans l'affaire d'Augustin de Champagne, étranger naturalisé, qui avait adopté un enfant, Français de naissance, Augustin Davet ; l'enfant devait porter le nom de l'adoptant, et celui-ci lui avait donné plusieurs héritages qu'il avait en Touraine et en Champagne. Le procureur du roi avait prétendu que, d'après la Coutume de Touraine (art. 1ᵉʳ, *Sur les donations*, de l'ancien Coutumier, art. 233 du nouveau Coutumier), on ne pouvait donner que les acquêts et le tiers de son patrimoine à vie seulement, et les meubles à perpétuité. Par l'arrêt rendu en 1566, *mainlevée fut baillée au donataire de Champagne de tous les biens, tant meubles qu'acquêts immeubles qui luy avoient été donnés*, parce que le sieur Augustin avait reçu par les le tres de naturalité qu'il avait obtenues, la faculté de disposer librement de tous ses biens, comme un Français.

Les aubains pouvaient, en vertu des lettres de naturalité, succéder et transmettre leurs successions, recevoir par testament et tester. La double incapacité de transmettre et de recevoir une succession était levée par les termes sacramentels, qui se trouvaient dans les lettres de naturalité. Bacquet explique l'effet des lettres de

____

(1) Cet arrêt est cité par Bacquet, *Droit d'aubeine*, 3ᵉ partie, ch. XXIV, n. 6.

naturalité, à cet égard, dans les termes suivants : « *Par le moyen d'icelles (lettres) ses parents naiz et demeurans au royaume luy peuvent succeder ès biens estans en France, tant ainsi que s'il estoit natif au royaume.* » Ceci, quant à la succession passive ; puis venant à la succession active, il ajoute (1) : « *Il peut succeder à ses parens naiz et demeurans en France.* »

Tels étaient les avantages, qui résultaient des lettres de naturalité, au profit de celui qui les avait obtenues. Mais si l'aubain naturalisé venait à mourir sans laisser de parents français ou naturalisés, sa succession revenait au roi. Les seigneurs hauts justiciers ont pendant long-temps disputé au roi ce droit, mais leurs prétentions restèrent sans effet, vu qu'on ne pouvait pas rétorquer contre le roi un acte qui était dû à sa clémence : « *Beneficium non reflectitur in præjudicium concedentis* (2). »

CHAPITRE III

AUTRES MODES DE NATURALISATION DANS L'ANCIEN DROIT.

En empruntant à Merlin la définition du mot naturalisation, nous avons dit que c'est tout acte par lequel un étranger obtient les mêmes droits et priviléges que s'il était né Français. Et malgré les expressions de Bacquet, Loysel et Pothier, qui, en dehors des lettres de naturalité, semblent exclure tout autre mode de naturalisation; nous avons mis, en rapportant les paroles de ces jurisconsultes cé-

(1) Bacquet, *ibidem*, n. 9 et 10.
(2) Demangeat, *Condition civile des étrangers en France*, n. 43, p. 166.

lèbres, une réserve sur laquelle il est temps de nous expliquer.

Du reste, Pothier lui-même, après avoir dit que les étrangers ne pouvaient acquérir le droit de citoyens français que par les lettres de naturalité, revient un peu plus loin sur ces paroles, un peu trop absolues, et justifie la réserve que nous avons mise, en disant : « Les lettres de naturalité ne sont cependant pas le seul moyen par lequel les étrangers puissent obtenir les droits de regnicoles (1). » Or, en prenant le mot « naturalisation » dans une acception large, nous allons rechercher quels sont les autres moyens par lesquels les étrangers pouvaient devenir Français. Eh bien, nous rencontrons à cet égard trois autres modes qui opéraient dans la condition des étrangers, le même changement que les lettres de naturalité. Ce sont : le mariage, les traités, et l'annexion d'un territoire étranger à la France.

§ 1. — Le Mariage.

Le *mariage* n'avait sans doute aucune influence sur la nationalité du mari ; s'il était étranger, le mariage ne changeait rien à sa condition. Les paroles de Pothier sont trop formelles à cet égard pour oser mettre en doute un principe, qui a dû toujours exister ; en effet nous voyons dans Pothier qu'un *« étranger*, qui aurait demeuré pendant plusieurs années en France, *qui s'y serait marié*, qui y aurait eu des enfants, *ne serait pas moins regardé comme étranger*. » Mais le sens de ces

(1) Pothier, *Traité des personnes*, 1re partie, tit. II, sect. 3, t. XXIII, p. 269.

paroles ne s'étendait pas à la femme étrangère qui épousait un Français : le principe que la femme mariée prend la nationalité de son mari, est en France aussi ancien que le droit ; nous le trouvons proclamé énergiquement par les Coutumes, comme nous le voyons figurer dans le Code. Nous ne citerons que la Coutume de Bourgogne, qui atteste dans des termes très-formels l'existence de ce principe ; voici ce que nous y trouvons : « *La femme de main-morte qui se marie à homme franc, est franche* (1). »

§ 2. — Traités.

Les *Traités* avaient été un expédient puissant par lequel Rome avait poursuivi sa politique ambitieuse, qui tendait à asservir le monde entier et à faire de l'empire romain un empire universel. Nous avons vu comment on essayait de soumettre les peuples en leur concédant par des traités, si ce n'est la qualité de citoyens, du moins l'assimilation avec certains types, comme les Latins, dont la condition embrassait, plus ou moins, certains avantages qui résultaient de la cité. En France, cette pratique fut aussi mise à profit dans un double but, politique et économique. Nous ne parlerons pas de ces *traités de parcours* conclus entre les seigneurs, et en vertu desquels il était permis aux sujets de voyager et de résider sur un territoire étranger, sans être soumis à payer le droit d'aubaine ; ces traités concernaient les aubains dans le sens étendu du mot, les aubains français, comme dit notre éminent maître, M. Chambellau. Nous n'envisageons que le traité concernant les aubains

____

(1) Ancienne Coutume de Bourgogne, tit. xi, art. 7.

proprement dits, les étrangers dans l'acception propre de cette expression.

Parmi ces traités, il faut distinguer deux catégories : les uns accordent aux étrangers l'exemption du droit d'aubaine seulement ; les seconds accordent aux aubains la concession des droits des originaires français. Pothier nous met en garde contre la confusion que l'on pourrait faire à cet égard, en nous disant qu'il faut faire attention à ne pas les confondre.

Il y avait des provinces, comme le Languedoc, dans lesquelles le droit d'aubaine n'a jamais été exercé parce qu'il était contraire aux traditions et aux lois qu'on y avait toujours observées. Les lettres de Louis XI, du mois de juillet 1475, consacraient cette pratique, qui fut de nouveau confirmée peu de temps après par Charles VIII en 1483. Nous voyons dans lesdites lettres de Louis XI que les aubains pouvaient transmettre leurs biens comme les Français ; voici quelques passages de ces lettres enregistrées au Parlement de Toulouse : « Sur l'humble supplication des gens des trois Estaz de nostre pays de Languedoc, nous avons ordonné que les estrangiers puissent tester, ordonner et disposer de leurs biens par testament et autrement, ainsy qu'il leur plaira ; et avecques ce, leurs enfans masles et femelles...... puissent d'ores en avant perpetuellement succeder auxdits estrangiers et aux descendants d'eux, et apprehender leurs successions et biens, tout ainsy qu'ils fairoient et faire pourroient si iceux estrangiers estoient natifz de nostre royaume (1). »

(1) Ces passages sont cités par M. Demangeat, op. citato, n. 47, p. 191.

Quelques villes du royaume devaient, d'après le témoignage de Pothier, à la faveur des rois, le bénéfice d'ouvrir leurs portes aux étrangers, sans les frapper de incapacités qu'entraînait la condition d'aubain. Ce sont les villes que les rois, de France, dès le douzième siècle, affranchirent et élevèrent au rang de bourgeoisies. Gui Coquille, auquel se réfère Pothier lui-même (1), cite dans son *Commentaire sur la Coutume de Nivernais*, parmi les villes du royaume qui avaient reçu ce privilége : Lyon, Toulouse et Bordeaux. « Aucunes villes de ce royaume ont lettres de privilége général, par lesquelles les étrangers..... leur est permis d'acquérir biens en ce royaume et en disposer par testament..... (2). » Plusieurs autres villes et des provinces entières jouissaient du même privilége; Choppin affirme que dans les provinces de Guyenne et de Provence, le droit d'aubaine n'avait pas lieu ; Marseille avait reçu ce privilége par un édit de Louis XIV en date de 1669.

Mais encore une fois, il y avait là seulement une exemption du droit d'aubaine qui ne valait pas la naturalisation. Pothier dit expressément : les peuples exempts du droit d'aubaine ne sont pas pour cela citoyens ; cette concession ne leur en acquiert pas les droits. Notre illustre professeur, M. Chambellan (3), accentuait l'année dernière, avec l'autorité qui caractérise son nom, cette différence entre l'exemption du droit d'aubaine et la naturalisation, en disant à son cours de droit coutu-

(1) Pothier, *Traité des personnes*, 1re partie, tit. ii, sect. iii, t. XXIII, 269.

(2) Gui Coquille, sur l'art. 24, chap. des Successions, Cout. de Nivernais.

(3) M. Chambellan, à son cours, année 1873.

mier : « *Sans devenir Français*, on pouvait jouir des droits civils dans certaines parties de la France ; c'était en vertu du bénéfice de bourgeoisie, accordé à ceux qui habitaient certaines villes régies par une coutume, qui accordait aux étrangers la jouissance des mêmes droits civils qu'aux autres citoyens de la ville. »

Des traités d'une autre nature poussaient plus loin la limite des priviléges accordés aux étrangers de certains pays et les assimilaient aux Français originaires, comme cela avait lieu par les lettres de naturalité. C'est ce qui arrivait ordinairement avec les provinces dans lesquelles le roi de France avait un intérêt éventuel. — Ainsi les habitants du comté de Bourgogne, avant la conquête qui a réuni cette province à la couronne, étaient, d'après le témoignage de Choppin, considérés comme naturels français ; il en dit autant pour les Bretons, mais cette assertion a été combattue par Dumoulin. — La Flandre, qui, depuis la renonciation de François I*, à Madrid, avait cessé d'être sous la dépendance des rois de France, jouissait néanmoins du privilége que ses habitants étaient considérés comme Français ; ils n'avaient pour cela qu'à prouver qu'ils étaient nés en Flandre, et la qualité d'originaire français avec tous les avantages qui s'y rattachaient leur était acquise. — Les habitants d'Avignon étaient aussi censés Français originaires, quoique cette ville ne fût plus sous la dépendance directe des rois de France ; en effet, le comté d'Avignon, depuis la vente consentie par la reine Jeanne de Naples au pape Clément VI, était sous la souveraineté du pape ; néanmoins les Avignonnais avaient les mêmes droits que les naturels regnicoles, en vertu des lettres patentes obtenues des rois de France, et notamment de celles accordées par Louis XII en 1479.

M. Demangeat (1), à qui nous empruntons ces précieux détails, donne l'énumération complète de tous ces traités sur lesquels nous n'osons pas nous étendre davantage. Nous citerons cependant, pour compléter l'ordre d'idées que nous exposons, encore quelques traités de cette nature, en vertu desquels les habitants de certaines villes étrangères étaient considérés comme des originaires français. Ainsi les personnes originaires de Toul, Metz et Verdun, étaient considérées comme citoyens français avant que ces trois villes fussent cédées à la France par la convention de 1551. Les Genevois jouissaient du même privilége en vertu des lettres patentes de 1596, confirmées en 1608. Enfin, les dernières lettres patentes accordant de pareils priviléges datent de 1770.

Nous terminerons sur ce point par une observation que fait Pothier. Lorsque des étrangers ont obtenu ainsi, en vertu de quelque traité particulier, les mêmes droits que les naturels français, ils jouissent de ce privilége, tant qu'il n'y a pas de guerre entre eux et la France; si la guerre survient, il y a sans doute nullité du traité duquel découlait le privilége en question. Enfin, quand la guerre a pris fin, on se conformera au nouveau traité de paix; le privilége sera maintenu s'il est de nouveau mentionné dans le traité; en cas contraire, les étrangers qui, avant la guerre, jouissaient du privilége d'être censés en France comme originaires français, rentrent dans la condition commune des aubains.

(1) Demangeat, *Condition civile des étrangers en France*, n. 48, p. 205 et suiv.

§ 3. — L'annexion d'un territoire étranger à la France.

Cette annexion est aussi un mode par lequel pourrait s'effectuer la naturalisation. Ceci comprend l'annexion d'un territoire par conquête ou cession, de même que par la fusion volontaire d'un État dans un autre; Lawrence (1) ajoute encore l'allégeance commune, c'est-à-dire le cas où le même souverain possède la couronne de deux pays, lors même que ces pays ne forment pas un seul royaume.

Tous les auteurs anciens attestent ce mode de naturalisation; il nous suffit de citer Pothier et Denisart, et nous ne pouvons résister à l'envie de reproduire ici leurs paroles mêmes, desquelles il résulte clairement que la naturalisation avait lieu en vertu de la conquête. Voici ce que nous dit Denisart sur ce point : « Les étrangers dont le pays est conquis, *sont de droit réputés natu-ralisés*, s'ils restent sous la domination du roi, sans qu'ils aient besoin de lettres. Cette espèce de naturalisation ne s'efface même point, si par des traités particuliers (2) les pays conquis retournant à l'ancien souverain, les habitants viennent faire leur demeure en France. »

Pothier, qui en toutes ces matières fait autorité, pose le même principe dans des termes encore plus généraux; parlant de la réunion des territoires étrangers à la France, il dit : « Lorsqu'une province est *réunie à la couronne*, ses habitants doivent être considérés comme *Français naturels*. Il y a même lieu de penser que les

---

(1) Lawrence, *Commentaire sur les éléments de droit international de Wheaton*, t. III, p. 187, édition de 1873.

(2) Denisart, *Collection de décisions nouvelles*, v° Naturalisation, n. 10.

étrangers établis dans ces provinces, et qui y auraient obtenu, suivant les lois qui y sont établies, les droits de citoyens, devraient après leur réunion être considérés comme citoyens, ainsi que les habitants originaires de ces provinces (1), ou du moins comme des *étrangers naturalisés en France.* » Dans les temps anciens, le conquérant réduisait en esclavage les captifs de guerre, et le territoire conquis devenait son domaine ; les progrès de la civilisation ont repoussé ces rigueurs de la guerre ; tout se borne désormais à un changement politique ; c'est là que se trouve le principe fondamental de la naturalisation résultant de la conquête !

On a discuté sur le point de savoir si la naturalisation des habitants d'un pays annexé à la France avait lieu de plein droit, par le fait même de l'incorporation de ce territoire étranger à la France. Nous avons vu que, Denisart soutenait que les étrangers, dont le pays était conquis, étaient *de droit réputés naturalisés.* C'est ce qui a été soutenu aussi par l'avocat général Joly de Fleury, dans son réquisitoire, lors de l'arrêt rendu par le Parlement le 6 septembre 1707 : « La conquête, disait cet illustre jurisconsulte, opère *ipso facto* la naturalisation des habitants du territoire incorporé ; » il considérait comme une formalité surabondante l'acte émanant du roi pour confirmer cette annexion du pays conquis.

Mais tel n'était pas l'avis des autres jurisconsultes célèbres de l'ancien droit. Dumoulin (2), Choppin et autres, subordonnaient la naturalisation résultant de

(1) Pothier, *Traité des personnes*, 1re partie, tit. II, sect. I.
(2) Dumoulin, Cout. de Paris, titre des Fiefs, § 20. Choppin, *Traité du domaine*, liv. I, tit. V.

l'annexion d'un territoire, à la condition préalable d'être proclamée par des lettres patentes, ou par une déclaration du roi. On cite à ce sujet un arrêt du Parlement de Paris en date du 21 janvier 1683, qui indique que les habitants de la Lorraine n'étaient considérés comme Français, que depuis la vérification du traité de Nimègue, en 1680, quoique le roi de France y exerçât sa domination depuis plus de dix ans.

Parmi les actes, desquels résulte la naturalisation en vertu d'une annexion de territoire à la France, nous pouvons mentionner les lettres patentes de François Ier par lesquelles il proclamait la réunion de la Bretagne à la France, et par conséquent la naturalisation des Bretons; en fait cette réunion avait eu lieu depuis le mariage de Charles VIII avec Anne de Bretagne, en 1491. — A la fin du dernier siècle, nous trouvons le traité du 26 avril 1798 qui incorporait la République de Genève à la France ; ce traité portait que tous les Genevois, tant ceux qui habitaient Genève et son territoire, que ceux qui étaient en France ou ailleurs, étaient déclarés citoyens français (1).

Dans la même année, un traité d'annexion de la République de Mulhouse déclarait tous les originaires qui s'y trouvaient, citoyens français. Nous ne pouvons nous étendre ici davantage, sur la naturalisation résultant de l'annexion d'un territoire étranger à la France; les principes étant les mêmes dans le droit actuel, nous reviendrons plus loin pour donner de plus amples explications.

(1) Martens, *Recueil de traités*, t. VII, p. 237 et 239.

SECONDE PARTIE

DROIT INTERMÉDIAIRE.

ABOLITION DU DROIT D'AUBAINE, LOIS ET CONSTITUTIONS CONCERNANT LA NATURALISATION.

A mesure que la France progressait en civilisation, la condition des étrangers recevait des adoucissements considérables ; les traités d'exemption devenaient d'un usage de plus en plus fréquent, et le droit d'aubaine disparaissait peu à peu. Dès le quinzième siècle, Louis XI avait aboli le droit d'aubaine à l'égard des Suisses qui étaient dans son service ; ceci fut étendu, d'après Choppin et Bourjon, à tous les Suisses dans le siècle suivant. Depuis, de nombreux traités de ce genre apparaissent dans l'histoire : Henri IV abolit le droit d'aubaine à l'égard des Hollandais, au siége d'Amiens. Nous avons vu aussi les mesures de même nature prises par ce roi, en faveur de l'industrie ; Louis XIII et Louis XIV étendirent encore plus ce privilége. Des nombreux traités furent conclus sous Louis XV et Louis XVI entre la France et les autres nations pour l'abolition réciproque du droit d'aubaine ; citons celui de 1760 avec la Sardaigne, celui de 1766 avec l'Autriche, celui de 1778 avec les États-Unis de l'Amérique, et celui de 1787 avec la Russie. Quelques-uns de ces traités remplaçaient le droit d'aubaine par un droit, connu sous le nom de *droit de détraction*, qui accordait au roi un vingtième ou un dixième sur les successions. Louis XVI, par l'édit du 18 janvier 1787, allait même plus loin; cet édit contenait abolition du droit d'aubaine, à l'égard des sujets de la Grande-Bretagne, *sans réserve et sans réciprocité*, malgré la rigueur des lois anglaises (1) qui défendaient à tout étranger l'acquisition d'immeubles en Angleterre.

C'était là un progrès considérable dû à l'impulsion donnée par les économistes du dernier siècle. Montesquieu avait déjà flétri le droit d'aubaine du nom de *droit insensé*. L'avocat général le Trône, parlant de l'abolition du droit d'aubaine, après avoir rappelé les affranchissements de certaines villes qui pouvaient recevoir les étrangers sans appliquer le droit d'aubaine, disait peu de temps avant la Révolution : « Si cet affranchissement est utile pour faire fleurir tel ou tel objet, il l'est généralement et en toute circonstance pour tout le royaume. » Necker avait aussi plaidé pour l'abolition du droit d'aubaine, en signalant combien était mince le profit qu'on retirait de cette institution, relativement aux pertes réelles qui résultaient de là, vu qu'on empêchait les étrangers de se produire en France : « *Le droit d'aubaine est encore plus préjudiciable aux nations qui l'exercent qu'aux étrangers dont on usurpe ainsi la fortune,* » disait-il en 1787. — En un mot, les grands

____

(1) La Ferrière, *Histoire du droit français*, t. II, p. 105. — Demangeat, *Condition des étrangers*, n. 49, p. 213 suiv. — Valette, *Cours de Code civil*, I, 63.

esprits réclamaient d'un commun accord une réforme, dont, au reste, le besoin se faisait sentir par les nécessités pratiques.

C'est alors que surgit la Révolution, qui fut une source si féconde en réformes législatives ; l'idée de fraternité s'était emparée de tous les esprits, et son influence devait fatalement briser cette barrière qui existait entre le Français et l'étranger, comme elle avait anéanti celle qui existait entre le noble et le roturier ! Animée de ces principes d'humanité, l'Assemblée constituante vota l'abolition du droit d'aubaine et du droit de détraction, par la loi du 6 août 1790, présentée par Barère. Nous ne pouvons nous empêcher de reproduire les belles paroles, qui justifiaient une mesure aussi équitable que politique. « L'Assemblée nationale, — porte le texte de cette loi, — Considérant que le droit d'aubaine est contraire aux principes de fraternité qui doivent lier tous les hommes, quels que soient leur pays et leur gouvernement; que ce droit, établi dans des temps barbares, doit être proscrit chez un peuple qui a fondé sa constitution sur les droits de l'homme et du citoyen, et que *la France libre doit ouvrir son sein à tous les peuples de la terre*, en les invitant à jouir sous un gouvernement libre des droits sacrés et inviolables de l'humanité, a décrété : *Le droit d'aubaine et celui de détraction sont abolis pour toujours.* » L'Assemblée constituante voyait donc dans cette disposition, non-seulement une mesure d'utilité pratique, mais, comme dit la Ferrière, elle proclamait un principe de droit social et de fraternité humaine !

Les étrangers étaient ainsi relevés des incapacités civiles dont ils étaient frappés dans l'ancien droit ; des lois postérieures vinrent ensuite préciser plus clairement les droits qu'on leur accordait ; nous devons citer celle du 8 avril 1791, qui déclare les étrangers capables de succéder *ab intestat*, de disposer et de recevoir à quelque titre et par quelque mode que ce soit. Et pour mieux garantir l'inviolabilité de ces réformes, ces principes furent inscrits dans deux constitutions : dans le titre vi de la Constitution du 3 septembre 1791 et dans l'article 355 de la Constitution de 1795 ou 5 fructidor an III (1).

Mais si ces incapacités civiles avaient disparu, l'incapacité politique persistait encore ; on ne pouvait pas pousser l'esprit de fraternité jusqu'à bouleverser les institutions politiques qui sont le fondement d'un État et à compromettre l'existence de la nation. La Convention nationale avait essayé cependant de faire ce pas, qui n'était pas sans danger ; une Constitution de 1793, première œuvre de la Convention, décidait que tout étranger jugé par le Corps législatif avoir bien mérité de l'humanité, pourra exercer les droits de citoyen français ! en conséquence cette constitution décidait que : tout étranger, âgé de vingt-un ans, domicilié en France depuis une année, qui vivait de son travail, épousait une Française, ou adoptait un enfant, ou nourrissait un vieillard, pourrait réclamer la qualité de citoyen. Il est connu, néanmoins, que cette constitution, qui poussait vraiment trop loin l'esprit de fraternité, ne fut jamais mise en pratique, ou peut-être n'eut-elle qu'une durée

____

(1) Aubry et Rau, *Droit civil*, 4ᵉ édition, t. I, p. 230. — Demangeat, *op. citato*, n. 55, pp. 219 et suiv. — La Ferrière, *op. citato*, t. II, p. 107.

éphémère. Il ne restait donc que la voie de la *naturali-sation*, par laquelle les étrangers pouvaient devenir citoyens français.

La naturalisation subit des variations nombreuses depuis la Révolution; nous avons déjà signalé le lien qui existe entre les changements politiques et les variations de législation en matière de naturalisation; ceci justifie encore une fois notre assertion : une foule de lois se sont succédé, après la Révolution, dans un intervalle relativement assez court; ce sont les changements que ces différentes lois introduisirent sur la naturalisation que nous allons exposer brièvement.

La *loi du 19 avril 1790* accordait la qualité de citoyen à tout étranger qui avait été domicilié en France ou épousé une femme française, ou créé un établissement commercial, ou qui avait reçu des lettres de bourgeoisie. Voici, en effet, quels étaient les termes de cette loi : « Tous ceux qui, nés hors du royaume de parents étrangers, sont établis en France, sont réputés Français et admis, en prêtant le serment civique, à l'exercice des droits de citoyen actif, après cinq ans de domicile continu dans le royaume, s'ils ont en outre acquis des immeubles, ou épousé une Française, ou formé un établissement de commerce, ou reçu de quelque ville le droit de bourgeoisie. »

Certains auteurs, parmi lesquels Fœlix, ont soutenu que cette loi ne pouvait pas être invoquée par les étrangers qui sont venus s'établir en France postérieurement à sa promulgation; cette loi étant conçue au présent, s'applique exclusivement aux étrangers établis en France avant sa promulgation. MM. Aubry et Rau repoussent avec raison cette opinion, parce que les lois conçues au présent n'en régissent pas moins l'avenir, lorsque le législateur n'a pas limité formellement au passé et au présent les effets de cette loi (1).

Une autre discussion s'est élevée sur la portée de cette loi ; c'est sur le point de savoir si le serment civique était exigé pour acquérir la qualité de Français, ou bien s'il n'était requis que pour obtenir la qualité de citoyen actif, c'est-à-dire le titre de citoyen et l'exercice des droits politiques. La jurisprudence et les auteurs ont été partagés sur cette question ; les deux opinions ont eu chacune leurs partisans. Dans un premier système on a prétendu que le serment civique est toujours exigé : La loi, a-t-on dit, ne distingue pas entre le titre de citoyen et la qualité de citoyen ; le serment civique doit être prêté dans un cas comme dans l'autre ; la distinction qu'on veut introduire n'existe point dans la constitution du 3 septembre 1791, qui est venue compléter celle de 1790 sur ce point (2). Mais l'opinion contraire est généralement admise ; il résulte en effet de la place occupée par les mots *en prêtant le serment civique*, intercalés au milieu de la phrase qui concerne l'obtention du titre de citoyen, que ce serment n'était exigé que pour celui qui obtenait la qualité de citoyen français et l'exercice des droits politiques. MM. Aubry et Rau pensent que même l'article 3 de la constitution de 1791 doit être interprété en ce sens, quoique cet article ne s'occupe

(1) Fœlix, *Revue de Droit français et étranger*, X, pp. 416 et suiv., n. 4. — Aubry et Rau, sur Zacharix, quatrième édition, t. I, p. 257, note 6.

(2) En ce sens, arrêt de la Cour de Montpellier, du 22 juin 1826 (Sirey, 1817, 2, 81). — Fœlix, *op. citato*, n. 8 et 9.

que de l'acquisition de la qualité de citoyen français ; il ne faut pas conclure de ce silence que la qualité de citoyen avec l'exercice des droits politiques et le titre de Français avec la jouissance des droits civils ont été confondus et identifiés (1). Le serment civique ne devait être prêté que pour l'acquisition de la qualité de citoyen et l'exercice des droits politiques.

La *constitution du 3 septembre* 1791 remplaça la loi de 1790 en reproduisant à peu près les mêmes principes ; elle introduisit seulement deux légères modifications, car elle écarta l'obtention des lettres de bourgeoisie dans une ville, comme titre suffisant pour acquérir la qualité de Français ; et, d'un autre côté, elle assimile un établissement d'agriculture à un établissement de commerce. Voici en effet dans quels termes était conçu l'article 3 du titre ii de cette constitution : « Ceux qui, nés hors du royaume, de parents étrangers, résident en France, deviennent citoyens français après cinq ans de domicile continu dans le royaume, s'ils y ont en outre acquis des immeubles, ou épousé une Française, ou formé un *établissement d'agriculture ou de commerce,* et s'ils ont prêté le serment civique. »

Le serment civique était exigé, non comme condition de l'exercice des droits de citoyen, mais comme simple acceptation de la naturalisation (2). Il faut remarquer que du concours des conditions qui étaient exigées par

(1) En faveur du second système : Cassation, 27 avril 1819 (Sirey, 1819, 1, 313); Colmar, 26 décembre 1829 (Sirey, 1830, 2, 97); Douai, 19 mai 1833 (Sirey, 1836, 2, 98); Cassation, 28 avril 1836 (Sirey, 1836, 1, 749). — Aubry et Rau, *loco citato,* note 8.

(2) Legat, *Code des étrangers,* p. 404. — Coin-Delisle, n. 13. — *Journal du Palais,* v° Naturalisation, n. 10.

cette constitution, de même que par la loi précédente, résultait implicitement la naturalisation, indépendamment de toute déclaration, soit du pouvoir législatif, soit du pouvoir exécutif (1).

Cette constitution, par son article 4, permit que le pouvoir législatif, pour des considérations importantes, donnât à un étranger un acte de naturalisation, sans d'autres conditions que de fixer son domicile en France et d'y prêter le serment civique (2). C'est en vertu de cette disposition constitutionnelle que, par la loi du 26 août 1792, on déféra le titre de citoyen à plusieurs étrangers illustres, parmi lesquels figuraient les noms de Jérémie Bemtham, Thomas Clarkson, le Prussien Anacharsis Cloots, George Washington, Klopstock et Thadée Kosciusko.

La *constitution du* 24 *juin* 1793 abrogeait implicitement celle de 1791 ; elle se montra plus favorable aux étrangers à un double point de vue : d'un côté, elle rendit la naturalisation très-facile en élargissant le cercle des circonstances qui l'entraînaient ; d'un autre côté, elle supprima l'obligation du serment civique et réduisit à une année le stage de domicile, qui était de cinq ans dans les lois précédentes. Nous avons parlé plus haut de cette constitution, excessivement libérale, première œuvre de la Convention, qui accordait aux étrangers la qualité de citoyen avec une légèreté inouïe. Il suffisait, d'après l'article 4 de cette constitution, d'avoir épousé une Française, ou nourri un vieillard, ou adopté un enfant, ou

<hr>

(1) Aubry et Rau, sur Zachariæ, quatrième édition, t. I, § 7, p. 217.

(2) Merlin, v° *Naturalisation*, édition 1813, t. VIII, p. 199.

enfin d'être jugé digne par le Corps législatif d'avoir bien mérité de l'humanité,... pour s'attribuer la qualité de citoyen. Ajoutons à tout cela qu'il fallait avoir l'âge de vingt-un ans accomplis, avoir un domicile en France depuis une année, et vivre de son travail. Comme nous voyons, les conditions exigées par cette constitution sont presque dérisoires ; aussi M. Demangeat affirme qu'elle ne fut jamais mise en pratique ; en tout cas, elle n'eut qu'une existence éphémère, car un décret en date du 10 octobre de la même année en suspendit les effets. Néanmoins, ce décret ne pouvait pas rétroagir, et les naturalisations accomplies sous le court empire de la constitution de 1793 ont été maintenues : c'était un droit acquis pour les parties ; c'est ce qui a été jugé en 1829 dans l'affaire Stéhélin contre le préfet du Haut-Rhin (1).

On a discuté sur le point de savoir si le titre de citoyen était acquis, en vertu de cette constitution, par tous ceux qui se trouvaient dans les conditions exigées par elle, sans aucune déclaration d'acceptation. M. Duvergier (2) a soutenu la doctrine suivant laquelle le serment civique, de même que la manifestation de l'intention de profiter des dispositions de la constitution de 1703, est nécessaire ; la cour d'Orléans a rendu en 1830 un arrêt qui confirme cette doctrine dans l'affaire Rau contre le préfet du Loiret. Mais l'opinion contraire semble avoir prévalu dans la doctrine et dans la jurisprudence ; on admet donc que la constitution de 1793 conférait *ipso facto* la qualité de

(1) Colmar, 13 octobre 1829. *Journal du Palais*, v° Naturalisation, n. 50.

(2) Duvergier, *Collection des lois*, deuxième édition, t. V, p. 331, note 2.

citoyen aux étrangers qui répondaient aux conditions exigées par cette constitution : ainsi, par l'arrêté pris le 21 brumaire an II, il a été décidé que les Suisses établis à Besançon en 1793 pour fonder une manufacture d'horlogerie étaient devenus de plein droit citoyens français ; l'application de cette décision eut lieu à propos de la loi du recrutement, qui fut appliquée aux descendants desdits Suisses, comme aux Français naturels.

Cette dernière opinion admet toutefois un double tempérament : il faut d'abord que le domicile exigé par la constitution de 1793 soit un domicile sérieux, une fixation d'où résulterait l'intention sérieuse de rester en France ; on a jugé en conséquence que la résidence pour faire le commerce par exemple serait insuffisante. En outre, il faut satisfaire consciencieusement à la condition de vivre de son travail ; il faut que l'accomplissement de cette condition soit un lien avec la société française. La Cour de Bordeaux a fait l'application de ce double tempérament en 1817 ; elle décida, dans l'affaire des frères Davidson contre le préfet de la Gironde, que l'étranger qui remplissait les fonctions de secrétaire particulier ou de chancelier du consul d'une puissance étrangère, ne pouvait prétendre à la qualité de Français, vu qu'il n'avait qu'une résidence accidentelle et précaire, et qu'un pareil travail n'établissait aucun lien de communauté entre lui et la société française (1).

La *constitution du 5 fructidor an III*, ou 22 août 1795, se place, dans l'ordre chronologique, après la constitution de 1793, et abroge les dispositions trop libérales

(1) Bordeaux, 17 juin 1817 (Sirey, 1817, 2, p. 468). — *Journal du Palais*, v° Naturalisation, n. 17 et 18.

de cette dernière constitution. Le titre de citoyen perdait toute sa valeur, si on l'accordait ainsi avec tant de légèreté à tous les étrangers qui se conformaient à la constitution de 1793; aussi, comme on s'était aperçu que cela nuirait aux intérêts de la France, la constitution de l'an III apporta de sages restrictions.

Quant aux conditions nécessaires pour obtenir la naturalisation, la constitution de l'an III remettait en vigueur celles qui étaient énumérées par la constitution de 1791, et ajoutait encore quelques exigences de plus. Ainsi le stage de domicile fut porté à sept années consécutives, qui ne commençaient à courir que du jour où, après avoir atteint la majorité, l'étranger résidant effectivement en France déclarait l'intention de s'y fixer. On exigeait en outre que l'étranger payât une contribution directe et possédât en France, ou une propriété foncière, ou un établissement d'agriculture ou de commerce, ou qu'il y eût épousé une Française. C'est ce qui résulte de l'article 10 de cette constitution : « L'étranger devient citoyen français, dit cet article, lorsque, après avoir atteint l'âge de vingt et un ans accomplis et avoir déclaré l'intention de se fixer en France, il y a résidé pendant *sept années* consécutives, pourvu qu'il y paye une *contribution directe*, et qu'en outre il y possède une propriété foncière, ou un établissement d'agriculture ou de commerce, ou qu'il ait épousé une Française. »

Une déclaration de se fixer en France et de devenir citoyen français était donc toujours nécessaire : la naturalisation ne résultait plus implicitement du concours de certaines circonstances, comme sous les lois précédentes. La Cour de cassation a fait plusieurs fois l'application de cette idée, et notamment par l'arrêt du 26 janvier 1835, qui décida que le fait isolé de la résidence, accompagné de l'une des conditions facultatives exigées par la constitution de l'an III, ne suffisant pas pour faire acquérir la qualité de Français, il fallait une déclaration expresse de volonté. M. Coin-Delisle (1) pense que la déclaration de se fixer en France implique la demande de naturalisation ; mais l'arrêt que nous venons de citer a admis l'opinion contraire.

Quant au payement d'une contribution directe, dont il est question dans l'article 10 de la constitution de l'an III, on a pensé que ce n'était pas une condition préalable exigée pour obtenir la naturalisation. L'opinion contraire a été cependant soutenue ; le stage de sept ans et le payement de la contribution directe sont toujours exigés en dehors de l'une des quatre conditions facultatives énumérées dans l'article 10. Mais l'opinion qui a prévalu est celle suivant laquelle le payement d'une contribution directe n'était requis que pour parvenir au titre de citoyen et à l'exercice des droits politiques ; et la raison qui fait que l'on admet cette opinion, c'est que les articles 8 et 9 de la constitution de l'an III exigeaient que les Français d'origine remplissent eux-mêmes cette condition, pour pouvoir prétendre au titre de citoyen. Et cependant si les Français ne remplissaient pas cette condition, ils n'en restaient pas moins Français, quoiqu'ils ne pussent exercer les droits politiques. Eh bien ! par identité de raison, la même décision a été admise à l'égard des étrangers ; ils pouvaient devenir

(1) Coin-Delisle, *Jouissance et privation des droits civils*, Comment. sur l'art. 8 du Code, n. 15.

Français sans justifier qu'ils payaient une contribution directe (1) ; mais cette justification était nécessaire pour exercer les droits politiques attachés au titre de citoyen.

La *constitution du 22 frimaire an VIII*, ou 13 décembre 1799, vint encore apporter une modification à la constitution précédente en matière de naturalisation. Comme sous les lois précédentes, l'étranger acquérait la qualité de Français et de citoyen après une déclaration expresse de volonté. Mais la nouvelle constitution, d'un côté, augmentait la durée du stage, qu'elle porta à dix années, en fixant le point de départ de même que la constitution précédente ; d'un autre côté, elle n'exigeait d'autres conditions que l'âge de vingt et un ans accomplis et la déclaration formelle que devait faire l'étranger de son intention de résider en France et de devenir Français.

Voici en effet quels sont les termes de l'article 3 de la constitution du 22 frimaire an VIII : « Un étranger devient citoyen français, lorsque, après avoir atteint l'*âge de vingt et un ans* accomplis, et avoir déclaré l'*intention de se fixer en France*, il y a résidé pendant *dix années consécutives*. » Ainsi, cette constitution exige moins de conditions que la précédente, sauf que la durée du stage a été augmentée, étant portée à dix années de résidence consécutives.

____

(1) Dans le sens de la première opinion, Coin-Delisle, *op. citato.* — Dans le sens de la seconde, l'arrêt de la Cour de cassation du 26 janvier 1835, dans l'affaire du maire de Corte contre Pelizzo (*Journal du Palais*, v° Naturalisation, n. 22 et 23). — La seconde opinion est admise aussi par M. Aubry et Rau, t. I, § 71, p. 219, quatrième édition.

Tel était l'état de la législation en matière de naturalisation, à l'époque où fut rédigé le Code civil. Mais le dernier mot n'était pas encore dit : le Code se référa en effet à la constitution de l'an VIII ; c'était là le point de départ du droit actuel ; cependant les réformes qui furent introduites sont encore très-nombreuses (1).

Avant d'entrer dans le développement de ces innovations qui ont été apportées depuis la rédaction du Code jusqu'à nos jours, une dernière remarque est nécessaire. La simple résidence d'un étranger en France, quelque longue que fût sa durée, ne suffisait point pour lui conférer la qualité de Français ; il lui fallait non-seulement se conformer aux conditions exigées par la loi, mais encore solliciter la naturalisation par une déclaration expresse de volonté. Cette déclaration était double : il fallait d'abord une déclaration préalable au stage de domicile, et une seconde déclaration après l'expiration de ce délai, qui, d'après la constitution de l'an VIII, était fixé à dix ans. L'entraînement des idées réactionnaires avait, sans contestation, produit des résultats qui dénotaient l'application des principes de fraternité dont la France donnait l'exemple au monde entier ; mais enfin accorder la qualité de Français à un étranger, c'était une grande faveur ; il était donc nécessaire, non-seulement que l'étranger eût sollicité une pareille faveur, mais encore on ne devait l'accorder qu'avec une certaine modération. Les Français devaient, comme dit notre savant profes-

(1) M. Valette, *Cours de droit civil*, t. I, p. 52. — Aubry et Rau, *loco citato*. — M. Beudant, dans une savante dissertation publiée dans la *Revue critique de jurisprudence*, t. VII, livraison d'août 1855.

seur M. Beudant (1), n'admettre les étrangers à participer à leur nom, à leur passé et à leur avenir qu'avec une grande circonspection.

Un dernier mot sur les lois du droit intermédiaire; comme ces lois sont très-nombreuses et comme elles se sont succédé à des intervalles assez courts, il faut remarquer que la qualité de citoyen était définitivement acquise à celui qui s'était conformé aux conditions d'une loi et en avait tiré profit, quand une nouvelle loi était rendue; mais ceux qui ne s'étaient pas encore conformés aux conditions exigées par la loi ancienne devaient se conformer aux conditions requises par la nouvelle loi, pour devenir citoyens français. Sans doute la loi nouvelle ne pouvait pas nuire rétroactivement à ceux qui invoquaient la naturalisation comme un droit acquis, mais elle s'appliquait parfaitement à ceux qui n'avaient pas encore tiré profit de l'ancienne loi (2).

(1) M. Beudant, *loco citato*, p. 3 de son extrait de la *Revue de législation et de jurisprudence.*

(2) Merlin, v° *Naturalisation*, n. 5. —Aubry et Rau, quatrième édition, t. I, § 71, p. 230.

TROISIÈME PARTIE

DROIT ACTUEL.

La naturalisation, avons-nous dit, est l'acte par lequel un étranger obtient les mêmes droits et priviléges que s'il était né Français. Telle est la définition que donne Merlin (1) sur la naturalisation; telle est l'acception large dans laquelle ce mot est pris par les auteurs modernes. C'est en prenant ce sens étendu du mot *naturalisation* que nous allons parcourir maintenant, non-seulement la naturalisation proprement dite résultant d'une concession purement gracieuse faite aux étrangers qui sollicitent la qualité de citoyen français, mais encore tous les autres modes prévus par le Code et par les lois postérieures, en vertu desquels un étranger acquiert la qualité de Français.

Cela nous amène à diviser cette partie de notre étude en trois chapitres : 1° La naturalisation proprement dite, qui ne peut être obtenue par l'étranger que comme une

____

(1) Merlin, v° *Naturalisation*, n. 1, édition 1813, t. VIII, p. 499. — Aubry et Rau, quatrième édition, t. I, § 71, p. 213. — Demolombe, t. I, § 156, édition 1875, p. 170.

faveur; 2° de la naturalisation par le bienfait de la loi, en vertu de laquelle les étrangers, qui remplissent certaines conditions requises par la loi, réclament la qualité de Français comme un droit qui leur est acquis en vertu de la loi; 3° enfin, de la naturalisation collective résultant de l'annexion d'un territoire étranger à la France. Les deux premiers chapitres sont du domaine du droit civil; la troisième est du domaine du droit des gens, et le Code civil ne renferme aucune disposition relative à ce mode collectif de naturalisation.

CHAPITRE Iᵉʳ

DE LA NATURALISATION PROPREMENT DITE

Le mot *naturalisation* est ici pris dans un sens étroit; c'est une concession toute gracieuse qui est accordée comme une pure faveur à l'étranger qui veut acquérir la qualité de Français en se conformant aux conditions requises par la loi à cet égard (1). Nous aurons donc à étudier sur cette section : d'abord quelles sont les conditions de l'accomplissement desquelles résulte la naturalisation; et ensuite quels sont les effets de cette concession gracieuse qu'on appelle naturalisation.

Mais avant d'entrer dans l'examen de ces questions, nous devons faire une observation préliminaire très-importante. Il n'est pas de pays où le nombre des étrangers soit plus considérable qu'en France; la dou-

---

(1) C'est la définition que donne sur la naturalisation notre éminent professeur, M. Bufnoir, à son cours.

ceur du climat, le caractère franc et bienveillant du peuple français, le bon accueil que l'on rencontre partout, et la protection, relativement considérable, que les étrangers trouvent dans les lois françaises, font de la France le pays le plus hospitalier. Aussi un grand nombre d'étrangers de tous les pays : commerçants, savants, propriétaires, et nous pourrions ajouter sans trop de scrupule : des rentiers et des oisifs de toutes les nations, s'établissent en France et ne songent plus à retourner dans leur pays ; les uns y trouvent la vie active, le centre du mouvement et la satisfaction de leurs intérêts ; les autres trouvent le moyen de vivre dans un beau pays, au milieu d'un peuple civilisé et hospitalier, et surtout une protection que les lois de bien des pays qui passent pour très-civilisés ne leur accordent point. C'est ce qui fait que ces étrangers, une fois en France, renoncent à retourner dans leur pays, abdiquent leur patrie, prennent les mœurs et les habitudes des Français, et se mêlent tellement, qu'après un certain temps il est souvent difficile de les distinguer.

Eh bien ! c'est sur cette classe de personnes que s'est élevée la question de savoir si on peut les considérer comme naturalisés, quoiqu'ils n'aient pas rempli les conditions requises à cet égard par les actes législatifs. Les individus qui se trouvent dans cette condition équivoque sont-ils étrangers ou sont-ils Français ? Sur cette question, trois systèmes sont en présence.

Le premier système, soutenu notamment par M. Delvincourt, enseigne que les étrangers dont nous parlons sont naturalisés par l'effet de cette longue possession d'état, qui fait qu'ils ont perdu leur nationalité originaire. Le principal argument est tiré du n° 3 du premier alinéa de l'article 17, en vertu duquel les Français établis en pays étranger sans esprit de retour sont censés avoir perdu la qualité de Français. Par un argument *à pari* on conclut que l'étranger établi en France sans esprit de retour doit être considéré comme Français. On ajoute que les étrangers qui se trouvent dans cette condition douteuse supportent presque toujours les mêmes charges que les Français ; et on recule devant le résultat fâcheux qui aurait lieu si on contestait ainsi la nationalité à des personnes qui parfois ont occupé des emplois publics, ont exercé des droits politiques, et même ont siégé dans le Corps législatif (1).

Le second système, imaginé par Proudhon, crée aux étrangers dont nous nous occupons un état intermédiaire entre les Français et les étrangers proprement dits, une situation mixte ou neutre ; telle est la position de cet étranger qui a renoncé à sa patrie pour s'établir en France (2), et que Proudhon désigne sous le nom d'*incolat*. L'étymologie de ce mot vient de *colere*, et sa signification est indiquée par une loi du Digeste (3) : « *Incola est, qui aliqua regione domicilium suum contulit.* » Par cette fixation de domicile l'homme

---

(1) Le cas s'est présenté en 1875 en Roumanie, dans l'affaire Zerlenti, qui avait été maire de la ville de Braïla et qui siégeait dans la Chambre des députés. Sur la contestation élevée sur la nationalité de ce député, la Cour de cassation a décidé que la qualité de citoyen ne lui appartenait pas, quoiqu'il fût né dans le pays et eût joui de ce titre jusqu'alors.

(2) Proudhon, *Traité sur l'état des personnes*, t. I, chap. x.', pp. 190 et suiv., annoté par M. Valette.

(3) Loi 239, § 2, *De verbor. signif.*, Dig., I., 16.

s'attache aux habitudes ou plutôt à la vie du peuple au milieu duquel il se trouve et où il supporte les charges publiques.

Voici à quoi se résument les considérations sur lesquelles se fonde ce second système : cet étranger d'origine ne peut être considéré comme n'ayant plus de patrie, il ne peut être placé hors de toutes les lois; il faut donc que sa personne, comme ses actions, soient subordonnées à une législation quelconque; or, comme il a abdiqué sa patrie, on ne peut lui appliquer que les lois françaises. Mais on ajoute, dans ce système, que les droits que la loi accorde aux personnes qu'elle régit sont susceptibles de plus ou de moins; aussi, l'étranger en question est-il considéré comme Français au point de vue de la capacité personnelle, ses enfants naîtront Français; il échappe à la contrainte par corps; mais quant à la successibilité, il est censé un étranger ordinaire. « Ici, disait Proudhon, l'étranger qui n'a pour lui que l'avantage de son domicile, n'est plus comparable au Français d'origine (1); il n'a pas l'exercice des droits civils de cette espèce, parce que le roi, n'ayant pas consenti à son établissement, n'a renoncé, ni pour l'intérêt du fisc, ni dans l'intérêt de ses autres sujets, aux droits qui peuvent leur appartenir au préjudice du nouveau domicilié. » — Ainsi on faisait aux étrangers qui se trouvaient dans notre catégorie un état neutre; ils étaient Français à tous les autres points de vue, et étrangers quant à la succession.

Le troisième système, diamétralement opposé au pre-

____

(1) Proudhon, loc. cit., p. 196

mier, est longuement développé par M. Demolombe (1),
et considère les personnes en question comme des
étrangers dans toute l'étendue du mot. La question a
perdu un peu de son intérêt depuis la loi du 14 juillet qui
a aboli les articles 726 et 912 en matière de succession
et de donation, en vertu desquels les étrangers ne pouvaient acquérir par succession, legs ou donation, et
depuis la loi de 1867 abolissant la contrainte par corps ;
mais elle conserve encore son importance, parce que,
même au point de vue des droits civils, les étrangers ne
sont pas sur la même ligne que les Français. Voyons
donc quels sont les arguments du troisième système.

Les arguments de ce dernier système ressortent de la
réfutation même des arguments des deux systèmes précédents. L'argument *à pari*, tiré par les partisans du
premier système, de l'article 17, n'a pas la valeur qu'on
veut lui attribuer ; l'acquisition de la qualité de Français ne résulte plus aujourd'hui de la simple fixation de
domicile ; il y a peut-être une seule hypothèse dans
laquelle on pourrait admettre cet effet du domicile :
c'est le cas de l'article 19, qui décide que la femme
française devenue étrangère par le mariage recouvrera
la qualité de Française si elle réside en France ; et encore
même ce cas est contesté par des auteurs considérables,
entre autres par MM. Aubry et Rau. Quoi qu'il en soit,
ce cas est en dehors de notre hypothèse, et pour la question qui nous occupe, nous devons dire que la fixation du
domicile en France, sans esprit de retour dans sa patrie, ne
peut pas attribuer aux étrangers la qualité de Français :

(1) Demolombe, *Droit civil*, liv. I, tit. I, chap. I, n° 172, tome I,
pp. 204 et suiv., édition 1875.

la loi exige en effet l'accomplissement de certaines conditions pour devenir Français ; or, cela serait bien inutile, si on admettait les arguments du premier système. La naturalisation, dit avec beaucoup de raison M. Demolombe, est un acte politique qui ne me paraît pouvoir se réaliser que par l'accomplissement des conditions légales. Eh bien, les étrangers qui tiennent tant à acquérir la qualité de Français n'ont qu'à se conformer aux conditions exigées par la loi.

On objecte qu'il serait injuste de repousser ceux qui ont supporté pendant longtemps les charges de l'État. Mais encore une fois, à qui la faute ? Ils n'avaient qu'à remplir les formalités de la loi ; s'ils ne se sont pas conformés à la loi, ils doivent subir les conséquences de leur négligence ! Et puis, quant à ce qu'ils auraient supporté les charges imposées aux citoyens, l'objection n'est peut-être pas aussi grave qu'on peut le prétendre ; entrons un peu dans le domaine de la réalité, et nous verrons que cette négligence de la part des étrangers en question n'est le plus souvent qu'un odieux calcul. Ils supportent certaines charges pour profiter d'un titre usurpé, du titre de citoyen, qui ne leur appartient pas légalement et dont ils tirent profit, grâce à la confusion qui résulte de leur séjour en France. Puis, quand il s'agit de remplir sérieusement le devoir de citoyen, par exemple, de servir dans l'armée et de payer cet impôt qu'on a appelé l'impôt du sang, oh ! alors ils protestent à haute voix et revendiquent leur qualité d'étrangers ! Ceci est un fait réel, et M. Demolombe affirme que tous les ans, sept ou huit mille jeunes gens échappent ainsi à la loi sur le recrutement. C'est sans doute bien fâcheux pour les étrangers qui se trouvent dans cette position douteuse ; mais l'État souffre aussi quand des faits semblables à celui que nous venons d'indiquer se présentent en réalité.

Quant aux considérations du second système, elles sont d'une assez mince importance ; on déplore de voir des personnes qui n'ont plus de patrie, et qui se trouvent placées hors de toutes les lois ; mais si on admettait que ces personnes sont Françaises, et si les lois de leur pays natal les considèrent comme citoyens appartenant à ce pays-là, alors se produit un inconvénient au moins tout aussi grave que celui qu'on nous signale dans le second système : ces personnes auront deux patries et profiteront de cela pour se dire Français ou étrangers suivant les circonstances, ce qui serait assez fâcheux. Ajoutons enfin que ceux qui se trouvent dans cette situation équivoque manquent généralement des sentiments patriotiques ; ils n'ont aucun sentiment pour le pays qu'ils ont quitté et qu'ils ne connaissent peut-être point, et refusent de partager la destinée des citoyens français, puisqu'ils ne veulent pas se conformer aux conditions en vertu desquelles ils pourraient réclamer pour toujours la qualité de citoyens français.

Mais il y a des cas dans lesquels les personnes que nous envisageons ne méritent pas trop de rigueur ; ce sont les personnes nées en France de parents étrangers qui y sont eux-mêmes établis ou nés. Eh bien, ces enfants nés en France dans ces conditions ne sont pas très-coupables d'avoir négligé de réclamer la nationalité française ; ils se croyaient Français peut-être ; les circonstances dans lesquelles ils se trouve... excusent cette négligence ! Et puis, on a pour le pays où on a reçu le jour un attachement qui ne s'efface jamais. Il serait donc trop dur de leur enlever un titre qui leur est cher et auquel ils croyaient avoir droit. Aussi le législateur s'est montré très-indulgent en pareil cas ; l'article 1er de la loi du 7 février 1851 déclare Français tout individu né en France d'un étranger, qui lui-même y est né, à moins qu'il n'ait réclamé la qualité d'étranger dans l'année qui suivra sa majorité. Sauf ce tempérament, tous les étrangers qui n'ont pas acquis la qualité de Français (1) suivant les conditions exigées par la loi, sont considérés comme *étrangers* dans l'acception propre de cette expression.

Nous allons voir maintenant quelles sont les conditions exigées pour obtenir la naturalisation.

SECTION PREMIÈRE

DES CONDITIONS REQUISES PAR LA LOI POUR LA NATURALISATION PROPREMENT DITE.

Nous avons parcouru la série des nombreux actes législatifs, concernant la naturalisation, qui se sont succédé dans le droit intermédiaire depuis la Révolution jusqu'à la rédaction du Code. A l'époque où le Code fut rédigé, c'est la constitution du 22 frimaire an VIII, qui déterminait la manière de devenir citoyen; c'est

(1) Arrêt de la Cour de cassation du 28 octobre 1824, dans l'affaire Lange, et celui du 29 janvier 1825 (*Répertoire de Dalloz*, année 1825, 1, 38 et 165). — Cassation, 10 juillet 1834, affaire Bazile (Dalloz, 1834, 1, 375). — Cassation, 21 janvier 1835 (Dalloz, même année, 1, 122). — Cass., 1er août 1836, affaire Hubert (*Recueil de M. Devilleneuve*, année 1836, 1, 859).

cette constitution qui a continué de former, jusqu'en 1818, la base de la législation en fait de naturalisation; rappelons que cette constitution n'exigeait d'autres conditions qu'un stage de domicile de dix années consécutives; quant à la condition de se faire inscrire sur le registre civique, elle était tombée en désuétude, car depuis longtemps on ne tenait plus de pareils registres.

Divers actes législatifs sont venus ensuite compléter les dispositions de la constitution de l'an VIII, qui continuait cependant à former la base de la législation, parce qu'elle n'avait été abrogée ni tacitement ni expressément. Cette constitution laissait encore la naturalisation dans le domaine de la loi, au lieu de la faire rentrer dans les attributions d'un pouvoir gracieux; les lois postérieures firent l'application de cette dernière idée, et désormais le gouvernement devait s'assurer du mérite de celui qui voulait obtenir la naturalisation.

L'article 13 du Code promulgué le 27 ventôse an XI — 18 mars 1803 — fut le premier acte législatif, qui consacrait l'innovation dont nous venons de parler; cet article décide que l'étranger ne peut être admis à jouir des droits civils, qu'autant qu'il aura obtenu du gouvernement l'autorisation de résider en France. Le Conseil d'État, consulté sur la question de savoir si l'étranger qui voulait obtenir la naturalisation, conformément à la constitution de l'an VIII, était assujetti à la disposition de l'article 13 du Code, décida par un avis en date du 20 *prairial an* XI (1) — ou 9 juin 1803

______

(1) Cet avis du Conseil d'État n'étant pas inséré au *Bulletin des lois*

— que; dans tous les cas où un étranger voulait s'établir en France, il devait obtenir la permission du gouvernement; or, comme pour la naturalisation la constitution de l'an VIII exigeait un stage de domicile de dix années consécutives, par application de l'article 13 du Code, ce délai ne pouvait commencer à courir, tant que l'ordonnance d'autorisation n'avait pas été rendue. Cela donnait au gouvernement un pouvoir discrétionnaire sur la naturalisation, au moins indirectement; en effet, quand on voulait refuser la naturalisation à un étranger, le gouvernement n'avait qu'à lui refuser l'ordonnance d'autorisation de s'établir en France; cette condition préalable n'étant pas satisfaite, le délai de dix ans de domicile ne pouvait pas courir, et la naturalisation devenait impossible (1). Ainsi le gouvernement devenait désormais, du moins indirectement, une autorité discrétionnaire pour accorder ou refuser la naturalisation.

Le *décret du 17 mars* 1809 fit un pas plus loin dans cette voie, qui rendait nécessaire l'intervention du gouvernement pour accorder la naturalisation; ce décret décidait que, même après l'accomplissement des conditions qui précèdent, l'étranger ne pouvait être considéré par ce fait, avoir obtenu la naturalisation et jouir de la qualité de Français; il voulait que la naturalisation fût

ne fut pas admis et observé dans la pratique. — M. Dufvoir, à son cours.

(1) M. Valette sur Proudhon, *Traité des personnes*, t. I, p. 181, note *a*, n° 2. — Duranton, I, n°° 112 et 113. — Aubry et Rau, édition 1871, t. I, § 71, p. 251. — Dissertation de M. Boudant, sur la naturalisation, p. 3 de son *Extrait de la Revue critique de législation et de jurisprudence*, t. VII, livraison de 1855.

prononcée par le chef du gouvernement, sur la demande de l'étranger; cette demande, accompagnée de pièces à l'appui, était transmise désormais par le maire du domicile élu en France par cet étranger, au préfet du département; celui-ci devait les adresser, avec son avis, au ministère de la justice. — A partir de ce décret la naturalisation se trouva subordonnée à l'obtention de lettres de naturalité, comme dans l'ancien droit, et elle ne put plus résulter de l'accomplissement de certaines conditions imposées par les actes législatifs; l'autorisation du gouvernement était nécessaire, et la naturalisation était prononcée par le souverain.

Une observation est toutefois nécessaire sur les innovations introduites par l'avis du Conseil d'État et par le décret, dont nous venons de parler. Il faut combiner les innovations qu'ils ont introduites avec le principe de non-rétroactivité. Ainsi, les personnes qui, antérieurement à la promulgation de l'article 13, s'étaient établies en France, et avaient déclaré l'intention de devenir Français, non-seulement ont pu compter comme utiles, pour le stage de dix ans, les années de résidence déjà écoulées, mais encore elles ont pu se dispenser de demander l'autorisation du gouvernement, rendue nécessaire par l'article 13, pour leur résidence en France pendant les années qui devaient s'écouler après la promulgation de cet article, pour remplir la période de dix années consécutives. — Quant au décret de 1809, il ne pouvait pas sans doute s'appliquer aux étrangers, qui avaient déjà été naturalisés *ipso facto* par l'accomplissement des conditions, exigées par la législation qui avait précédé la publication de ce décret; c'était là un droit acquis pour ces étrangers (1), et le décret ne pouvait pas rétroagir pour les priver de ce droit.

Presque à la même époque un *sénatus-consulte du 19 février 1808* accordait au chef de l'État un pouvoir encore plus étendu. Déjà un sénatus-consulte du 26 vendémiaire an XI autorisait le gouvernement, pendant cinq ans, à partir de sa publication, à accorder la naturalisation, *après un an de domicile* seulement, aux étrangers qui auraient rendu des services à l'État, ou qui apporteraient dans son sein des talents, des inventions ou industries utiles, ou qui y formeraient de grands établissements. Le sénatus-consulte du 19 février 1808 ne fit que rendre perpétuelle cette faculté, que les sénatus-consultes de l'an XI concédaient au gouvernement pour cinq ans seulement. Ainsi, le gouvernement s'était immiscé d'un côté dans la naturalisation obtenue en vertu des conditions exigées par les actes législatifs; d'un autre côté, par les sénatus-consultes dont nous venons de parler, il s'était assuré le droit de naturaliser librement, en dehors des conditions exigées par la loi (2), ne mettant pour seule restriction que celle d'avoir une année de domicile.

La naturalisation, obtenue en vertu de ces sénatus-consultes, était conférée par un décret du gouvernement, pris sur le rapport du ministre de l'Intérieur et après avoir entendu le Conseil d'État. Une expédition de ce décret était délivrée par le grand juge à l'im-

(1) Aubry et Rau, sur Zachariæ, t. I, § 71, pp. 251 et 252, et les notes 21 et 22, 4ᵉ édition.

(2) Aubry et Rau, *loc. cit.*, p. 252. — M. Beudant, sa *Dissertation sur la naturalisation*, p. 4. — *Journal du Palais*, vᵒ Naturalisation, nᵒˢ 26 et 27.

trant ; muni de cette expédition, celui-ci devait se présenter devant la municipalité de son domicile et prêter serment d'être fidèle au gouvernement ; procès-verbal était dressé de cette prestation de serment, qui complétait la naturalisation (art. 2, 3 et 4).

Cette manière d'obtenir la qualité de citoyen, suivant les deux sénatus-consultes que nous venons de voir, fut appelée dans la pratique : la *naturalisation extraordinaire.*

La *Charte de* 1814 laissa subsister, en matière de naturalisation, la législation antérieure ; la constitution de l'an VII, le sénatus-consulte de 1808 et le décret de 1809 étaient maintenus. Une *ordonnance* du 4 juin 1814 confirme cette manière de voir ; voici en effet ce que dit l'article 2 de cette ordonnance : «... Les dispositions du Code civil, relatives aux *étrangers* et à leur *naturalisation*, restent en vigueur et seront exécutées selon leur forme et teneur. » Mais le Code civil, sur ce point, ne fait que se référer aux lois constitutionnelles ; nous voyons en effet, dans l'article 7 : «... La qualité de citoyen.... ne s'acquiert et ne se conserve que conformément à la *loi constitutionnelle.* » Or, la constitution en vigueur en 1803, au moment où le Code fut rédigé, était celle de l'an VIII. Cette constitution est donc maintenue par la charte et l'ordonnance de 1814, sans doute avec les modifications introduites par les décrets et les sénatus-consultes qui l'ont suivie.

L'ordonnance du 4 juin 1814 ne se bornait pas cependant à maintenir l'ancien état des choses, sans rien y changer. Cette ordonnance introduisit elle-même une importante innovation : l'étranger naturalisé d'après les modes que nous venons de voir, n'est plus assimilé au Français originaire à tous les points de vue. Parmi les droits du citoyen, l'éligibilité devint une aptitude à part, qui n'était pas accordée aux étrangers naturalisés; ceux-ci n'étaient aptes à siéger à la Chambre des pairs, ou à la Chambre des députés qu'autant que, pour d'importants services rendus à l'État, ils avaient obtenu de *grandes lettres de naturalisation vérifiées dans les deux chambres* (1). Désormais on distingua donc deux espèces de naturalisation, la *naturalisation simple*, qui conférait à l'étranger la plénitude des droits civils et tous les droits politiques, sauf celui de siéger dans les corps législatifs; et la *grande naturalisation*, qui seule rendait l'étranger apte soit à être nommé par le roi membre de la Chambre des pairs, soit à être élu député à la Chambre.

Les lettres de grande naturalisation étaient, comme nous l'avons dit, accordées par le chef de l'État et *vérifiées* par les deux Chambres. Cette vérification était sérieuse, et laissait aux Chambres le pouvoir absolu d'accorder ou de refuser à tel étranger une pareille faveur. Une remarque pratique trouve ici sa place convenable : quand une ordonnance voulait qu'un acte émanant du gouvernement fût admis, sans pouvoir être modifié ou refusé, par une autorité législative ou judiciaire, il était de coutume d'employer la formule habituelle : ces dispositions seront *lues*, *publiées* et *enregistrées*. Or, l'ordonnance de 1814 contenait l'expression *vérifier*; ce qui donnait aux Chambres le droit de voter au scrutin,

***

(1) Beudant, *loc. cit.*, pages 4 et 5. — Aubry et Rau, *op. cit.*, p. 252.

d'admettre ou de refuser la grande naturalisation sollicitée par un étranger. Un acte bien connu, que l'on cite quelquefois comme exemple sur ce point, sont les lettres de naturalisation accordées en 1828 au prince d'Arenberg (1). — La question s'était déjà présentée devant la Chambre, lors de l'élection de M. Benjamin Constant, en 1821 ; à cette occasion eurent lieu deux discours du général Foy et le rapport de Martignac, desquels il résulte que l'éligibilité n'appartient qu'aux naturels français, ou aux grands naturalisés. En 1839, à l'occasion de l'élection de M. Émile de Girardin, comme député, la Chambre consacra la même théorie, et l'élection de M. de Girardin fut annulée (2).

Telle était la législation, en matière de naturalisation, avant la Révolution de 1848. Il y avait une naturalisation *ordinaire* obtenue par tout étranger ayant vingt et un ans accomplis, qui avait obtenu du gouvernement le droit de s'établir en France et y résidait effectivement pendant dix années consécutives à partir du jour où cette autorisation lui était concédée. — Il y avait, en second lieu, la naturalisation *extraordinaire*, accordée à l'étranger qui avait rendu certains services importants à la France, et qui ne différait de la précédente que par le stage de domicile, réduit à une année seulement, en ce cas. — Enfin la *grande naturalisation* fut, à partir de 1814, le seul moyen par lequel un étranger pouvait être éligible ; les deux autres modes de naturalisation ne

(1) Le rapport de la commission et une savante dissertation de M. Dupin sur ces lettres, se trouvent dans le *Moniteur* des 20, 22 et 27 avril 1828.

(2) Dissertation de M. Beudant, p. 5 et note 1. — *Moniteur* du 14 avril 1839. — *Journal du Palais*, v° Naturalisation, n° 42.

conféraient plus l'aptitude de siéger dans le Corps législatif.

Le lien intime qui existe entre la naturalisation et les événements politiques, ne pouvait pas laisser passer la révolution de 1848 sans changer l'état de la législation sur cette matière.

Le *décret du* 28 *mars* 1848, rendu par le gouvernement provisoire, autorisa le ministre de la justice à accorder la naturalisation aux étrangers dignes de cette faveur, qui pourraient justifier, par actes officiels ou authentiques, qu'ils résident en France depuis cinq ans au moins. L'impétrant devait produire, à l'appui de sa demande, l'attestation du maire de Paris ou du préfet de police pour le département de la Seine, et des préfets ou sous-préfets dans les autres départements, constatant qu'il était digne, sous tous les rapports, d'obtenir la naturalisation. Ainsi d'un côté on abrégeait le délai de résidence, en le réduisant à cinq ans ; d'un autre côté on dispensait l'impétrant non-seulement d'obtenir l'autorisation de domicile préalable à sa résidence, mais encore on le dispensait de faire la déclaration exigée par la constitution de l'an VIII. Ce décret, comme le fait remarquer M. Demolombe facilitait outre mesure la naturalisation, et malgré son caractère temporaire donna lieu à beaucoup d'abus (1). — Du reste, ce décret qui facilitait tant la naturalisation, s'explique par les circonstances dans lesquelles il a été rendu ; le gouvernement provisoire a voulu par là faciliter la naturalisation des étrangers « qui avaient acquis des titres cer-

(1) Demolombe, *Jouissance des droits civils*, liv. I, tit. I, chap. I, § 153, édition 1874, page 172.

tains à l'estime publique en prenant une part active aux événements de février (1). » Telles sont les expressions mêmes du décret du 28 mars 1848.

Mais, la facilité avec laquelle on accordait la naturalisation en vertu de ce décret donna, comme nous avons dit, lieu à des abus. Dans un intervalle de moins de trois mois *deux mille quatre cent cinquante-neuf* naturalisations furent accordées. Il fallait mettre une certaine limite à cette pratique qui menaçait de devenir dangereuse; M. Bethmont, alors ministre de la justice (2), suspendit, par un arrêté en date du 29 juin 1848, l'exercice du droit provisoire que le décret du 28 mars lui accordait. On rentrait donc de nouveau sous l'empire de la législation antérieure, modifiée par le décret du 5 mars 1848 (3); cela dura jusqu'à la fin de l'année suivante et durant cet intervalle furent accordées encore huit cent six naturalisations. — La naturalisation ainsi accordée avait un effet général et emportait la concession des droits civils et politiques. Toutefois la nécessité de régler définitivement la matière de la naturalisation se faisait sentir; dans ce but, un projet de loi fut proposé le 1ᵉʳ août 1849 par MM. Vatimesnil et Lefèvre-Durullé; ce projet fut érigé en loi, par l'Assemblée nationale, au mois de décembre de la même année.

(1) *Journal du Palais*, v° Naturalisation, n° 45.
(2) Dalloz, *Recueil périodique*, année 1849, IV, 172.
(3) Ce décret du 5 mars effaçait la distinction entre les électeurs et les éligibles; suivant ce décret, tous les électeurs sont éligibles; de là la grande controverse : si les étrangers naturalisés sont éligibles, c'est-à-dire si la grande naturalisation a disparu. — M. Beudant, *Dissertation sur la naturalisation*, extraite du tome VII de la *Revue critique*, page 10. — Article de *Revue pratique*, par M. Rotschild, t. XXIV, p. 313, sur la *Naturalisation*.

Cette *loi du 3 décembre 1849* est intitulée : *Loi sur la naturalisation et le séjour des étrangers en France*, et remet en vigueur le système suivi avant la Révolution de 1848, en y apportant quelques modifications que nous allons exposer. Le but de cette loi était de remédier aux inconvénients qui résultaient de la grande facilité avec laquelle on accordait la naturalisation; on voulait relever ainsi une institution devenue trop facile, et empêcher que l'indulgence avec laquelle on accordait la naturalisation ne pût devenir une sorte d'abdication de la nationalité. Ce but résulte des paroles mêmes de M. de Montigny, le rapporteur de la commission chargée d'élaborer cette loi.

Une première question qui fut controversée lors de la discussion de cette loi, était celle -ci : A qui devait-on confier le droit de conférer la naturalisation. Était-ce au pouvoir exécutif, ou au pouvoir législatif? Les deux opinions étaient soutenues et les arguments ne manquaient pas. Le projet de loi attribuait ce droit au pouvoir exécutif; parce que la nature personnelle de l'acte de naturalisation, ses applications fréquentes, la nécessité de l'enquête sur la dignité et le mérite de l'impétrant, tout cela contribuait à donner à la naturalisation le caractère d'un acte administratif. Ainsi le pouvoir législatif devait fixer les conditions nécessaires pour obtenir la naturalisation, mais c'était le pouvoir exécutif qui devait l'accorder; les paroles de M. Valimesnil étaient catégoriques sur ce point : «... C'est au pouvoir exécutif, disait-il, qu'il

(1) *Moniteur* du 22 novembre 1849.

appartient de dire, après vérification des titres : L'individu qui demande la naturalisation se trouve ou ne se pas dans ces conditions. »

Les arguments du système opposé étaient encore plus sérieux ; on voulait attribuer le droit d'accorder la naturalisation au pouvoir législatif, parce que c'était là un acte de souveraineté par excellence. En effet, la naturalisation produisant toujours les mêmes effets, l'étranger naturalisé acquérait l'exercice des droits politiques et devenait apte à siéger dans l'Assemblée nationale ; c'est que le projet n'admettait qu'une naturalisation complète dans ses effets. Eh bien, par la naturalisation on donnait des législateurs à la nation, dit M. Dupin, à propos de la naturalisation du prince de Hohenlohe en 1828 ; les étrangers naturalisés entraient dans la famille politique de la nation et diminuaient par leur nombre la part de souveraineté des naturels français. Par conséquent la naturalisation était un attribut de la souveraineté nationale ; qui en 1849 était concentrée dans l'Assemblée nationale, le droit de l'accorder ne pouvait appartenir qu'au Corps législatif.

La question fut tranchée par un amendement dû à l'initiative de M. Mauguin, qui rétablissait la grande naturalisation à côté de la naturalisation ordinaire. On laissait au pouvoir législatif le droit exclusif d'accorder cette grande naturalisation, en vertu de laquelle les étrangers devenaient aptes à partager la souveraineté. On laissait au pouvoir exécutif le droit d'accorder les naturalisations simples ; parce que ces actes auraient absorbé, par leur fréquence, un temps considérable à l'Assemblée nationale ; on délégua donc au Président de la République le droit de statuer sur ces demandes en naturalisation, en les subordonnant à la nécessité d'un avis favorable du Conseil d'État, qui devait toujours être consulté (1).

Voici en effet quels sont les termes de l'article 1er de la loi du 3 décembre 1849, après avoir admis l'amendement de M. Mauguin : « Le Président de la République statuera sur les demandes en naturalisation. — La naturalisation ne pourra être accordée qu'après enquête faite par le gouvernement relativement à la moralité de l'étranger, et sur l'*avis favorable du Conseil d'État*. — L'étranger devra, en outre, réunir les deux conditions suivantes : 1° d'avoir, après l'âge de vingt et un ans accomplis, obtenu l'autorisation d'établir son domicile en France, conformément à l'article 13 du Code civil ; 2° d'avoir résidé pendant dix ans en France, depuis cette autorisation. — L'étranger naturalisé ne jouira du droit d'*éligibilité* à l'Assemblée nationale qu'en vertu d'une loi.

La partie finale de cet article nous indique que la loi de 1849 a maintenu la distinction entre la *naturalisation simple* et la *grande naturalisation*, quoiqu'on se gardât bien d'employer cette expression. Quant à l'avis du Conseil d'État, il était nécessaire, et la naturalisation ne pouvait être accordée par le Président de la République, que si cet avis était favorable ; il faut rappeler que le Conseil d'État, en vertu de la constitution du 4 novembre 1848, était un corps indépendant du pouvoir exécutif (2).

(1) *Dissertation* de M. Beudant, p. 20 à 21. — Article de M. Rotschild, *Revue pratique*, t. XXIV, p. 314.

(2) Demolombe, t. I, tit. I, chap.   § 160 *bis* et note I. Édition de 1874, t. I, p. 174.

L'article 2 de la loi de 1849 était relatif à la naturalisation, que nous avons appelée *extraordinaire*, introduite comme nous le savons par le sénatus-consulte de 1808. « Néanmoins, dit cet article, le délai de dix ans pourra être réduit à *une année*, en faveur des étrangers qui auront rendu à la France des services importants, ou qui auront apporté en France, soit une industrie, soit des inventions utiles, soit des talents distingués, ou qui auront formé de grands établissements. » La triple distinction de la naturalisation en : naturalisation ordinaire, naturalisation extraordinaire et grande naturalisation se retrouve donc dans la loi du 3 décembre 1849.

Résumons-nous sur les conditions exigées pour obtenir chacune de ces naturalisations :

Pour la naturalisation *ordinaire*, on devait d'abord obtenir, après avoir accompli sa vingt-unième année, l'autorisation d'établir son domicile en France, conformément à l'article 13 du Code. On devait, en outre, résider en France pendant dix années consécutives, à partir de cette autorisation. Ces conditions remplies, une enquête administrative était faite par le gouvernement sur la moralité de l'impétrant. Le résultat de cette enquête étant satisfaisant, le conseil d'État devait émettre un avis favorable, à la suite duquel le chef de l'État rendait un décret qui prononçait la naturalisation.

Pour la *naturalisation extraordinaire* l'étranger devait remplir les mêmes conditions que pour la naturalisation ordinaire ; la seule différence est que la durée du stage est réduite à une année, en faveur des étrangers qui auront mérité cette faveur exceptionnelle, et qui sont énumérés dans l'article 2 de la loi de 1817, que nous avons cité ci-dessus.

Quant à la *grande naturalisation*, le dernier alinéa de l'article 1er de la loi 1849, admis après de longs débats au sein de l'Assemblée, nous voyons qu'il faut une loi ; l'étranger qui veut obtenir le droit d'éligibilité à l'Assemblée nationale, doit requérir la naturalisation en vertu d'une loi.

La *constitution du 14 janvier 1852* suivie du décret du 25 du même mois, vint apporter quelques modifications à la loi de 1849. Nous avons vu que l'article 1 de cette loi exigeait pour la naturalisation un avis *favorable* du Conseil d'État ; le chef de l'État pouvait refuser la naturalisation malgré cet avis, mais il ne pouvait jamais l'accorder sans que cet avis fût favorable ; c'était là une mesure prise pour assurer le contrôle des actes du pouvoir exécutif ; cette mesure était, comme nous l'avons dit, en harmonie avec la constitution du 4 novembre 1848, qui avait fait du Conseil d'État un corps indépendant du pouvoir exécutif. Puis vint la constitution de 1852, qui changea l'ordre d'idées constitutionnelles sur ce point.

Le Conseil d'État n'était plus un corps indépendant du pouvoir exécutif, comme par le passé : il est au contraire placé sous la dépendance du pouvoir exécutif ; désormais c'était le chef de l'État, l'Empereur, qui nommait et révoquait les membres du Conseil d'État, à volonté. Les propositions du Conseil n'étaient plus obligatoires pour le gouvernement, même en matière contentieuse ; à plus forte raison ne pouvaient-elles l'être en matière de juridiction gracieuse, tel que l'avis requis

17

pour accorder la naturalisation (1). L'avis favorable dont parle l'article 9 de la loi de 1849 n'était donc plus nécessaire ; du reste, nous verrons que cette modification qui résultait virtuellement de ces dispositions fut plus tard sanctionnée par une loi.

Une question qui a été très-controversée depuis 1852 est celle de savoir si la grande naturalisation, telle qu'elle était réglée par la loi de 1849, a été maintenue. Le doute venait du décret organique du 2 février 1852, dont les articles 12 et 24 paraissaient abroger tacitement la grande naturalisation ; en effet, voici ce que porte l'article 12 : « Sont *électeurs*, sans conditions de cens, tous les Français âgés de vingt et un ans accomplis, jouissant de leurs droits civils et politiques. » Et l'article 26 du même décret contient : « Sont *éligibles* sans condition de domicile, tous les électeurs âgés de vingt-cinq ans. » Il résultait de ces deux dispositions que la qualité d'éligible n'exigeait pas d'autres conditions que celle d'électeur et l'âge de vingt-cinq ans ; une circulaire ministérielle en date du 20 janvier de la même année indique que l'intention de ces décrets était le rétablissement du suffrage universel.

Dans un système on soutient que la grande naturalisation n'a pas été abrogée ; on ne peut trouver aucun mot, aucune expression dans le décret de février, d'où l'on puisse induire cette abrogation, — disent les partisans de ce système. — Ce décret a remplacé la loi de 1849 sur les élections ; mais là se borne sa

(1) Constitution du 14 janvier 1852, art. 48 à 51. — Décret du 25 janvier 1852, art. 1 à 3 et 24.

portée ; du reste, c'est un décret organique, une série de dispositions générales, qui ne peut porter aucune atteinte à une loi générale sur la naturalisation.

Dans un second système on soutient au contraire que la grande naturalisation a été abrogée. On invoque l'esprit du décret de 1852 tendant à réaliser le suffrage universel, promis au peuple par le décret du 2 décembre 1851. De plus, il y a abrogation tacite d'une disposition législative, toutes les fois qu'il y a incompatibilité avec la loi actuelle ; or la loi de 1849, qui faisait une distinction entre les qualités de l'électeur et celles de l'éligible, est incompatible avec les deux articles du décret de 1852, qui assimilent l'électeur et l'éligible, n'exigeant qu'une différence d'âge. Il y a donc abrogation tacite ; qu'on ne dise pas que cela est impossible ! L'abrogation tacite, comme dit M. Beudant, n'est pas nouvelle en cette matière ; il y a, au contraire, de nombreux exemples qui indiquent que l'abrogation tacite a été fréquente en matière de naturalisation, où les dispositions législatives se sont succédé avec tant de rapidité, en passant d'un principe à l'autre, suivant les événements politiques. Du reste, c'est ce qui a été fait par le Corps législatif même qui a validé l'élection d'un étranger naturalisé par simple décret impérial ; en effet, un décret impérial du 11 octobre 1854 conférait la naturalisation au prince Joseph Poniatowski, et peu de temps après le prince était nommé sénateur, sans qu'il y eût de contestation sur cette nomination. Il résultait donc que, pour avoir le droit de siéger dans l'une des assemblées nationales, la naturalisation accordée par le chef de l'État était suffisante ;

il ne fallait plus une loi pour attribuer à l'étranger naturalisé cette aptitude : la grande naturalisation était donc abrogée tacitement (1). — Ce qui avait été admis à propos de la naturalisation du prince Poniatowski n'était qu'un commencement dans cette voie ; d'autres exemples de même nature se présentèrent devant la Chambre ; nous citerons l'élection de Samuel Welles de Lavalette, Américain, validée par la Chambre dans sa séance du 20 novembre 1863 ; M. de Lavalette avait été naturalisé depuis très-peu de temps par décret impérial. — Une dernière considération qui vient corroborer ce second système est la suivante : l'étranger naturalisé a le droit d'occuper des ministères et toutes les grandes dignités de l'État ; il serait donc bien bizarre de lui refuser le droit d'être élu député ou sénateur ; d'autant plus, qu'il y a certaines dignités, comme celles de maréchal et de cardinal, qui entraînent de droit la qualité de sénateur en vertu de l'article 20 de la constitution de 1852 ; or, l'étranger pouvait sans aucun doute remplir ces dignités, sans être naturalisé en vertu d'une loi (2).

La loi du 29 juin 1867 apporta des modifications plus sérieuses à la loi de 1849, qui, malgré certains changements, avait continué de former la législation en vigueur sur la naturalisation, jusqu'en 1867. A

(1) *Revue pratique de droit français*, t. XXIV, p. 317, année 1867, article de M. Rotschild. — *Dissertation* de M. Beudant, sur la *Naturalisation*, pp. 21 à 23, tirée de la *Revue critique de législation*, t. VII, livraison d'août, 1835.

(2) M. Valette, *Cours de Code civil*, liv. I, p. 53. — Demolombe, *Cours de Code civil*, liv. I, tit. I, chap. I, 160 *quater* ; édition 1874, I, 176.

cette époque, on ne parlait que de la paix universelle et de la fraternité de tous les peuples : la France avait donné le signal d'un grand mouvement commercial et du rapprochement des nations, par l'exposition universelle ; Paris était devenu le lieu de rendez-vous de tous les grands souverains ; dès lors la bienveillance à l'égard des étrangers augmenta, et l'on chercha à effacer les traces de la défiance, en leur facilitant l'entrée dans la société française.

La Chambre fut alors saisie d'un projet de loi, tendant à réformer la matière de la naturalisation. Plusieurs membres de l'Assemblée proposèrent de rétablir la naturalisation de plein droit, en remplaçant l'autorisation de domicile, prescrite par l'article 13 du Code civil, par la simple déclaration de l'impétrant conformément à la loi du 22 frimaire an VIII. — D'autres, voulant accentuer le contrôle que l'on doit exercer, avant de recevoir un étranger dans l'association politique des Français, proposèrent de réserver au Corps législatif le droit d'accorder la naturalisation ; mais c'était renverser par là le principe posé par le décret de 1809, qui n'avait été suspendu que momentanément en 1818, et qui avait été proclamé par l'Assemblée nationale, en décidant que le droit d'accorder la naturalisation était attribué au chef de l'État. En conséquence aucune de ces propositions n'aboutit définitivement ; le texte de la loi votée le 29 juin, après de longues discussions, conserva au chef du pouvoir exécutif le droit de statuer sur les demandes en naturalisation ; on chercha cependant à satisfaire aux réclamations qui s'étaient élevées, en facilitant les conditions à remplir pour obtenir la naturalisation, par les modifications introduites à la loi de 1819, et qui se résument à quatre :

1° La grande naturalisation tacitement abolie, ou tombée en désuétude depuis 1852, était expressément écartée par les termes de la loi de 1867. « L'étranger naturalisé, dit l'article 1ᵉʳ de cette loi, jouit de *tous* les droits. » Cette décision ne fut pas admise sans une vive résistance; on signalait, pour repousser cette décision, le danger qui pourrait résulter de l'admission d'un étranger dans l'Assemblée nationale, après un si court séjour en France; car on réduisait déjà la durée de stage, comme nous aurons l'occasion de le dire. Mais on répondait à ceux qui poussaient ainsi trop loin la crainte, que le danger n'était pas aussi sérieux; les électeurs, en donnant leurs suffrages à un étranger, qui se trouve depuis peu de temps au milieu d'eux, ont probablement trouvé en lui des qualités exceptionnelles, qui lui auront attiré cette distinction; donc aucun danger n'est à redouter. Un amendement avait déjà proposé une sorte de transaction; c'était d'accorder la naturalisation ordinaire après deux ans de résidence, et la grande naturalisation après cinq ans. Mais l'Assemblée ne tint pas compte de ces craintes exagérées, et admit l'abrogation de la grande naturalisation, telle qu'elle avait été proposée par la commission chargée d'élaborer la loi de 1867. L'exposé des motifs qui accompagnait le projet de loi justifiait l'abrogation dans les termes suivants : « Le gouvernement, en nous proposant d'en consacrer l'abrogation, donne satisfaction à un principe constitutionnel en même temps qu'il se conforme à un précédent créé par la Chambre (1). Nous avons vu, en effet, que la pratique, suivie même à plusieurs reprises par les Corps·législatifs, avait admis l'abrogation de la grande naturalisation; en votant l'article 1ᵉʳ de la loi de 1867, l'Assemblée nationale a confirmé cette abrogation.

2ᵉ La seconde modification était relative à la durée de stage. La durée de stage exigée par la loi de 1819 avait paru excessive; aussi de vives réclamations se firent entendre. La résidence de dix ans était peut-être une mesure nécessaire à l'époque où cette condition fut exigée par la constitution de l'an VIII; époque à laquelle la France avait un juste titre pour se méfier de ceux qui voulaient embrasser la nationalité française. Mais ces motifs n'existaient plus en 1867; aussi voyons-nous, dans l'exposé des motifs, que l'on fait prévaloir cette idée pour diminuer la durée du stage. « Les mêmes défiances n'existent plus, — disait le rapporteur de la commission, les communications sont devenues plus rapides, les relations plus fréquentes et plus suivies. Le délai de dix ans est excessif; cette longue attente est un empêchement aux demandes de naturalisation... » — Et puis, ce n'était pas là la seule garantie contre les naturalisations téméraires; l'autorisation préalable de domicile suivant l'article 13 du Code, l'enquête sur la moralité de l'impétrant, la proposition du ministre de la justice, l'examen et l'avis du Conseil d'État, étaient autant de préservatifs contre le danger de recevoir dans la nation française un étranger, qui ne mériterait pas le titre de citoyen. Voilà pourquoi l'As-

____
(1) *Rapport de la commission*, p. 7.

semblée accepta la modification proposée par la commission, et le stage ordinaire de résidence fut réduit à trois années. — C'est ce qui est dit dans le premier alinéa de l'article 1er de cette loi : « L'étranger qui, après l'âge de vingt et un ans accomplis, a, conformément à l'article 13 du Code Napoléon, obtenu l'autorisation d'établir son domicile en France et y a résidé pendant *trois années*, peut être admis à jouir de tous les droits de citoyen français. »

3° Le troisième changement, apporté par la loi de 1867, concerne le point de départ de ces trois années de domicile, imposées comme stage pour obtenir la naturalisation. Suivant l'ancienne législation ce point de départ se plaçait au moment où l'autorisation de domicile était accordée par le gouvernement, conformément à l'article 13 du Code civil; le projet n'y changeait rien. Cette disposition fut vivement combattue pendant la discussion de la loi, car on abandonnait au bon plaisir du gouvernement le droit de retarder indéfiniment ce point de départ. Un des membres de la commission proposa de prendre pour point de départ la date de la déclaration, faite par l'impétrant à la municipalité, de son intention d'établir sa résidence en France. Mais la commission, d'accord avec le Conseil d'État, adopta une sorte de transaction entre ces deux idées, et admit pour point de départ le jour où la demande d'autorisation aurait été enregistrée au ministère de la justice. La Chambre admit cette transaction, et la consacra dans le second alinéa de l'article 1er de la loi de 1867, qui s'exprime ainsi : « Les trois années courront à partir *du jour où la demande d'autorisation aura été enregistrée au ministère de la Justice.* » C'était là une facilité de plus apportée à la naturalisation.

4° Enfin, la loi de 1867 contenait aussi une innovation. Depuis longtemps on avait été frappé de la situation exceptionnelle de certains étrangers, dont la naturalisation aurait été très-opportune, mais qui était impossible à cause des exigences de la loi. Ce sont les étrangers exerçant en pays étranger une fonction conférée par le gouvernement français, tels que les agents consulaires, les vice-consuls et les employés étrangers des légations et des consulats français. La condition d'une résidence réelle et effective en France était un obstacle infranchissable qui s'opposait à la naturalisation de cette classe de personnes ; car, étant obligés de rester à l'étranger, à raison même de leurs fonctions, ils ne pouvaient jamais satisfaire à la condition de stage exigée préalablement pour la naturalisation.

C'est pour obvier à ces inconvénients que la loi de 1867 contient dans le troisième alinéa de son article 1er la disposition suivante : « Est *assimilé* à la *résidence en France le séjour en pays étranger pour l'exercice d'une fonction conférée par le gouvernement français.* » Ainsi, ceux qui rendent des services à la France, pourront, sans quitter leur pays, obtenir une des plus belles récompenses, la naturalisation. Cette innovation est très-importante, car l'ordonnance royale de 1831 sur le personnel des consulats n'ouvre la voie des fonctions diplomatiques qu'aux Français ; la loi de 1867 facilite aux étrangers l'entrée dans cette voie, en écartant l'obstacle qui s'opposait à leur naturalisation, pendant qu'ils exercent en pays étranger une fonction conférée par le gouvernement français.

Nous connaissons ainsi les quatre points sur lesquels la loi de 1867 changea la législation antérieure. Nous ne saurions mieux résumer le caractère général de cette loi, qu'en reproduisant cette phrase de M. Demolombe : « *Elle se montre de plus en plus libérale, sans se départir des garanties qu'il était nécessaire de conserver* (1). » En effet, la loi de 1867 diminue la rigueur des conditions exigées pour la naturalisation, d'un côté par la réduction du stage en le fixant à trois ans ; d'un autre côté, par le changement apporté quant au point de départ de ces trois années ; enfin elle facilite la naturalisation de ceux qui sont obligés de séjourner dans un pays étranger pour l'exercice d'une fonction conférée par le gouvernement français. Mais en même temps elle maintient toutes les garanties nécessaires, pour éviter les naturalisations téméraires ; la France accorde volontiers aux étrangers des droits, que beaucoup de pays réservent aux originaires, mais elle doit prendre aussi toutes les précautions nécessaires pour que les étrangers ne puissent pas abuser de cette hospitalité. Ainsi l'enquête sur la moralité de l'impétrant, le décret du chef de l'État, le rapport du ministre de la justice et l'avis du Conseil d'État, sont maintenus par la loi de 1867, comme autant de garanties qui s'opposent à recevoir dans la famille politique française des étrangers indignes de porter le titre de citoyens français (2).

(1) Demolombe, *Droit civil*, liv. I, tit. I, chap. I, § 160, sexto. Édition 1874, t. I, p. 178.
(2) Alinéa 4 de l'article 1er de la loi de 1867.

C'est cette loi de 1867, qui régit actuellement la matière de la naturalisation ; mais les événements douloureux qui déchirèrent la France pendant la dernière guerre franco-allemande apportèrent, ne fût-ce que momentanément, certaines modifications à cette loi, qui néanmoins resta la base de la législation. Ce sont deux décrets du gouvernement de la Défense nationale, que nous allons exposer, avant de résumer nos idées sur la naturalisation, dans la législation actuelle.

Le premier, c'est le *décret du* 12-16 *septembre* 1870 (1) qui autorise provisoirement le ministre de la justice à statuer, sans prendre l'avis du Conseil d'État, sur les demandes de naturalisation, formées par les étrangers, qui ont obtenu l'autorisation d'établir leur domicile en France. Voici en effet ce que contient l'article 1ᵉʳ de ce décret du gouvernement de la Défense nationale :

« Le ministre de la justice est *provisoirement* autorisé à statuer, sans prendre l'avis du Conseil d'État, sur la demande de naturalisation formée par les étrangers qui ont obtenu l'autorisation d'établir leur domicile en France, conformément aux dispositions de l'article 13 du Code civil, ou qui auront fait, antérieurement à la promulgation de la loi du 3 décembre 1849, la déclaration prescrite par l'article 3 de la constitution de l'an VIII. » Rappelons en effet que, d'après cet article de la constitution du 22 frimaire, l'étranger qui voulait obtenir la naturalisation, devait faire la déclaration d'établir son domicile en France, et, à partir de ce moment, com-

(1) Tripier, *Codes français*, dernier complément, p. 1749.

mençaient à courir les dix années de stage ; ce n'est qu'en l'an XI qu'un avis du Conseil d'État, interprétatif de l'article 13 du Code, exigea pour l'établissement de l'étranger qui voulait se faire naturaliser, l'autorisation du gouvernement. — Pour tout le reste, en ce qui concerne la naturalisation, ce décret maintient la législation antérieure, en se rapportant aux lois de 1849 et de 1867 ; c'est ce qui est dit dans le second article de ce décret.

Le second *décret du gouvernement de la Défense nationale* (1) est en date du 26 *octobre* 1870. Ce décret était aussi temporaire et provoqué par les circonstances dans lesquelles il a été rendu ; il concerne les étrangers qui avaient pris part à la guerre contre la Prusse, et qui voulaient obtenir la naturalisation pour devenir citoyens français. Voici ce que nous voyons dans l'article 1ᵉʳ de ce décret : « Le délai d'un an exigé par l'article 2 de la loi du 3 décembre 1849, modifié par la loi du 29 juin 1867, pour la naturalisation *exceptionnelle*, ne sera pas imposé aux *étrangers qui auront pris part à la guerre actuelle pour la défense de la France.* En conséquence, ces étrangers pourront être naturalisés *aussitôt* après leur admission au domicile, sauf l'enquête prescrite par la loi. »

Comme nous le voyons, ce décret facilitait beaucoup la naturalisation des étrangers qui avaient combattu pour la France. En effet, dans les tristes événements des dernières années, la sympathie des nations étrangères pour la France était incontestable : grand nombre

(1) Tripier, *ibid.*, p. 1793.

d'étrangers accouraient sous les drapeaux français, qui furent toujours l'insigne de la civilisation et l'abri protecteur des nations opprimées. Eh bien, c'est pour récompenser ces braves étrangers qui avaient exposé leur vie, qui avaient répandu leur sang pour combattre pour la France, qu'est intervenu le décret du 26 octobre 1870. Les étrangers qui avaient contribué ainsi à ce qu'on appelle l'impôt du sang, méritaient à coup sûr une pareille faveur; la France, généreuse, ne pouvait pas la leur refuser.

Mais cette faveur se justifiait par les circonstances dans lesquelles fut rendu le décret en question; elle ne pouvait donc être que temporaire. Aussi, voyons-nous dans le dernier article de ce décret, que la dispense de stage pour la naturalisation extraordinaire n'a pu profiter qu'aux étrangers envisagés par le décret, qui auront fait leur demande de naturalisation avant l'expiration des deux mois, qui ont suivi la cessation de la guerre.

Actuellement la matière de la naturalisation est donc réglée par les lois du 3 décembre et du 29 juin 1867. Nous allons maintenant résumer les conditions exigées pour la naturalisation dans la *législation actuelle*.

La *naturalisation ordinaire* est accordée par un décret du chef de l'État, c'est-à-dire du président de la République, à l'étranger âgé de vingt et un ans accomplis qui sollicite la qualité de citoyen. L'impétrant doit obtenir l'autorisation préalable du gouvernement français, conformément à l'article 13 du Code civil, pour s'établir et fixer son domicile en France. Il doit résider en France pendant trois années consécutives, à

partir du jour où la demande d'autorisation de domicile aura été enregistrée au ministère de la justice,
conformément à l'alinéa 2 de l'article 1er de la loi
de 1867. Une enquête administrative sera ordonnée par
le gouvernement sur la moralité de l'impétrant. Le
décret du Président de la République, accordant la
naturalisation, est rendu sur l'avis du conseil d'État,
qui cependant ne lie pas le chef de l'État. Ce décret est
enfin inséré au *Bulletin des lois*. Quand toutes ces formalités sont remplies, l'étranger devient citoyen français, jouissant de tous les droits dont jouissent les citoyens originaires ou naturels de la France.

La *naturalisation extraordinaire* est celle qui est accordée aux étrangers, qui auront rendu à la France des
services importants, qui auront introduit en France soit
une industrie, soit des inventions utiles, qui y auront
apporté des talents distingués, qui y auront formé de
grands établissements de commerce, ou créé de grands
établissements *agricoles*. — Les étrangers dont nous venons de parler peuvent obtenir la naturalisation après un
stage d'une seule année, à partir de leur établissement
en France; cette faveur fut étendue par la loi de 1867
aux étrangers qui avaient créé en France de grandes
exploitations agricoles. A part le stage, les étrangers qui
veulent obtenir la naturalisation extraordinaire, doivent
remplir les mêmes conditions que pour la naturalisation ordinaire.

Une exception est admise comme nous avons dit, depuis 1867, au profit des employés étrangers des légations
et des consulats français; ceux-ci, tout en résidant à
l'étranger, pourront être naturalisés, en se conformant

aux autres conditions exigées par la loi pour la naturalisation ; leur séjour à l'étranger est assimilé à la résidence en France.

Quant à la grande naturalisation, elle ne se retrouve plus dans la législation actuelle. Tout acte de naturalisation produit aujourd'hui des effets complets ; l'impétrant acquiert les mêmes droits que les naturels français.

Une question que nous devons examiner, avant de passer aux effets de la naturalisation, est celle de savoir *comment se fait la preuve de la naturalisation*. Dans l'ancien droit cette preuve résultait des lettres de naturalité accordées à l'impétrant par le roi. Ces lettres furent abolies par la Révolution, qui voulait rompre avec tous les usages de l'époque féodale. Dans le droit intermédiaire on ne délivra plus de lettres de naturalité ; la naturalisation résultait de l'accomplissement de certaines conditions exigées par la loi ; donc, en cas de contestation, c'était le tribunal qui examinait si toutes les conditions avaient été remplies.

Le décret du 17 mars 1809 plaça le droit de conférer la naturalisation au nombre des attributs de la souveraineté impériale ; la naturalisation n'était parfaite qu'après l'insertion du décret impérial, qui la conférait, dans le *Bulletin des lois* ; une copie était adressée à l'impétrant. La preuve de la naturalisation résultait donc tant de la publication de l'acte dans le *Bulletin des lois*, que de l'exhibition de ladite copie. Désormais c'est le conseil d'État, qui eut seul le droit d'examiner si l'acte de naturalisation était régulier et si toutes les conditions avaient été remplies.

L'ordonnance du 8 octobre 1814 mit en vigueur

l'ancien système, et depuis les lettres de naturalisation furent le seul moyen par lequel on put prouver la naturalisation, en cas de contestation. La Charte de 1830 n'y changea rien, et les lettres patentes de naturalisation continuèrent d'être l'unique moyen de preuve, jusqu'en 1848, quand on abolit définitivement l'usage de ces lettres. Depuis, les décrets de naturalisation sont rendus dans la forme ordinaire des décrets émanant du chef de l'État, et sont insérés dans le *Bulletin des lois*, en même temps qu'une copie est expédiée à l'étranger qui obtient la naturalisation ; la minute est conservée aux archives de l'État. Actuellement les contestations sont vidées dans la section du contentieux au Conseil d'État, et la preuve résulte du décret conférant la naturalisation et de son insertion dans le *Bulletin des lois.*

SECTION II

DES EFFETS DE LA NATURALISATION.

L'étranger qui obtient la naturalisation devient Français, apte à jouir tant des droits civils que des droits politiques. Nous avons vu, en effet, que la grande naturalisation n'existe plus aujourd'hui ; il n'est donc plus besoin d'un acte législatif pour communiquer à l'étranger naturalisé l'aptitude de siéger dans les Corps législatifs ; l'étranger naturalisé devient citoyen en même temps qu'il devient Français ; les effets de la naturalisation sont absolus. L'assimilation de l'étranger au Français originaire est aujourd'hui exacte ; ceci justifie bien la définition empruntée à Merlin sur la naturalisation, qui dit que c'est l'acte par lequel l'étranger naturalisé obtient les mêmes droits et priviléges que s'il était né en France.

Les effets de la naturalisation ne peuvent se produire qu'à dater du moment où cette faveur est définitivement acquise. Une fois acquise, la naturalisation devient irrévocable; on a vu autrefois, sous Henri IV et sous Louis XIV, les titulaires des lettres de naturalité forcés de renouveler ces titres à plusieurs reprises, sous peine de déchéance; mais c'était là un abus qui ne s'est pas reproduit depuis longtemps. Aujourd'hui, l'étranger devenu Français par la naturalisation ne perd plus cette qualité, pour d'autres causes, si ce n'est pour celles qui la font perdre même aux Français originaires.

La naturalisation ne produit ses effets que dans l'avenir; elle ne rétroagit point, ses effets ne remontent pas dans le passé. M. Demolombe explique cette irrétroactivité, en en donnant la raison suivante (1). La loi, dit-il, n'a pas voulu que la rétroactivité de la naturalisation, en renversant des droits acquis, portât le trouble dans les familles et même dans l'État. Cette irrétroactivité est proclamée par l'article 20 du Code civil, même pour ceux qui recouvrent la qualité de Français; il est dit en effet dans cet article, que ceux-là mêmes qui recouvrent la qualité de Français, précédemment perdue, ne pourront se prévaloir de la qualité de Français qu'après avoir rempli toutes les conditions pour la recouvrer, et seulement pour l'exer-

(1) Demolombe, *Cours de droit civil*, liv. I, chap. I, tit. I, § 173; édition 1875, I, p. 211.

cice des droits ouverts à leur profit *depuis* cette époque. A plus forte raison doit-il en être de même pour ceux qui n'ont jamais été Français, et qui acquièrent cette qualité par la naturalisation.

Du reste, on ne distingue plus aujourd'hui entre les lettres de naturalisation et les lettres de naturalité; cette distinction était reproduite dans la loi du 14 octobre 1814, et les lettres de naturalité se bornaient à déclarer la qualité de Français antérieurement préexistante. Mais la loi de 1814 étant abrogée, même les lettres de relief ne produisent leurs effets qu'à l'avenir; il n'y a donc point de rétroactivité.

Les effets de la naturalisation sont individuels et personnels, ne concernant que celui qui obtient cette faveur. MM. Aubry (1) et Rau trouvent l'explication de cette assertion dans l'idée suivante : La naturalisation c'est le résultat d'un contrat formé entre l'individu qui l'obtient et la nation qui l'adopte en considération de sa personne et de l'accomplissement des conditions auxquelles il s'est personnellement soumis. C'est pourquoi les effets de la naturalisation sont essentiellement personnels et incommunicables; ils sont restreints à la personne à laquelle elle a été conférée. Mais cette idée qui, en principe, paraît si simple, a soulevé certaines difficultés dans l'application.

On s'est demandé d'abord si les effets de la naturalisation du père doivent s'étendre à ses enfants. Quant aux enfants conçus, ils bénéficieront sans doute de la naturalisation du père; on ne peut pas dire en ce cas que

_____

(1) Aubry et Rau, sur Zachariæ, 4e édit., t. I, § 71, p. 233, et note 31.

l'enfant conçu est réputé né ; car, comme le fait remarquer avec beaucoup de raison notre éminent professeur, M. Bufnoir (1), ce serait rétorquer contre ces enfants un principe destiné justement à leur profiter. MM. Aubry et Rau sont du même avis ; les enfants nés postérieurement à la naturalisation sont Français, disent-ils ; mais ils ne voient là qu'une suite éloignée de la naturalisation du père (2). Du reste, cette question ne peut pas faire de doute, parce que la nationalité de l'enfant se détermine par celle qu'a son père au moment de la naissance.

Venons aux enfants nés *antérieurement* à la naturalisation du père ; quant à ceux-ci la question avait été vivement controversée avant la loi de 1851 ; on distinguait entre les enfants mineurs et les enfants majeurs de l'étranger naturalisé. On admettait que ces derniers gardaient leur nationalité d'origine, mais que les enfants mineurs devenaient Français, dès que leur père était naturalisé ; en un mot, on soutenait dans ce système que les effets de la naturalisation s'étendaient aux enfants mineurs nés antérieurement à la naturalisation. Le mineur, disaient les partisans de ce système, n'a pas de volonté valable aux yeux de la loi, surtout pour décider une question importante et qui concerne son état, comme celle de la nationalité ; c'est pourquoi l'enfant mineur doit suivre la condition de son père ; la nationalité de l'enfant mineur c'est comme le reflet de la nationalité du père ; or, quand la nationalité du père change, celle du fils doit changer aussi, s'il est

(1) M. Bufnoir, à son cours de Droit civil.
(2) MM. Aubry et Rau, sur Zachariæ, *loc. cit.*, note 32.

mineur. — Un second argument invoqué à l'appui de ce système était qu'on voulait éviter de voir une différence de nationalité entre le père et les enfants; la coexistence de deux nationalités différentes, dans la personne du père et de l'enfant, pouvait conduire à des conséquences fâcheuses : ce serait très-choquant, par exemple, si nous supposions que la loi établirait certaines incapacités de succéder, soit de la part du père, soit de la part du fils, quant à la succession. Ajoutons à cela le grand inconvénient qui résulterait de la coexistence de deux nationalités différentes dans la personne du parent qui exerce la puissance paternelle, et dans celle de l'enfant mineur. Aussi des auteurs considérables, parmi lesquels Duvergier (1) et Fœlix, ont-ils soutenu ce premier système.

Dans un second système on soutient, au contraire, que les effets de la naturalisation du père ne peuvent pas s'étendre à ses enfants, qu'ils soient majeurs ou mineurs. La nationalité, en effet, est une qualité personnelle, une question essentielle, qui touche à l'état de l'enfant et sur laquelle la loi elle-même s'est prononcée, en lui conférant une nationalité originaire : L'enfant, dit la loi, aura la nationalité du père; désormais c'est pour lui un titre acquis, dont aucun représentant ne peut le dépouiller; le père n'a pas le droit de renoncer, au nom de ses enfants mineurs, au bénéfice de leur nationalité d'origine. Quant à eux, tant qu'ils sont mineurs ils ne peuvent pas réclamer le bénéfice de la naturali-

(1) Duvergier, *Dissertation* insérée dans le recueil de Devilleneuve, année 1832, tome II, page 611. — Fœlix, *Revue de droit français et étranger*, année 1843, tome X, 462 et suiv.

sation accordée à leur père, sans avoir accompli personnellement les conditions auxquelles est subordonné ce bénéfice; d'autant plus que leur volonté pendant la minorité n'est pas valable aux yeux de la loi, pour décider une question aussi importante que celle de la nationalité. Aussi, ce système avait-il déjà prévalu dans la pratique et dans la doctrine.

Les arguments du premier système sont faciles à écarter. On invoque d'abord que l'enfant doit prendre la nationalité du père; mais cette maxime s'applique au moment de la naissance de l'enfant; cela ne veut point dire que tout changement d'état dans la personne du père doit réagir sur la personne de l'enfant. — Quant au second argument, il est peut-être un peu plus sérieux; en effet, il est très-choquant de voir la coexistence de deux nationalités différentes chez le père et chez l'enfant; mais aussi, il n'y a pas de solution qui ne présente quelque inconvénient; et puis, même en admettant le premier système, cet inconvénient n'est pas écarté, car il persiste toujours à l'égard des enfants déjà majeurs au moment de la naturalisation; ceux-ci gardent leur nationalité originaire. Les arguments du premier système sont donc de bien mince valeur; aussi, avant que la question ait été tranchée par une décision législative, le second système avait déjà prévalu; d'Aguesseau dans un de ses plaidoyers, Merlin, Duranton, et plus tard Demolombe, Aubry et Rau et d'autres auteurs considérables ont soutenu le second système (1).

(1) D'Aguesseau, 32ᵉ plaidoyer, édition in-4, t. III, n° 6. — Merlin, *Répertoire*, v° Légitime, sect. III, § 1, n° 9. — Duranton, I, 120. — Demolombe, *Droit civil*, liv. I, tit. I, chap. I, § 175, édition 1874,

La loi du 7 février 1851 mit fin à cette controverse, en faisant prévaloir le second système. Cette loi décida que les enfants mineurs de l'étranger naturalisé, sont admis à réclamer, après leur majorité, la qualité de Français conformément à l'article 9 du Code civil; c'était décider réciproquement que les enfants mineurs de l'étranger naturalisé ne peuvent pas bénéficier de plein droit de la naturalisation conférée à leur père.

Une autre controverse, qui a été très-discutée dans la doctrine et dans la jurisprudence, et qui se rattache au même ordre d'idées que la précédente, est celle de savoir si les effets de la naturalisation doivent s'étendre à la femme. En d'autres mots, la femme qui aura épousé un étranger, peut-elle bénéficier de plein droit de la naturalisation conférée à son mari? Comme nous voyons, ces deux questions sont les deux parties spéciales de la question générale, à savoir si l'étranger naturalisé fait bénéficier toute sa famille de la naturalisation qui lui est conférée.

Deux systèmes ont été proposés et soutenus par des arguments assez sérieux, comme nous allons le voir.

Le premier système soutenu par des auteurs très-considérables, entre autres par Proudhon et Fœlix, admet que la femme qui épouse un étranger doit suivre toujours la nationalité de son mari; par conséquent,

t. I, p. 215. — Aubry et Rau, sur Zachariæ, 4e édition, t. I, pp. 256 t 257, et la note 31. — Dans la doctrine, le second système a été consacré par plusieurs décisions, notamment : Grenoble, 16 décembre 1823, dans l'affaire Perregaux (Dalloz, année 1826, 1, 73). — Paris, 23 juin 1859, affaire Dausoigne-Mehul (Devilleneuve, 1860, 2, 261). — Cassation, 5 mai 1862 (Devilleneuve, 1862, 1, 657). — La question a été tranchée par l'article 2 de la loi de 1851. — M. Dufaoir, à son cours.

si le mari change de nationalité durant le mariage, la naturalisation réfléchira aussi sur la femme; donc les effets de la naturalisation du mari s'étendent à la femme. Les principaux arguments de ce premier système, — soutenu dernièrement avec beaucoup de talent par un avocat de Lyon, M. Varambon, dans une savante dissertation insérée dans la *Revue pratique*, — sont fondés sur le consentement de la femme, sur l'inconvénient résultant de la coexistence de nationalités différentes chez les deux époux et sur l'incompatibilité de cette coexistence avec les principes du droit.

La femme, dit-on dans ce premier système, par le fait du mariage consent à adopter la condition de son mari; ce consentement est général; elle doit savoir que la nationalité n'est pas une qualité immuable; le mari peut changer, quand bon lui semble, en se faisant naturaliser.

La femme consent donc à subir les changements de cette condition, d'accord avec son mari; elle profitera donc de la naturalisation du mari. Ce principe a été consacré par les articles 12 et 19 du Code, desquels il résulte que la femme doit suivre toujours la condition de son mari.

L'incompatibilité de la coexistence de deux nationalités chez les époux, avec les principes du droit, fournit un argument plus puissant encore. Que devient en effet l'intimité, l'unité du mariage en présence de cette diversité de nationalité? Il y a une incompatibilité évidente entre cette diversité et le principe que le mariage est *conjunctio individuam vitæ consuetudinem continens*. Et puis, la puissance maritale, qui résulte des articles 213 et 214, serait chimérique si la femme refusait d'adopter la nationalité acquise au mari par la naturalisation. Donc, si le mari est devenu Français par la naturalisation, la femme doit lui obéir, en se soumettant à la volonté de son mari. Que deviendrait sans cela le devoir d'obéissance de la femme, si on lui donnait le droit de dire au mari : Vous avez votre nationalité, et j'ai la mienne ; on arriverait à des conséquences inadmissibles et immorales.

La coexistence de deux nationalités différentes dans la personne du mari et dans celle de la femme, ne serait pas sans danger. Dans la même maison, dit M. Varambon, dans l'union la plus intime qui puisse exister, apparaît, pour ainsi dire, une rivalité de nation à nation ; des intérêts opposés entre personnes unies, des affections différentes, des patries diverses, des vœux ennemis pour des pays peut-être en guerre, et cela entre personnes qui ont juré de s'aimer, entre lesquelles tout est commun, et qui ne doivent jamais se quitter ! L'unité de nationalité dans la personne des époux est donc une condition essentielle à l'existence, à l'intimité, à la tranquillité du ménage : « *La femme,* dit Fœlix, *ne peut pas être séparée du mari sous le rapport de la nationalité* »

Tels sont, en quelques mots, les arguments sur lesquels se fonde ce premier système (1) ; ils sont assurément très-graves, et les noms des partisans de ce système sont de ceux qui font autorité dans la science. Néan-

(1) Proudhon, *Traité de l'état des personnes,* t. I, pp. 126 et 432. — Fœlix, *Droit international,* t. I, p. 93. — Massé, *Droit comm.,* t. III, n° 49. — *Revue pratique de droit et de jurisprudence,* année 1859, t. VIII, pp. 50 et suiv. *Dissertation de M. Varambon.*

moins ce système n'a pas prévalu, et la majorité des auteurs, de même que la jurisprudence, se rattachent au système contraire.

Dans le second système, on soutient que les effets de la naturalisation ne peuvent pas s'étendre à la femme de l'étranger naturalisé; cette femme demeure étrangère, à moins qu'elle n'ait personnellement rempli les conditions exigées pour la naturalisation; par conséquent, la femme d'un étranger naturalisé, qui ne se trouve pas nominativement comprise dans l'acte de naturalisation du mari, ou qui ne s'est pas fait naturaliser séparément avec l'autorisation de celui-ci, demeure étrangère. Ce système est celui qui est généralement enseigné aujourd'hui; nous pouvons citer parmi ses partisans : MM. Valette, Demolombe, Demante, Aubry et Rau.

Voici comment on réfute les arguments du premier système. Prenons d'abord celui qui est fondé sur le consentement de la femme; la femme, dit-on, en se mariant, consent par cela même à suivre la condition du mari. Cela est vrai; mais ce principe résultant des articles 12 et 19 du Code ne peut pas avoir une portée aussi générale qu'on veut le lui attribuer. « *L'étrangère* qui aura *épousé* un Français suivra la condition de son mari, » dit l'article 12. — « Une femme française qui *épousera* un étranger suivra la condition de son mari, » dit l'article 19. Le changement de nationalité qui s'opère dans l'état de la femme, par le mariage avec un homme de nationalité différente, se rapporte au moment même du *mariage*; ce changement s'opère en effet par le consentement présumé de la femme, et cette présomption peut lui être appliquée, parce qu'elle connaît la nationalité du futur mari au moment où elle se marie; elle peut donc apprécier si ce changement de nationalité lui convient ; du moment qu'elle se marie, elle y consent : mais il est impossible de donner à ce consentement une étendue plus considérable; il n'est point vraisemblable que la femme ait accepté à l'avance et en aveugle toutes les conditions qu'il plaira au mari de prendre, il est donc impossible d'admettre que la loi ait permis au mari de changer la nationalité de celle-ci, sans son concours, par sa seule volonté ; ce serait présumer qu'elle a consenti à l'avance à autoriser le mari à la dépouiller d'une qualité qui lui est essentiellement personnelle. Par conséquent, l'argument tiré du consentement présumé de la femme, n'est pas bien fondé; elle n'a pas pu consentir à une chose, à laquelle elle ne pensait pas au moment du mariage; elle n'a pas pu consentir à un fait qui est sans doute anormal, tel que la naturalisation du mari durant le mariage

Le second argument, fondé sur l'incompatibilité de la coexistence de deux nationalités différentes, dans la personne du mari et dans celle de la femme, ne doit pas nous toucher davantage. Nous répondrons ici ce que nous avons déjà dit sur les enfants : quelle est la solution qui ne laisse rien à désirer? quelle est la solution qui ne présente aucun inconvénient, s'il y en a un? — Et puis s'il y a quelque inconvénient, il n'est pas bien grave; on admet bien la coexistence de deux religions dans la personne du mari et dans celle de la femme; pourquoi n'admettrait-on pas, sans inconvénient, la coexistence de deux nationalités? La foi politique est-elle plus lourde dans la balance de ménage, que la foi religieuse? Quant à la prétention que cette coexistence est incompatible avec les principes de droit, tel que la puissance maritale, elle n'est point admissible. Quelque étendue que soit l'autorité maritale, elle ne donne pas au mari le droit de suppléer par sa volonté à celle de la femme ; on ne peut pas imposer à la femme le sacrifice de sa nationalité ; elle n'aurait peut-être pas consenti au mariage, si elle avait pu prévoir ce changement anormal dans la nationalité du mari. Ni l'article 213 ni l'article 214 ne contiennent un pouvoir si étendu. comme attribut de la puissance maritale ! « *La femme doit obéissance à son mari*, » dit l'article 213. « La femme est obligée d'habiter avec le mari, et de *le suivre partout où il juge à propos de résider*, » ajoute l'article 214.

Mais là se borne l'obligation imposée à la femme à cet effet ; le mari peut contraindre sa femme à l'accompagner dans le pays qu'il veut habiter, là où ses intérêts le réclament peut-être ; le mari est juge de choisir sa résidence. et la femme lui doit obéissance. Cependant faut-il conclure de là, que le mari doit imposer sa volonté en tyran, en toute circonstance. même quand il s'agit de changer sa nationalité? Cette conclusion dépasserait sans doute la volonté du législateur.

On ajoute enfin, en faveur du premier système, que la diversité de nationalité dans la personne des époux ne s'accorderait point avec l'unité et l'harmonie qui doit régner dans le ménage ; on craint le danger qui pourrait résulter de ces affections différentes, des patries diverses, des vœux ennemis, des pays peut-être en guerre !

Mais en imposant à la femme un changement de nationalité, auquel elle n'a jamais consenti, ferait-on cesser
ce danger? Non; l'amour de la patrie est un sentiment
qui ne se commande pas! Quel est le sentiment d'affection qui s'impose? Aussi, il ne faut pas espérer qu'en
forçant la femme de subir les effets de la naturalisation
accordée à son mari, elle deviendra bonne citoyenne,
et qu'elle aimera la patrie adoptive de son époux.

Il faut conclure de tout cela, que la femme ne subira
pas les effets de la naturalisation du mari pendant le
mariage. Le mari n'a pas le droit de faire de sa femme
une étrangère, sans qu'elle y consente. La naturalisation
est, comme nous l'avons dit, une sorte de contrat entre
l'étranger et la nation qui l'adopte; or, ce contrat ne pro-
duira ses effets qu'à l'égard des parties contractantes (1).
La femme ne changera donc pas de nationalité, si elle
n'a pas été naturalisée séparément. C'est cette opinion
qui a été consacrée par 'e second système, et qui a prévalu déjà depuis long'emps tant dans la doctrine que
dans la jurisprudence.

(1) Demolombe, *Cours de Code civil*, liv. I, tit. I. chap. I, n° 175,
t. I, pp. 212 et suiv., édition 1874. — Aubry et Rau, sur Zacharie,
4e édition, § 71, t. I, p. 257. — M. Valette, sur Proudhon, t. I, pp. 126
et 127, note d. — Demante et Colmet de Santerre, *Cours analytique
de Code civil*, sur les art. 18 à 21, liv. I, tit. I, n° 26 bis, t. I, p. 91.
— *Revue pratique de droit et de jurisprudence*, t. VIII, pp. 50 et
suiv.; t. XV, p. 318. — Colmet-d'Aage, *Revue de droit français*,
t. I, p. 101.

CHAPITRE II

DE LA NATURALISATION PAR LE BIENFAIT DE LA LOI.

Nous entendons par *naturalisation par le bienfait de la loi*, certains modes particuliers de naturalisation, spécialement régis par le Code, et en vertu desquels un étranger obtient la qualité de citoyen français, en remplissant certaines conditions moins rigoureuses que celles exigées pour la naturalisation proprement dite. La naturalisation par le bienfait de la loi avait fait, depuis 1790, le droit commun en cette matière ; l'étranger n'avait qu'à se conformer à certaines conditions potestatives, exigées par la loi, pour prétendre à la qualité de citoyen. Puis vint le décret du 17 mars 1809 qui modifia cet état des choses ; désormais tout étranger qui voulait devenir Français, devait obtenir la naturalisation en vertu d'un décret du chef de l'État.

Néanmoins, à côté de cette concession gracieuse faite aux étrangers par la naturalisation, l'ancien système fut conservé à l'égard de certaines classes de personnes, lesquelles, à raison de certaines considérations particulières sont censées avoir beaucoup d'attachement pour la France ; en conséquence on leur accorde la qualité de Français, moyennant certaines conditions très-faciles ; ou même de plein droit, si ces personnes ne déclinent pas cette faveur qui leur est accordée par la loi.

Ces classes privilégiées d'étrangers sont au nombre de cinq : 1° les enfants nés en France de parents étrangers ; 2° les enfants issus de parents d'origine française, mais qui avaient perdu eux-mêmes cette qualité avant la conception de l'enfant ; 3° la femme étrangère qui épouse un Français ; 4° l'enfant né d'un étranger ultérieurement naturalisé ; 5° les descendants des religionnaires fugitifs. Nous allons étudier la position que les lois françaises créent à ces classes de personnes et les priviléges dont elles jouissent au point de vue de la naturalisation.

SECTION PREMIÈRE

DES ENFANTS NÉS EN FRANCE DE PARENTS ÉTRANGERS.

Le lieu de naissance exerce sur l'attachement qu'on a pour une nation, une influence incontestable ; cette influence n'a pas échappé aux yeux du législateur ; aussi il fut un moment où la nationalité se déterminait exclusivement par le lieu de naissance, *jure soli*. C'était l'influence des idées féodales qui avait changé les anciens principes sur ce point ; car dans les lois des Athéniens, comme chez les Romains, l'enfant suivait la nationalité de ses auteurs, c'était le lien du sang — *jus sanguinis* — qui la déterminait. Les lois féodales avaient, au contraire, fait triompher le *jus soli ;* nous avons déjà vu, au commencement de ce sujet, que suivant Bacquet, tous ceux qui sont nés en France sont Français : « Les vrais naturels Français, dit-il, sont ceux qui sont *nés dedans le royaume* (1), pays, terres et seigneuries de la nation, domination et obéissance du roy. »

(1) Bacquet, *Droit d'aubaine*, 1re partie, chap. II, n° 2.

Plus tard ce principe fut un peu modifié, et avant la rédaction du Code, la nationalité se déterminait quelquefois par le *jus sanguinis*; de sorte que celui qui était né en France était Français *jure soli*; mais celui qui était né à l'étranger de parents français était Français *jure sanguinis* (1). Telle était la règle sur ce point, à l'époque où le Code civil fut rédigé. Le projet du Code reproduisait cette théorie; mais elle souleva de vives critiques de la part du Tribunat; on fit remarquer d'un côté, qu'il ne fallait pas conférer la qualité de Français à une personne, née par hasard sur le sol français, et qui depuis n'a eu aucune relation avec la France; d'un autre côté, il fallait tenir compte de la nationalité des parents pour déterminer celle de l'enfant. A la suite de longues discussions, on supprima la disposition du projet, qui décidait que, tout individu né en France était Français de plein droit; aujourd'hui donc un étranger ne devient pas Français, par cela seul qu'il est né sur le territoire français (2).

Cependant on ne pouvait pas placer les enfants nés de parents étrangers sur le territoire français sur la même ligne que les autres étrangers. Merlin fait remarquer, avec beaucoup de raison, que l'enfant né en France aura pour ce pays un sentiment plus vif d'affection que pour la patrie de ses auteurs. Le législateur devait tenir compte de cet attachement de l'enfant pour le lieu de naissance; et, si le fait seul de la naissance ne lui acquiert pas la qualité de Fran-

—————

(1) Pothier, *Traité des personnes*, 1re partie, tit. II, sect. I.

(2) Fenet, *Exposés des motifs*, t. VII, p. 628. — M. Bufnoir, à son cours.

çais, du moins il lui rend l'acquisition de cette qualité bien plus facile qu'aux autres étrangers.

C'est dans ce but que fut rédigé l'article 9 du Code civil, qui décide que l'enfant né en France de parents étrangers ne devient pas Français *ipso facto*, mais le peut devenir très-facilement. « Tout individu né en France d'un étranger, dit l'article 9, pourra, dans l'année qui suivra l'époque de sa majorité, réclamer la qualité de Français ; pourvu que, dans le cas où il résiderait en France, il déclare que son intention est d'y fixer son domicile, et que, dans le cas où il résiderait en pays étranger, il fasse sa soumission de fixer en France son domicile, et qu'il l'y établisse dans l'année, à compter de l'acte de soumission. »

Ainsi, l'enfant né en France de parents étrangers n'est pas mis sur la même ligne que les autres étrangers, quand il s'agit de réclamer la qualité de Français. Les conditions exigées de lui sont beaucoup plus faciles à remplir ; s'il est établi en France, il n'a qu'à déclarer son intention d'y fixer son domicile ; il n'a pas besoin, comme les autres étrangers, d'une autorisation du gouvernement pour établir son domicile en France. S'il est établi en pays étranger, il n'a qu'à faire sa soumission de fixer son domicile en France et à l'y établir effectivement dans l'année qui suit cette soumission ; dans ce cas encore l'agrément du gouvernement n'est pas nécessaire, comme dans la naturalisation ordinaire. Là se bornent les conditions, que la loi exige de lui ; partant de là, il est dispensé du stage de trois ans, qui est imposé aux étrangers ordinaires, comme résidence en France. Quant à la soumission dont il est question dans l'article 9, la loi n'en détermine pas les formes ; elle sera donc régulièrement faite, devant la municipalité de sa résidence actuelle, ou devant celle où il se propose d'établir son domicile.

Cette faveur que la loi accorde aux enfants nés en France de parents étrangers est fondée sur deux motifs : d'abord sur l'attachement instinctif que la nature a mis dans le cœur de l'homme pour les lieux où il a reçu le jour ; ensuite, parce que, généralement, l'enfant né en France d'un étranger y sera resté plus ou moins longtemps, y aura pris la langue, les mœurs et les habitudes des Français, de sorte qu'il sera Français de cœur avant même d'être naturalisé. La faveur de l'article est donc fondée sur cette double considération ; mais la loi veut que cette présomption qu'elle établit soit réelle ; elle impose par conséquent à l'enfant né dans ces circonstances, d'abord de fixer son domicile en France effectivement, et, en outre, de réclamer la faveur que lui accorde la loi, dans l'année qui suivra sa majorité. C'est là un délai fatal, passé lequel l'enfant rentre dans la condition ordinaire des autres étrangers. Telle est la législation du Code : nous verrons quelles sont les modifications apportées par deux lois postérieures : mais avant d'y arriver, nous devons exposer certaines difficultés, qui ont fait controverse en doctrine, et qui se sont présentées dans la pratique pour l'application de l'article 9 du Code civil.

Voyons d'abord quels sont les enfants qui peuvent invoquer le bénéfice de l'article 9. « Tout individu né en France d'un étranger... » nous dit cet article. Ce qui est certain, c'est que le bénéfice de l'article 9 s'étend aux enfants naturels, comme aux enfants légitimes : la loi ne distingue pas. De plus, il n'y a aucune différence à faire entre l'enfant né de parents étrangers, mais qui sont fixés en France, et l'enfant dont les parents ne se trouveraient en France que passagèrement, accidentellement ; la généralité des termes de l'article 9 comprend aussi bien les uns que les autres ; sans doute, l'attachement des premiers pour la France sera bien plus grand, mais la loi accorde le bénéfice de l'article 9 même à ceux qui sont nés accidentellement en France ; s'ils réclament ce bénéfice, c'est une preuve évidente de leur attachement pour les lieux de naissance.

Mais faut-il étendre ce bénéfice aux enfants de l'étranger seulement conçus sur le sol français et qui sont nés en pays étranger ? L'affirmative a été soutenue, par une fausse application de la maxime : *Infans conceptus pro nato habetur*. Cependant l'opinion contraire a prévalu en doctrine, comme en jurisprudence ; c'est au fait de la *naissance* qu'il faut s'attacher, pour savoir si tel étranger peut réclamer le bénéfice de l'article 9 ; cette faveur n'est accordée qu'à l'enfant *né en France*. L'esprit de la loi et les souvenirs du droit, qui a précédé la législation du Code, confirment cette dernière opinion. En effet, en créant une faveur pour les enfants qui sont nés en France, le législateur a été déterminé, comme nous l'avons dit, par cette considération, que l'homme éprouve toujours un sentiment de vive affection pour le pays qui l'a vu naître ; or, cette considération n'existe pas pour le lieu de la conception ; et puis, l'époque de la conception, qui est toujours très-difficile à déterminer, le serait encore plus, dans notre hypothèse. Les souvenirs de l'ancien droit confirment cette théorie; en effet, l'enfant né en France de parents étrangers était autrefois réputé Français de plein droit; mais tous les auteurs sont d'accord que ce bénéfice légal était attaché au *fait de la naissance;* le Code n'a pas reproduit l'ancienne doctrine littéralement, mais évidemment l'article 9 est un débris de l'ancien bénéfice accordé aux enfants nés en France de parents étrangers. C'est donc au fait de la naissance qu'est subordonné le bénéfice de l'article 9 (1), et les enfants, qui sont seulement conçus sur le sol français, ne peuvent y prétendre.

L'étranger qui veut bénéficier de l'article 9 doit faire sa réclamation dans l'*année qui suivra l'époque de sa majorité,* sous peine de déchéance. Une difficulté s'est élevée sur ce point; on s'est demandé si c'est la loi française ou la loi étrangère qui doit fixer l'époque de la majorité. L'intérêt de la question est facile à concevoir, si nous supposons que l'enfant qui réclame le bénéfice de l'article 9 est né de parents appartenant à un pays où la majorité est fixée à un âge antérieur ou postérieur à vingt-uns ans accomplis; il importe donc de bien préciser de quelle majorité parle l'article 9.

Des auteurs considérables soutiennent qu'il s'agit, dans l'article 9, de la majorité telle qu'elle est fixée par les lois françaises. Il est impossible, dit-on, de supposer

---

(1) Dans le sens de cette dernière opinion : Demolombe, *Cours de Code Napoléon,* liv. I, tit. I, chap. I, n° 164, édition 1871, t. I, p. 187. — Aubry et Rau, sur Zachariæ, 4e édition, t. I, p. 236, note 3, § 70. — Cassation, 15 janvier 1810, affaire Carréa (Devilleneuve, 1810, I, 980). — M. Dufnoir, à son cours de droit civil. — Pour la première opinion : Richelot, I, 115.

que les rédacteurs du Code aient voulu faire dépendre des prescriptions d'une loi étrangère, le délai durant lequel pourrait être réclamée une faveur accordée par la loi française. On cite à l'appui de ce système l'article 3 de la constitution de l'an VIII, qui fixe l'âge de vingt et un ans pour admettre un étranger à faire la déclaration de devenir citoyen français ; or, ce qui est admis dans les cas ordinaires, à plus forte raison, dit-on, doit être admis dans un cas particulièrement favorable, comme celui de l'article 9. Et puis, à partir du décret du 20 septembre 1790, qui a fixé la majorité des Français à vingt et un an, au lieu de vingt-cinq, toutes les lois dans lesquelles on parle de majorité, — telles que la constitution de 1793, art. 4, la constitution de l'an III, art. 10, celle de l'an VIII, art. 3, — toutes ces lois ont textuellement fixé la majorité à vingt et un ans, non-seulement pour les Français, mais aussi pour les étrangers dans leurs rapports avec les Français. C'est donc de la majorité française, et non de la majorité étrangère, qu'a entendu parler l'article 9 ; il est peu vraisemblable qu'il se soit référé à la majorité étrangère, si variable suivant les temps et les lieux, quand tous les textes se réfèrent à la majorité telle qu'elle est fixée d'après la loi française (1).

L'opinion contraire a cependant prévalu, comme étant plus conforme aux principes et au texte de la loi. En effet, les personnes qui invoquent le bénéfice de l'article 9 sont des étrangères ; M. Treilhard, chargé de

<hr>

(1) Aubry et Rau, sur Zachariæ, 4e édition, t. I, p. 237, § 70, note 5. — Duranton, t. I, n° 129. — Coin-Delisle, sur l'art. 9, n° 25, et Revue critique, année 1861, t. XXV, pp. 13 et suivantes.

présenter le projet de loi au Corps législatif, disait dans son exposé de motifs : « Quant au fils d'étranger qui reçoit accidentellement le jour en France, *on ne peut pas dire qu'il ne naît pas étranger* ; mais... pourquoi lui refuserait-on le droit de réclamer à sa majorité la qualité de Français, que tant et de si doux souvenirs pourraient lui rendre chère (1)?... » Or, si cet individu est provisoirement étranger, son état et sa capacité sont régis par la loi étrangère ; si donc la loi de son pays fixe la majorité à vingt-cinq ans par exemple, il serait bien étrange de lui faire courir une déchéance pour un acte qu'il n'aurait pas pu accomplir en pleine capacité. Par conséquent, en principe, il serait peu logique de forcer un étranger à réclamer le bénéfice de l'article 9 avant l'époque à laquelle il pourrait utilement et valablement exercer ce droit ; il sera donc admis à réclamer la faveur que lui accorde la loi dans l'année qui suivra sa majorité, telle qu'elle est fixée par la loi qui régit son état et sa capacité, c'est-à-dire par la loi étrangère. Cette opinion est non-seulement logique, mais aussi conforme au texte de la loi; en effet, l'article 9 dit : L'individu né en France de parents étrangers pourra, dans l'année qui suivra l'époque de *sa* majorité, réclamer la qualité de Français. C'est donc la majorité de cet étranger, la majorité fixée par *sa* loi, qui le régit actuellement, que le législateur a eue en vue.

Quant à l'argument que les partisans du système opposé tirent de l'article 3 de la loi du 22 frimaire an VIII, il n'est pas concluant. Cet article fixait l'âge de

(1) Fenet, *Exposé des motifs*, t. VII, p. 628.

vingt et un ans pour faire la déclaration ; mais il ne résulte pas de là que l'étranger aurait pu la faire, si la loi personnelle qui régit sa capacité l'avait déclaré incapable. Et puis, la loi de l'an VIII, en fixant l'âge de vingt et un ans pour exercer le droit de réclamer la qualité de Français, ne fixait pas en même temps un délai fatal dans lequel l'étranger devait exercer son droit ; au contraire, l'article 9 contient une déchéance, dès qu'on laisse passer une année après la majorité. Il serait donc injuste de le punir pour un fait qui ne lui serait pas imputable ; il serait inconséquent de l'obliger à faire un acte qui, d'après la loi personnelle de cet étranger, ne serait point valable.

Les partisans du second système admettent cependant une réserve, assez logique : si la loi étrangère fixe la majorité à un âge moins avancé que la loi française — ce qui doit être bien rare — il serait difficile d'admettre que l'étranger en question devrait encourir la déchéance de l'article 9, s'il ne réclame pas le bénéfice dans l'année qui suit sa majorité. L'option qu'il ferait ainsi avant l'âge de vingt et un ans, quoique dans la majorité d'après sa loi personnelle, ne pourrait pas lui profiter, car le lendemain même il deviendrait mineur, ainsi que le fait remarquer notre savant maître, M. Bufnoir. Voilà pourquoi nous avons dit que la majorité dont il est question dans l'article 9 est *en principe* la majorité telle qu'elle est fixée par la loi étrangère. Il faut donc conclure que la déchéance, prescrite par l'article 9, ne sera encourue qu'autant que l'individu se trouve majeur depuis un an, tant d'après la loi du pays auquel appartient sa famille, que d'après la loi française (1).

Une controverse bien plus sérieuse que les deux précédentes s'est élevée sur l'article 9. Supposons que l'enfant né en France de parents étrangers ait, dans le délai fixé par la loi, réclamé la nationalité française ; on s'est demandé : A partir de quel moment doit-on le considérer comme Français? Cet individu, après avoir fait la déclaration prescrite, devient-il Français seulement pour l'avenir, *ut ex nunc ?* ou bien est-il censé l'être dès le jour de sa naissance, *ut ex tunc ?* En d'autres termes, on s'est demandé si la naturalisation par le bienfait de la loi, obtenue en vertu de l'article 9, a un effet rétroactif. Le côté pratique de cette question a perdu sans doute de son intérêt depuis l'abrogation des articles 726 et 912 par la loi du 14 juillet 1819.

Sous l'empire de ces articles, les étrangers étaient incapables de succéder *ab intestat* et de recevoir par donation ou testament en France ; on comprend donc quel grand intérêt il y aurait à considérer rétroactivement comme Français ceux qui invoquent le bénéfice de l'article 9, si quelque succession leur était échue avant la majorité. Cet intérêt, avons-nous dit, n'existe plus aujourd'hui ; mais la question n'a pas perdu toute son importance : ainsi, pour donner un exemple, l'article 14 établit, au profit du créancier français, le privilége de poursuivre son débiteur étranger devant les

<hr>

(1) M. Dufnoir, à son cours. — Demolombe, édition 1875, t. I, p. 188-190. — Demante, *Cours de droit civil*, sur l'art. 9, n° 19 *bis*, t. I, p. 68. — Valette, *Explication sommaire du livre Ier*, p. 12. — Valette, *Cours de droit civil*, édition 1873, t. I, pp. 18 et 19. — Douai, 10 février 1868, affaire Renaut (Devilleneuve, 1868, 2, 110).

tribunaux français, même si le débiteur ne réside pas
en France (1) ; or, d'après l'opinion consacrée par la
jurisprudence au moins, il faut que dès l'origine de la
créance le créancier ait été Français ; il y aurait donc
un grand intérêt à dire que la naturalisation obtenue
par le bénéfice de l'article 9 rétroagit, si nous supposons qu'une pareille créance naît au profit de l'individu
né en France de parents étrangers pendant sa minorité.
Voici encore un exemple qui dénote l'intérêt pratique
de la question : un individu né en France de parents
étrangers se marie avec une femme étrangère, avant
d'avoir réclamé la qualité de Français ; nul doute qu'on
peut se marier avant d'avoir vingt-deux ans ; eh bien !
si la naturalisation du mari ne rétroagit pas, la femme
restera étrangère, car nous avons admis que les effets
de la naturalisation du mari ne s'étendent pas à la
femme ; si, au contraire, la naturalisation obtenue en
vertu de l'article 9 rétroagit du jour de la naissance de
l'individu qui l'obtient, celui-ci est réputé Français le
jour de son mariage, et la femme étrangère qu'il épouse
devient Française. La question conserve donc toute son
importance, même aujourd'hui, à plusieurs points de
vue.

Dans un premier système, on soutient que la qualité
de Français n'est acquise à l'individu né en France de
parents étrangers qu'à compter du jour où il a fait sa
déclaration. En effet, dit-on, on ne peut pas laisser en
suspens pendant vingt-deux ans la nationalité de cet
individu et tous les droits qui peuvent en dépendre : il

(1) Cassation, 19 juillet 1848 (Dalloz, 1849, I, 129).

faudrait un texte formel pour nous autoriser à admettre un résultat si étrange. Or, aucun texte ne contient l'idée que l'état de cet individu est suspendu sous condition résolutoire; au contraire, nous avons un exemple analogue dans l'article 20, où nous voyons que la naturalisation ne rétroagit point. Et puis, il serait bien injuste de traiter l'enfant né en France de parents étrangers plus favorablement que l'enfant né d'un Français qui a perdu cette qualité; or, il résulte des articles 10 et 20 que ces derniers n'acquièrent pas la qualité de Français avec effet rétroactif (1); il serait donc peu logique d'accorder la rétroactivité à celui qui est né en France de parents étrangers.

Cependant le système contraire est soutenu par la majorité des auteurs et consacré par la jurisprudence; l'individu qui réclame le bénéfice de l'article 9 devient rétroactivement Français, du jour de sa naissance. Les arguments du premier système peuvent être facilement écartés; que l'on ne dise pas que la nationalité d'une personne ne peut pas se trouver en suspens; une loi postérieure contient le démenti de cette assertion; en effet, nous voyons dans la loi de 1851 qu'il y a des personnes dont la nationalité reste quelque temps sous condition résolutoire. « Est Français — dit l'article 1 de cette loi — tout individu né en France d'un étranger qui lui-même y est né, à moins que dans l'année qui suivra l'époque de sa majorité, telle qu'elle est fixée par

(1) En faveur de ce système : Duvergier, sur Toullier, I, 261. — Duranton, I, 199. — Marcadé, sur l'art. 9. — Demolombe, qui l'a pendant longtemps soutenu, l'a abandonné, *infrà.* — En Belgique, la question est décidée suivant ce premier système : cour de Bruxelles, arrêt du 5 janvier 1872 (Dalloz, 1872, 2, 13).

la loi française, il ne réclame la qualité d'étranger par une déclaration..... » Ainsi les individus dont il est question dans la loi du 7 février 1851 sont Français sous condition résolutoire ; pourquoi alors, n'admettrait-on pas que les individus dont il est question dans l'article 9 du Code civil, puissent être Français sous condition suspensive ? L'analogie est frappante et nous ne voyons rien qui puisse s'y opposer. Quant à l'argument tiré de l'article 20, il n'est pas concluant : cet article dit en effet, que pour les cas de naturalisation auxquels il se réfère, il n'y a pas de rétroactivité ; mais les cas auxquels il fait allusion sont ceux des articles 10, 18 et 19, et nullement celui de l'article 9. Et par cela même que le législateur a eu soin d'empêcher formellement la rétroactivité dans les cas de naturalisation prévus par l'article 20, nous devons conclure que dans les autres cas la rétroactivité a lieu.

D'autres considérations sérieuses viennent à l'appui du système de la rétroactivité. Il faut nous rappeler, en effet, qu'avant la législation du Code, tout individu né sur le sol français était réputé Français de naissance ; le projet avait reproduit cette idée, et ce fut à la suite des discussions élevées au Tribunat, et de la conférence entre la section de législation du Tribunat et celle du Conseil d'État, qu'on abandonna l'ancien principe, consacré par le projet (1), et que l'article 9 passa dans le Code. Cet article est, comme nous l'avons déjà dit, le résultat d'une transaction admise après les observations du Tribunat ; l'individu né en France de parents étran-

(1) Observations au Tribunat, Locré, Lég., II, pp. 51 et suiv.

gers ne devenait plus Français par le fait de la naissance, mais devait réclamer cette faveur après sa majorité. La qualité de Français lui était conservée sous la condition de la réclamer ; voici en quels termes s'exprimait le tribun Gary, à ce propos, dans son discours au Corps législatif : « Le bonheur de sa naissance n'est pas perdu pour lui ; la loi lui offre de lui assurer le bienfait de la nature (1) ; mais il faut qu'il déclare l'intention de le *conserver*. » Du reste, le mot RÉCLAME qui se trouve dans l'article 9 prouve une fois de plus, que la qualité de Français, est un droit préexistant, en faveur de celui qui est né sur le sol français de parents étrangers ; on ne réclame pas un droit qu'on n'a point, au moins sous condition : on l'*acquiert*. Et comme le législateur s'est servi du mot *réclame*, il est évident qu'il a voulu consacrer le système de la rétroactivité.

Ce système soutenu par les auteurs les plus considérables et enseigné par d'illustres professeurs de notre Faculté de droit, a été consacré aussi par la Cour de cassation (2), dans un arrêt rendu presque à l'unanimité sur les conclusions conformes de M. l'avocat général Nicias-Gaillard. Il faut donc conclure que l'individu qui réclame la nationalité française, en vertu du bénéfice de l'article 9, est réputé Français de naissance rétroactivement.

Il faut cependant apporter une réserve à ce que nous

(1) Locré, *Lég.*, II, p. 339, n° 4, *in fine*.
(2) En ce sens : M. Bufnoir, à son cours. — Demolombe, *Cours de droit civil*, édition 1874, t. I, n° 163, pp. 180 et suiv. — Aubry et Rau, sur Zachariæ, 4e édition, t. I, § 70, p. 239, note 10. — Valette, *Explication sommaire*, pp. 10 et 11. — Valette, *Cours de Code civil*, édition 1873, t. I, pp. 47 et 48.

venons de dire : de ce que l'individu qui réclame le bénéfice de l'article 9 est rétroactivement réputé Français,
du jour de sa naissance, il ne faut pas conclure qu'il
pourrait escompter en quelque sorte ce privilége, et en
tirer profit avant de l'avoir réclamé. Le tribunal de la
Seine avait admis cet effet exagéré de la rétroactivité en
faveur de celui qui était né sur le sol français de parents
étrangers ; ainsi des jeunes gens se trouvant dans ces
conditions obtenaient le droit de se présenter au concours
d'entrée à l'école de Saint-Cyr, où il n'y a que les Français qui sont admis. Mais la Cour de cassation (1) a réformé
peu de temps après cette décision du tribunal, en la re-
poussant comme une exagération de la rétroactivité.

Telle était la législation du Code à l'égard de ceux
qui réclament la qualité de Français, *jure soli ;* ils ne
l'ont pas de plein droit, mais ils l'obtiennent en faisant
leur déclaration dans l'année qui suivra leur majorité.
Il y avait donc une déchéance, si la déclaration n'était
pas faite dans ce délai fatal d'une année ; c'est peut-
être un peu rigoureux ; cette rigueur fut adoucie par
une loi postérieure à l'égard de certaines personnes.

La *loi du 22 mars* 1849 modifia sur ce point l'article 9 du Code. Voici quels sont les termes de l'article
unique de cette loi : « L'individu né en France d'un
étranger sera admis, *même après l'année qui suivra l'époque de sa majorité,* à faire la déclaration prescrite par
l'article 9 du Code Napoléon, s'il se trouve dans l'une
des conditions suivantes :

(1) Cassation, 31 décembre 1860 (Dalloz, 1861, 2, 209), affaire Ste-
pinski. — Demolombe, *loc. cit.,* § 165 *bis,* t. I, p. 192.

« 1° S'il sert ou s'il a servi dans les armées françaises de terre ou de mer ;

« 2° S'il a satisfait à la loi du recrutement, sans exciper de son extranéité. »

En décidant ainsi, la loi de 1849 rend justice à ceux qui supportent les charges comme les Français ; il est juste que celui qui ne recule pas devant les charges en ait aussi les droits ; d'autant plus, comme le fait très-bien remarquer M. Valette (1), que s'il ne les a pas réclamés en temps utile, c'est vraisemblablement par oubli, ou par ignorance. La plupart de ces individus se croyaient peut-être Français ; et c'est par suite de cette erreur qu'ils ont négligé de faire la déclaration prescrite par l'article 9 du Code. Il aurait été excessivement rigoureux de les mettre dans la condition des étrangers, parce qu'ils ont négligé de faire cette déclaration, et quand la cause de cette négligence n'est généralement que l'oubli ou l'ignorance. Et puis, quelle meilleure preuve de l'attachement de cet individu à la France, que celle d'avoir servi dans l'armée, d'avoir payé l'impôt du sang, comme dit un célèbre auteur ?

Voilà pourquoi la loi de 1849 accorde un délai illimité aux individus nés en France de parents étrangers et qui ont satisfait au service militaire ; ceux-ci peuvent faire la déclaration dont il est question dans l'article 9, à quelque époque que ce soit, et ils deviendront rétroactivement Français ; peut-être ne seront-ils obligés de la faire que si la qualité de Français leur est contestée.

(1) M. Valette, *Cours de droit civil*, édition 1873, t. I, p. 49.

Il y a cependant une sorte de contradiction entre la loi de 1849 et la loi sur le recrutement. En effet la loi du 21 mars 1832 décide que les individus nés en France de parents étrangers ne pourront satisfaire à la loi du recrutement qu'après la déclaration ; or, cette déclaration étant postérieure à l'âge de la conscription, il paraît que les individus dont nous nous occupons n'ont jamais pu servir dans l'armée. On a répondu que l'harmonie, en effet, n'est pas parfaite entre la loi de 1849 et la loi de 1832 ; mais qu'en réalité la loi de 1849 n'est pas sans objet : elle envisage tous ceux qui par erreur, ou autrement, ont été incorporés dans l'armée française, ou du moins ceux qui ont été appelés à courir les chances du tirage au sort (1).

Dans cet ordre d'idées, il y a une question pratique, qui a été très-discutée dans ces dernières années : on s'est demandé si l'individu né en France d'un père étranger qui, dans sa vingtième année, a excipé de son extranéité pour se soustraire à la loi du recrutement, et qui n'a pas, dans l'année qui suit sa majorité, réclamé la qualité de Français, pourrait la réclamer plus tard, en vertu de la loi de 1849, s'il satisfait après sa majorité à la loi du recrutement (2). Voici un cas de cette nature, sur lequel sont intervenues plusieurs décisions dans la jurisprudence. Un sieur Sioen fut nommé en 1866 membre du conseil d'arrondissement de Roubaix ; M. Sioen était né en France de parents étrangers,

(1) Demolombe, *Cours de Code Napoléon*, livre I, titre I, ch. I, n° 163 bis, édition 1874, t. I, pp. 185 et 186.

(2) Il y a sur cette question un intéressant article de M. Massenat-Déroche, publié en 1870 dans la *Revue pratique de Droit français*, t. XXIX, pp. 19 et suiv.

mais en 1855 quand il se vit inscrit sur les listes du contingent militaire, il excipa de sa qualité d'étranger pour se faire rayer de ces listes ; il s'était donc rendu incapable de réclamer ultérieurement le bénéfice accordé par la loi de 1849. Quand il fut élu conseiller d'arrondissement, deux électeurs lui contestèrent la qualité de Français, en lui reprochant sa radiation des listes du contingent militaire en 1855, avant sa majorité. M. Sioen répondait à cette contestation qu'avant sa trentième année, qui d'après la loi de 1832 est la limite d'âge pour satisfaire à la loi du recrutement, il s'était fait inscrire sur les listes du contingent militaire, se soumettant ainsi aux chances du tirage au sort ; il prétendait donc que cela avait suffi pour lui conserver le droit de réclamer le bénéfice de la loi de 1849 ; fondé sur ce droit, en 1864, il avait adressé au ministère de la justice sa demande accompagnée des déclarations prescrites par la loi.

L'affaire vint le 20 novembre 1867 devant le tribunal de Lille, qui rendit un jugement affirmatif, décidant que le seul fait de sa radiation de la liste du contingent ne suffisait pas pour lui enlever à tout jamais le bénéfice de la loi de 1849. La Cour de Douai (1) confirma ce jugement du tribunal de Lille, par un arrêt en date du 10 février 1868. Mais l'arrêt de la Cour de Douai fut cassé pour vices de forme, et l'affaire fut renvoyée devant la Cour d'Amiens, qui, par l'arrêt du 25 novembre 1868, infirma le jugement du tribunal de Lille, et décida que le sieur Sioen ne pouvait se prévaloir de

____

(1) Arrêt de la cour de Douai, du 10 février 1868 (Devilleneuve, 1869, 2, 140).

la qualité de Français. Celui-ci s'étant pourvu en cassation (1), la Cour suprême a rejeté le pourvoi, en confirmant, le 27 janvier 1805, l'arrêt de la Cour d'Amiens. La jurisprudence fixée sur ce point admet donc que celui qui n'a pas satisfait à temps à la loi du recrutement, et qui n'a pas réclamé dans l'année qui a suivi sa majorité la qualité de Français, ne pourra plus bénéficier de la loi de 1819, même si plus tard il avait satisfait à la loi du recrutement. Cette doctrine fut consacrée de nouveau par la Cour de cassation en 1872 (2), dans l'affaire Sangalli.

Le système est sans doute très-logique, mais peut-être un peu rigoureux pour les étrangers ; aussi a-t-il été combattu par certains auteurs. Les lois qui ont trait à l'acquisition de la qualité de Français, disent-ils, sont des dispositions de faveur, dictées le plus souvent par des raisons politiques ; on ne comprendrait donc pas tant de rigueur envers celui qui a excipé à la légère de son extranéité, à un âge où la réflexion ne tient pas une place assez large, surtout quand il est revenu postérieurement sur sa décision, en se soumettant aux lois militaires et en réclamant avec assiduité la nationalité française. Nous sommes en présence d'un individu qui a excipé de son extranéité, sans trop réfléchir, à un âge assez jeune, mais qui recherche la qualité de Français, dès que la réflexion est venue ; il ne faut pas s'en tenir à son premier acte, et il ne faut considérer que le second, d'autant plus que la loi même ne

<hr>

(1) Arrêt de la cour d'Amiens, du 23 novembre 1868 (Devilleneuve, 1869, II, 1). — Cassation, 27 janvier 1869 (Dev., 1869, I, 129).
(2) Cassation, 16 avril 1872 (Devilleneuve, 1873, I, 418).

détermine pas l'époque, à laquelle l'individu en question aura servi dans l'armée. La loi de 1849 accorde une faveur à ceux qui auront servi dans les armées françaises ; mais elle ne fixe aucune limite d'âge pour le service militaire, et aucun délai pour réclamer le bénéfice qu'elle accorde. Or, se soumettre à la chance du tirage au sort, équivaut au service militaire ; on ne comprendrait donc pas pourquoi l'individu né en France d'un étranger, qui s'est fait inscrire sur les listes du contingent postérieurement à sa majorité (1), n'aurait pas le droit de bénéficier de la loi de 1849.

Mais le système de la jurisprudence est défendu par des considérations bien plus concluantes. Voici le principal argument, invoqué par M. Demolombe, qui s'est fait le partisan de ce système : L'individu né en France d'un père étranger ne peut réclamer la qualité de Français, qu'en vertu soit de l'article 9, soit de l'article unique de la loi de 1849, en remplissant, bien entendu, la condition sous laquelle ces textes lui confèrent la qualité de Français. Or, dans notre hypothèse, l'individu dont il s'agit ne peut invoquer aucun de ces textes de loi. Il ne peut invoquer l'article 9 du Code, parce qu'il n'a pas réclamé la nationalité française, dans l'année qui suivait sa majorité. Il ne peut invoquer la loi de 1849. parce qu'il a excipé de son extranéité pour se soustraire à la loi du recrutement, et que l'individu en question, aux termes de cette loi, ne peut en bénéficier que « s'il a satisfait à la loi du recrutement, *sans ex-*

<hr>

(1) M. Massenat-Déroche, *Revue pratique, loc. cit.*

ciper de son extranéité (1). » Il nous semble que cet argument est péremptoire !

A ces considérations qui justifient assez le système que nous admettons on pourrait ajouter encore une raison d'équité. En effet, en admettant que l'individu né en France de parents étrangers puisse refuser, à sa vingtième année, de remplir les charges imposées par la loi de recrutement, et qu'il ne perdrait rien, on lui crée une situation meilleure que celle qui est réservée aux Français de naissance ; vu que ceux-ci sont obligés de se soumettre à la loi à une époque fixe, sans pouvoir s'y soustraire. Or, il est impossible d'admettre que la loi ait voulu favoriser ceux qui sont nés de parents étrangers, plus que les nationaux.

La *loi du 7 février* 1851 introduisit des modifications bien plus importantes au principe de l'article 9, nous pourrions dire qu'elle ne se borna pas à modifier seulement dans ses détails l'article 9, comme l'avait fait la loi précédente, mais elle y apporta même une innovation. Cette loi est relative aux individus nés en France de père étranger, qui lui-même y est né ; elle accorde à ces individus non-seulement le privilége d'*obtenir* facilement la nationalité française, mais elle leur confère de plein droit la qualité de Français, si, dans l'année qui suivra leur majorité, ces individus ne réclament pas leur qualité d'étrangers devant l'autorité municipale de leur résidence, ou devant les agents diplomatiques accrédités en France par le gouvernement du pays dont ils revendiquent la nationalité.

(1) Demolombe, *Cours de Code civil*, livre I, titre I, chap. i, n° 163 ter, édition 1874, t. I, p. 186 et 187.

Nous n'envisageons ici qu'un côté de cette loi, l'article 1er; nous nous occuperons plus loin de sa seconde partie. Voici quels sont les termes de l'article 1er:

« Est Français tout individu né en France, d'un étranger, qui lui-même y est né, à moins que, dans l'année qui suivra l'époque de sa majorité, telle qu'elle est fixée par la loi française, il ne réclame la qualité d'étranger par une déclaration faite, soit devant l'autorité municipale du lieu de sa résidence, soit devant les agents diplomatiques ou consulaires accrédités en France par le gouvernement étranger. »

Voilà donc le *jus soli* érigé de nouveau en privilége, qui confère de plein droit la qualité de citoyen! Il faut remarquer, en effet, que la loi de 1851 n'exige que le fait de la naissance sur le sol français; aucune condition de résidence n'y est exigée, ni de la part de l'individu qui invoque ce privilége, ni de la part de son auteur. Et ce silence sur la question de résidence, ce n'est pas un oubli, mais un silence intentionnel; M. Benoît Champy, le rapporteur de cette loi, le dit clairement; car, la condition de résidence était exigée par le projet de la part du père de celui qui invoque l'application de la loi de 1851 : celui-ci devait résider en France ou être décédé y résidant. Mais la commission supprima cette condition, afin d'éviter les difficultés, souvent délicates à résoudre, que soulèvent les questions de résidence. C'est donc au seul fait de la naissance sur le sol français, que se rattache le privilége accordé par la loi de 1851; l'individu en question et son père ne seraient-ils qu'accidentellement nés en France, par exemple en voyage, on peut tout de même invoquer l'application de la loi.

Ce retour au privilége attaché exclusivement au *jus soli*, a paru un peu exagéré à certains auteurs, pour nos temps de civilisation moderne, où les questions de nationalité ne devraient plus être tranchées par le seul fait de la naissance, qui souvent n'est qu'un effet du hasard. Aussi, un auteur célèbre et un illustre professeur de la Faculté — nous voulons nommer M. Demolombe et M. Beudant (1) — ont-ils critiqué le législateur de n'avoir tenu aucun compte de la résidence.

Une remarque est nécessaire sur la rédaction de cette loi de 1851 : «*Est Français* tout individu né en France...» dit l'article 1ᵉʳ de cette loi ; en le citant, nous avons souligné ce mot à dessein. Le projet de la commission portait : *sera Français...* Ce changement du temps futur au présent fut opéré à la suite d'un amendement proposé par notre savant maître M. Valette, alors député ; et l'article 1ᵉʳ fut rédigé en conséquence, tel qu'il se trouve maintenant dans la loi. Le but de ce changement était d'étendre la faveur de la loi de 1851 non-seulement aux enfants qui naîtraient à l'avenir, dans les conditions voulues, mais aussi aux enfants déjà nés au moment de la promulgation de cette loi, pourvu qu'ils se trouvassent encore dans le délai fixé par l'article 9 du Code ; il importe d'ajouter cette réserve, car les individus nés en France de parents étrangers, qui, au moment de la promulgation de la loi de 1851, avaient encouru la déchéance dont il est question dans l'article 9, étaient

---

(1) M. Beudant, *Revue critique de législation*, année 1856, t. IV, p. 70. — Demolombe, t. I, n° 165 *quinto*, p. 195 et 196.

devenus étrangers aux yeux de la loi « *par une sorte de déclaration négative,* » comme dit M. Demolombe. La loi de 1851, telle qu'elle est rédigée, a un effet rétroactif qui s'étend aux personnes déjà nées au moment de sa promulgation ; mais cette rétroactivité ne contrevient point aux principes ; car elle n'enlève pas un *droit acquis*, mais elle accorde une *faveur* aux personnes nées de parents étrangers sur le territoire français ; libre à ces personnes d'user de la faveur accordée par la loi, ou de réclamer la qualité d'étranger, dans l'année qui suivra leur majorité (1).

Comme nous le voyons, la loi de 1851 est en quelque sorte la contre-partie de l'article 9 ; d'après cet article, l'individu né en France de parents étrangers, est étranger sous condition suspensive, et ne devient Français qu'après l'accomplissement de cette condition, qui consiste dans la réclamation de la nationalité française dans l'année qui suit sa majorité. D'après la loi de 1851, l'individu né en France d'un père étranger, qui lui-même y est né, est Français sous condition résolutoire ; il ne perd cette qualité, et par conséquent il ne devient étranger qu'après l'accomplissement de cette condition, qui consiste dans la réclamation de la qualité d'étranger durant l'année qui suivra sa majorité.

De ce que les individus dont il est question dans l'article 1er de la loi de 1851 *sont Français*, du moins sous condition résolutoire, on peut tirer deux conséquences : *a) pendente conditione*, ils pourront jouir de tous les avantages attachés à la qualité de Français ;

____

(1) Demolombe, *loc. cit.* — M. Dubnoir, à son cours.

b) en revanche, ils doivent aussi en supporter les charges. La première de ces conséquences ne fait pas de difficulté, et elle est admise par les auteurs sans contestation; ainsi personne ne refuse aux jeunes gens qui peuvent invoquer le bénéfice de la loi de 1851, le droit d'être admis dans l'École polytechnique par exemple, ou à l'École militaire de Saint-Cyr. Mais la seconde conséquence a été contestée.

Au premier abord, il semble qu'on ne devrait pas hésiter; il est logique que celui qui tire un certain profit en jouissant de la qualité de Français, doit par contre-coup supporter les charges attachées à ce titre, et notamment de satisfaire au service militaire. Telle est l'opinion de M. Valette, qui fut un des auteurs de la loi de 1851 (1); M. Demangeat s'est rallié à cette opinion, qui fut aussi consacrée en jurisprudence par un arrêt célèbre de la Cour de Douai.

D'autres auteurs, parmi lesquels M. Demante, ont soutenu au contraire que : les individus envisagés par la loi de 1851 ne pouvaient être obligés à supporter les charges attachées à la qualité de Français, spécialement le service militaire, qu'après être déchus du droit de réclamer la qualité d'étrangers. On invoque, à l'appui de cette opinion, les paroles prononcées par M. Benoît Champy, le rapporteur de la loi de 1851 : «La commission a voulu, dit-il, laisser à la loi spéciale sur le recrutement, le soin de régler l'appel et *le tirage au sort*

(1) M. Valette, *Explication sommaire* du livre I, p. 11. — M. Demangeat, annotations sur Fœlix, *Droit international*, t. I, page 76, note *a*. — Arrêt de la cour de Douai, du 18 décembre 1851 (Deville-neuve, 1855, 2, 263).

des étrangers devenus Français, faute d'une déclaration d'extranéité, de même qu'ils sont réglés par l'article 3 de la loi du 21 mars 1832, en ce qui concerne les étrangers devenus Français par l'effet de la déclaration prescrite par l'article 9 du Code Napoléon. » —On conclut de là qu'on ne peut pas appliquer l'obligation du service militaire à celui qui n'est pas déchu du droit de réclamer la qualité d'étranger, *pendente conditione*, il ne supporte pas les charges. Cette dernière opinion triompha, et à la suite de la dernière guerre elle fut consacrée par la loi du 27 juillet 1872. Voici les termes de l'article 9 de cette loi récente sur le recrutement : « Les individus déclarés Français en vertu de l'article 1ᵉʳ de la loi du 7 février 1851 concourent, dans le canton où ils sont domiciliés, au *tirage qui suit l'année de leur majorité* (1), s'ils n'ont pas réclamé leur qualité d'étrangers, conformément à la loi. « Ainsi, aujourd'hui la question ne fait plus de doute; on fait aux individus en question la plus belle part, tant qu'ils sont en droit de réclamer leur extranéité, c'est-à-dire jusqu'à l'expiration de leur vingt-deuxième année, ils jouissent des avantages attachés à la qualité de Français, sans être obligés d'en supporter les charges.

SECTION II

DES ENFANTS NÉS D'UN FRANÇAIS QUI A PERDU CETTE QUALITÉ.

Le législateur ne pouvait pas se montrer indifférent envers les enfants dont les parents sont d'origine fran-

(1) M. Demante, *Cours analytique de Code civil*, t. II, *Appendice*, n° 315 bis. — Loi du 27 juillet 1872, *Sur le recrutement de l'armée*, art. 9.

çaise, quoique ceux-ci aient abandonné leur nationalité. Issus d'une famille qui a été française, ces enfants ont du sang français, et ils doivent être Français aussi par le cœur et les sentiments. Cette faveur qu'on doit accorder au droit du sang, *jus sanguinis*, fut reconnue même dans l'ancien droit, quoique l'idée de territorialité prédominât. D'après le témoignage de Bacquet (1), l'enfant de l'ex-Français était placé dans une situation exceptionnelle; il n'était point assimilé à l'étranger, qu'il fût conçu avant ou après l'expatriation de celui de ses parents dont il suivait la nationalité. Au contraire, l'enfant de l'ex-Français était placé au même rang que ses frères ou sœurs conçus et nés avant l'expatriation de leur auteur; l'acte de ses parents ne pouvait point lui être nuisible; il pouvait donc concourir avec ses sœurs et frères français, aux successions qui s'ouvraient en France à leur profit. Pour devenir Français eux-mêmes, il leur suffisait de fixer leur domicile en France et de se faire délivrer des *lettres de déclaration* qui leur accordaient, par une sorte d'effet rétroactif, tous les droits des citoyens français originaires; du reste ces lettres servaient plutôt à prévenir les contestations qui auraient pu s'élever sur leur nationalité, qu'à leur accorder un droit qui était réputé leur appartenant.

Cette idée de faveur à l'égard des enfants de l'ex-Français passa dans la législation moderne, et c'est justice! Les enfants ne doivent pas subir les conséquences fâcheuses du caprice ou de la faute du père, ils sont

____

(1) Bacquet, *Droit d'aubaine*, partie V, chap. xi, n° 26.

Français de sang et de cœur, il serait peu charitable de leur refuser un titre qui leur appartient par la nature des choses, et qu'ils réclament avec insistance. Aussi voyons-nous, dans l'article 10, que le législateur leur accorde le bénéfice de l'article 9, même quand les enfants de l'ex-Français sont nés sur un territoire étranger. «Tout enfant, dit l'article 10, né en pays étranger d'un Français qui aurait perdu la qualité de Français, pourra toujours recouvrer cette qualité en remplissant les formalités prescrites par l'article 9. »

Faisons d'abord quelques observations sur la rédaction de cet article. Par l'expression « tout *enfant* » , la loi a voulu désigner l'enfant au premier degré ; lui seul est privilégié, les descendants des degrés inférieurs restent dans le droit commun, parce qu'on ne pourrait pas dire qu'ils sont nés d'un ex-Français; le législateur aurait sans doute employé l'expression *descendant*, s'il avait voulu étendre ce privilége aux degrés inférieurs. Les enfants dont nous parlons, seraient Français, si leur auteur n'avait pas renoncé à la nationalité française; mais celui-ci ayant renoncé et étant devenu étranger, ils sont étrangers comme lui; ils ne deviennent Français que par une naturalisation résultant du bienfait de la loi. Cette faveur de la loi leur est accordée par des considérations fondées sur le *jus sanguinis*; aussi, peuvent-ils *toujours* réclamer la qualité de Français en faisant la déclaration prescrite par l'article 9; ils le peuvent toujours, c'est-à-dire à toute époque de leur vie, même après leur majorité. Mais il ne faut pas conclure de ce mot *toujours*, que les enfants de l'ex-Français puissent réclamer cette qualité, avant la majorité; malgré l'autorité de ceux qui ont admis cette conséquence, nous n'hésitons pas à dire qu'elle serait en contradiction avec l'idée que le changement de nationalité exige une idée libre et bien réfléchie, qui n'est jamais présumée exister chez les mineurs (1).

Les mots *en pays étranger*, ont donné lieu à une petite difficulté; on s'est demandé si par *à contrario* on devrait refuser le privilége de notre article, à l'enfant *né en France* d'un ex-Français. Ce dernier n'étant pas régi par l'article 10, qui parle de l'enfant de l'ex-Français né en pays étranger; n'étant pas non plus régi par l'article 9, qui s'applique à l'enfant né en France d'un étranger, n'était-il pas Français immédiatement? Non ; il n'est pas Français de naissance parce que l'enfant envisagé par l'article 10, est l'enfant d'un étranger, qui a été Français jadis, mais qui ne l'est plus. Il n'est pas Français même sous condition résolutoire, comme les enfants qui invoquent la loi de 1851 ; parce que cette loi ne concerne pas ceux qui ne sont pas nés en France.

Mais alors, la loi étant muette sur les enfants nés en France d'un ex-Français, comment feront-ils pour devenir Français? La réponse n'est pas difficile; elle se tire par *à fortiori* des articles 9 et 10. En effet, si l'article 9 accorde un certain privilége aux individus nés en France d'un étranger; à plus forte raison doit-on l'accorder aux individus nés en France d'un ex-Français; il y a en faveur de ces derniers non-seulement la consi-

---

(1) Guichard, *Traité des droits civils*, n° 70, et Delvincourt, p. 193, note 7, 2ᵉ édition, admettent l'affirmative. — *Contrà*, Demolombe, *op. cit.*, n° 166, édition 1874, t. I, p. 198. — Aubry et Rau, 4ᵉ édition, t. I, p. 120, note 15.

dération de l'attachement présumé, que chacun doit avoir pour le lieu de naissance ; mais encore l'idée qu'on doit aimer le pays qui a été la patrie de ses ancêtres, et auquel se rattachent tant de souvenirs de famille. — De plus, les enfants d'un ex-Français nés en France auront aussi la ressource de l'article 10 ; car, si la loi accorde un privilége à ceux qui sont nés à l'étranger, à plus forte raison doit-on l'accorder à ceux qui sont nés en France ; l'attachement de ces derniers à la France est évident, non-seulement par les souvenirs de famille et par le droit du sang, mais encore par l'affection qu'on a pour le pays où on a reçu le jour.

Les enfants nés d'un ex-Français en France, auront donc le choix entre l'article 9 et l'article 10 ; ils invoqueront l'article 9 s'ils réclament la qualité de Français dans l'année qui suivra leur majorité ; ils invoqueront l'article 10, s'ils ont laissé passer cette année sans avoir réclamé le titre de citoyen français. Si l'article 10 ne parle que des enfants de l'ex-Français nés en pays étranger, c'est qu'elle décide sur le *quod plerumque fit* (1) ; car ceux qui auront perdu la qualité de Français habitent généralement des pays étrangers.

Quant à l'expression *recouvrer*, dont se sert l'article 10, elle n'est pas très-heureuse ; on ne peut recouvrer qu'une qualité qu'on a jadis possédée, et qu'on aura perdue par la suite, ce qui n'est pas notre hypothèse. Marcadé a essayé de la justifier, en disant que le législateur regarde en quelque sorte cet enfant, comme ne

____

(1) Aubry et Rau, sur Zachariæ, 4ᵉ édition, t. I, p. 212, note 18. — Demante, *Cours analytique de Code civil*, t. I, nᵒ 20 *bis*, p. 72. — Demolombe, t. I, p. 198, nᵒ 166, édition 1871.

faisant qu'une seule et même personne avec son père. Mais MM. Aubry et Rau repoussent cette justification, et regardent l'emploi de l'expression *recouvrer*, comme évidemment forcé ; cet enfant est issu d'un ex-Français qui est étranger actuellement ; enfant d'étranger, il est étranger lui-même ; en devenant Français, il ne *recouvre* pas une qualité qu'il aurait perdue ; mais il *acquiert* une qualité qu'il n'a jamais possédée (1).

L'acquisition de la qualité de Français, d'après l'article 10, n'a pas d'effet rétroactif ; l'individu, qui devient Français de cette manière, ne peut s'en prévaloir que pour l'avenir ; l'article 20 s'explique clairement sur ce point. Cette disposition est parfaitement en harmonie avec l'article 10, qui accorde aux individus nés d'un ex-Français le privilége de réclamer *toujours* la qualité de Français ; il n'y avait aucun danger de faire cesser l'incertitude sur la nationalité de ces individus, puisque leur naturalité ne rétroagit point ; au contraire, le danger dont nous parlons, serait évident, si on ne limitait pas le délai pour réclamer la qualité de Français, pour ceux qui invoquent l'article 9, car leur naturalisation rétroagit ; telle est du moins l'opinion qui a prévalu sur ce dernier point, quoique la question soit très-controversée.

Une autre difficulté qui s'est élevée sur l'étendue du privilége accordé par l'article 10, est la suivante : cet article accorde une faveur à l'enfant né d'un *ex-Français* ; devons-nous l'étendre à l'enfant né d'une *ex-Française* ? Ainsi, une femme française a épousé un étranger ; elle devient étrangère en vertu de l'article 12 ; on s'est demandé si

---

(1) Aubry et Rau, *loc. cit.*, p. 240, note 11.

le bénéfice de l'article 10 pourrait être invoqué par l'enfant qui naît de ce mariage. On a soutenu la négative, en invoquant le principe que c'est la paternité qui décide exclusivement sur la question de nationalité ; la femme, les enfants ont la nationalité du père de famille. Il est sans importance, dit-on, de savoir ce qu'a été la mère avant son mariage ; on cherche ce qu'elle est au moment de la naissance de l'enfant. Et puis, l'article 10 ne parle que de l'enfant né d'*un Français* qui aurait perdu cette qualité ; or, *privilegia strictissimi juris sunt;* on n'étend pas les faveurs aux personnes qui ne sont pas énumérées dans la loi. L'opinion contraire a cependant prévalu; il ne faut pas jouer sur les mots ; le mot *Français* s'applique à la femme, aussi bien qu'à l'homme : *genus masculinum complectitur femininum.* Cette seconde opinion est conforme à l'esprit de la loi ; l'enfant dont nous parlons a du sang français dans les veines, il se rattache à des familles françaises par sa mère, il aime par conséquent la France autant que celui qui est issu d'un père ex-Français. Rappelons-nous ce que disait Trouchet sur ce point : « Un homme, disait-il, dont la famille est française et qui a du sang français dans les veines, doit-il être vu par nous avec la même indifférence que tout autre étranger? » Peu importe que ce sang soit mêlé de sang étranger ; il ne faut pas exclure du bénéfice de réclamer la qualité de Français l'enfant issu d'une femme ex-Française, pas plus que l'on n'exclut celui qui est issu d'un père ex-Français marié à une étrangère. Aucune bonne raison ne peut justifier cette distinction. Or, *ubi est eadem ratio, eadem legis dispositio;* il faut donc étendre le bénéfice de l'article 10 à l'enfant dont la mère a été Française, mais est devenue étrangère par son mariage avec un étranger (1).

Nous ne pouvons pas finir ce chapitre, sans exposer une controverse très-sérieuse qui s'est élevée sur l'article 10, et qui est d'autant plus intéressante qu'elle concerne le droit international. On s'est demandé si le bénéfice de l'article 10 peut être invoqué par l'enfant de celui qui n'est devenu momentanément Français que par la réunion de son pays à la France, et qui a cessé de l'être par la séparation de ce pays du territoire français. La négative est soutenue par M. Demangeat (2) et par les célèbres annotateurs de Zachariæ; l'affirmative a été soutenue avec beaucoup de talent par M. Mourlon dans une savante dissertation publiée en 1858 dans la *Revue pratique* (3).

Voici le cas qui s'est offert dans la pratique, et qui nous est présenté par M. Mourlon : Le sieur Ango Gaberaud, né à Morges, en Piémont, devint Français par la réunion de ce pays à la France, en vertu d'un sénatus-consulte du 11 septembre 1802; peu de temps après, il s'établit dans une petite ville du Pas-de-Calais, à Huby-Saint-Leu, où il épousa une femme née Française. Le traité de paix du 30 mai 1814 rendit le Piémont au roi de Sardaigne; une loi transitoire du 11 octobre 1814 accordait un délai aux Piémontais qui

<hr>

(1) Demante, *Cours analytique de Code civil*, sur l'article 10, t. I, p. 72, n° 20 bis, III. — Demolombe, t. I, p. 199, n° 167, édition 1874. — Aubry et Rau, sur Zachariæ, 4° édition, § 70, t. I, p. 241, note 17.

(2) M. Demangeat sur Fælix, *Droit international*, t. I, p. 214, note 12. — Aubry et Rau, 4° édition, t. I, § 70, p. 240, note 12.

(3) *Revue pratique*, correspondance par M. Mourlon, année 1858, t. V., p. 215 et suiv.

voudraient opter pour la nationalité française. M. Gaberaud, est-ce par ignorance ou par négligence, ne se conforma pas à cette loi transitoire, et ne réclama pas l'ordonnance de déclaration de naturalité; il perdait donc la qualité de Français, et il rentrait dans la condition commune des autres Piémontais.

Il continua cependant de vivre comme par le passé à Huby-Saint-Leu, et en 1823 il eut un fils, Michel Gaberaud; en droit, cet enfant naissait étranger, puisque son père n'était plus Français depuis le traité de 1814. Comme il était né en France, celui-ci aurait pu réclamer la qualité de Français dans l'année qui a suivi sa majorité, conformément à l'article 9; mais il laissa passer cette année sans faire quelque démarche dans ce but. En 1857, se rendant cessionnaire d'une charge d'huissier, et devant régler la question de nationalité, il invoqua le bénéfice de l'article 10, comme enfant, né en France, d'un père qui avait perdu la qualité de Français. On se demanda s'il était en droit d'invoquer l'article 10, vu que son père n'avait été Français que momentanément.

Pour l'affirmative on a invoqué des arguments tirés de l'esprit de la loi, et des considérations civiles et politiques. Le père de cet individu a été Français, dit-on; l'enfant né en France se trouve donc dans les conditions exigées par l'article 10, et il peut invoquer le bénéfice de cet article; la loi n'en dit pas davantage. Pour le père, qu'importe s'il a été Français pendant une longue période d'années, ou seulement pendant un court intervalle? Ainsi le texte de la loi ne s'oppose point à cette solution. Et puis, l'individu, qui devient Français par l'incorporation de son pays à la France, est assimilé par les traités et par les lois aux Français naturels ; la France l'adopte, et en vertu de cette adoption il est censé avoir été Français dès le jour de sa naissance ; puis si, par des traités postérieurs, la portion de territoire annexé, est démembrée de la France, les habitants originaires de ce territoire, ayant perdu la qualité de Français, leurs enfants sont étrangers, mais ils sont nés d'un ex-Français ; ils peuvent donc invoquer l'article 10, s'ils sont nés sur le territoire français.

Cependant la négative a prévalu : ceux qui deviennent Français par l'incorporation de leur pays à la France, n'acquièrent pas d'une manière définitive cette qualité, qui leur est concédée collectivement par les traités politiques ; cette qualité leur est acquise comme la conséquence nécessaire de l'annexion, et ne peut durer qu'autant que le fait qui la produit, durera lui-même. Le traité de cession leur fait perdre la qualité de Français, et dès que la séparation des territoires est rétablie, ils sont réputés être restés toujours sous l'autorité de leur souverain originaire, et par suite n'avoir jamais eu la qualité de Français. Par conséquent, leurs enfants ne pourront pas alléguer que leur père est un ex-Français, puisque la loi le considère comme ne l'ayant jamais été ; ces enfants ne peuvent donc pas invoquer le texte de l'article 10, s'ils sont nés en France ; ils n'auront que l'article 9, comme tous les autres étrangers nés en France. Du reste, il est bien évident que le législateur n'a eu en vue dans l'article 10, que les enfants des *Français d'origine*, — ayant perdu cette qualité volontairement, — enfants qui seuls peuvent invoquer la faveur attachée au sang français. Voici en effet, comment M. Treilhard justifiait ce bénéfice conféré par l'article 10 : *La France ne saurait leur* (aux enfants d'un ex-Français) *être hostile,* disait-il, *car c'est toujours du sang français qui coule dans leurs veines. L'inconstance ou l'inconduite du père n'en a pas tari la source* (1). C'est donc à cette considération d'origine que s'est attaché le législateur, en établissant le bénéfice de l'article 10 ; or, ceux qui n'ont été Français que momentanément, par une incorporation temporaire de leur territoire à la France, quand plusieurs générations d'ancêtres n'ont pas porté le titre de citoyens français, ne pourront pas dire qu'ils ont du sang français dans leurs veines ; par conséquent, si ces individus perdent la qualité de Français, de la même manière qu'ils l'ont acquise, leurs enfants ne pourront pas bénéficier de l'article 10.

<h2 style="text-align:center">SECTION III</h2>

LES ENFANTS DE L'ÉTRANGER NATURALISÉ.

Nous ne parlons ici que des enfants nés avant la naturalisation du père ; car les enfants dont la naissance est postérieure à cette naturalisation, naissent Français d'origine ; par conséquent il n'y a pas de doute sur la nationalité de ces derniers, ils sont Français de naissance.

Quant aux enfants nés avant la naturalisation du père, il faut distinguer suivant qu'ils sont mineurs ou ma-

_____

(1) Locré, *Lég.*, II, p. 319, n. 6, et p. 319, n. 4.

jeurs. Ici se place l'explication du deuxième article de la loi de 1851, dont nous avons parlé à propos de l'article 9. Voici les termes de l'article 2 de la loi de 1851 : « L'article 9 du Code Napoléon est applicable aux enfants de l'étranger naturalisé, quoique nés en pays étranger, s'ils étaient *mineurs* lors de la naturalisation. — A l'égard des enfants nés en France ou à l'étranger, qui étaient *majeurs* à cette même époque, l'article 9 du Code Napoléon leur est applicable, dans l'année qui suivra celle de ladite naturalisation. »

Prenons d'abord l'enfant mineur de l'étranger naturalisé. Sa naissance était sans doute antérieure à la naturalisation. Si cet enfant est né en France, il a, sans recourir à la loi de 1851, le bénéfice de l'article 9 ; dans l'année qui suivra sa majorité, il n'aura qu'à réclamer la qualité de Français, en faisant une déclaration conformément à l'article 9. S'il est né en pays étranger, il ne pourrait invoquer l'application de l'article 9, si la loi de 1851 n'était pas venue à son secours ; les enfants de l'étranger naturalisé, *quoique nés en pays étranger*, pourront néanmoins bénéficier de l'article 9. Cette disposition de la loi de 1851 confirme la solution, que nous avons donnée sur l'étendue des effets de la naturalisation ; évidemment la naturalisation du père ne produit aucun effet à l'égard de ses enfants, nés avant la naturalisation ; s'il en était autrement, ces enfants n'auraient pas besoin de réclamer en leur nom personnel la qualité de Français. Cependant, par la considération que le père est devenu Français, le législateur de 1851 regarda d'un œil favorable même les enfants : Ils ne deviendront pas Français, est-il dit, par cela seul que le père a été naturalisé, mais ils pourront réclamer le titre de citoyen, conformément à l'article 9, même s'ils ne sont pas nés en France; ils doivent donc réclamer ce titre dans l'année qui suivra leur majorité, en se conformant aux conditions voulues.

Supposons maintenant que l'enfant de l'étranger naturalisé soit majeur, au moment où la naturalisation du père a lieu. En ce cas, que l'enfant soit né en pays étranger ou en France, si on se tient dans les limites de l'article 9, on ne pourrait pas invoquer le bénéfice résultant de cet article; car, le délai qui est exigé sous peine de déchéance, est déjà expiré. Mais le législateur toujours bienveillant envers les personnes qui entrent dans cette catégorie ne pouvait pas les laisser sans protection : ces individus ont un titre de plus que les autres étrangers, pour mériter le titre de citoyens; c'est que leur père est lui-même Français. Aussi la loi du 7 février 1851. par une faveur exceptionnelle, les admet à réclamer la naturalisation, *dans l'année qui suit celle de la naturalisation du père.* Ils n'auront, pour cela, qu'à remplir les conditions prescrites par l'article 9, c'est-à-dire à déclarer l'intention de devenir Français et avoir effectivement un domicile en France; pour eux, point d'autorisation préalable pour établir leur domicile, et point de stage, comme pour les autres étrangers.

Une controverse s'est élevée sur l'article 2 de la loi de 1851; on s'est demandé quel était le sens de ces mots : *dans l'année qui suit celle de ladite naturalisation* (1). M. Demante, s'attachant au sens rigoureux de ces expres-

(1) Demante, *Cours analytique de Code civil,* t. II, n. 316 bis.

sions, a soutenu que l'année dont il est question, ne commence qu'après l'expiration d'une première année depuis la naturalisation. Cette opinion a le mérite d'être conforme au texte de la loi, mais elle est contraire à son esprit. En effet, M. Benoît Champy, le rapporteur de la loi de 1851, a formellement déclaré que l'année en question court *du jour où les lettres de naturalisation auront été accordées* (1). Aussi MM. Aubry et Rau nous disent sans hésiter, que les enfants de l'étranger naturalisé, déjà majeurs au moment où cette naturalisation a lieu, pourront faire la déclaration exigée par la loi, *dans l'année qui suit la naturalisation elle-même* (2), c'est-à-dire dans l'année qui suit la naturalisation du père. M. Demolombe, avec l'autorité qui se rattache à son nom, professe la même opinion ; quant au sens contraire qui semble résulter des expressions de la loi, M. Demolombe ajoute : *C'est par une pure inadvertance que la rédaction exprime une idée contraire* (3). Par conséquent, il ne faut pas faire la guerre aux mots, il ne faut pas les interpréter littéralement, quand l'esprit de la loi résulte si clairement des paroles de son rapporteur.

La question de rétroactivité de la naturalisation fut de nouveau mise en doute, à propos de ceux qui obtiennent la naturalisation conformément au second alinéa de l'article 2 de la loi de 1851. Nous avons discuté cette question d'une manière générale, et nous avons admis.

(1) Devilleneuve, 1851, 3e partie. *Lois annotées*, p. 21.
(2) Aubry et Rau, sur Zachariæ, 5e édition, § 70, t. I, p. 242.
(3) Demolombe, *Cours de Code Napoléon*, liv. I, tit. 1er, chap. 1, n. 165 sexto, B, édition 1874, t. I, p. 197.

que la naturalisation obtenue en vertu de l'article 9
rétroagit. Nous maintenons cette solution, à l'égard de
ceux qui deviennent Français en vertu de l'article 2 de
la loi de 1851, mais avec un tempérament ; les effets
rétroactifs de la naturalisation en ce cas ne pourront
remonter qu'au jour de la naturalisation du père. Il serait bien bizarre de faire remonter les effets de cette naturalisation plus loin ; car, il en résulterait que les individus dont nous nous occupons auraient été Français,
dès avant même la naturalisation de leur auteur, par
suite de laquelle ils le deviennent ! Or, personne ne va
jusque-là (1).

SECTION IV

DE LA FEMME ÉTRANGÈRE QUI ÉPOUSE UN FRANÇAIS

Le mariage avec un Français est pour les femmes
étrangères une cause d'acquisition de la nationalité française, qui opère ce changement de nationalité d'une manière bien plus directe que les modes précédents. *L'étrangère qui aura épousé un Français*, dit l'article 12, *suivra
la condition de son mari*. La femme étrangère, qui
aura épousé un Français, devient Française par le fait
seul du mariage, sans aucune déclaration, ni aucune autre formalité préalable. Cette disposition
trouve sa raison d'être dans la considération que, par
le mariage, la femme confond sa destinée avec celle du
mari ; elle consent à partager tout avec son mari, même
la nationalité ; son mari étant Français, elle devient

(1) Aubry et Rau, sur Zachariæ, *loco citato*. — Demolombe, *ibid.*,
n. 163, *septimo*.

donc Française comme lui. Cet effet du mariage se produit nonobstant toute stipulation contraire de la part de la future épouse; statuant sur la nationalité et par conséquent sur l'état de la personne, l'article 12 est une mesure d'ordre public; or, l'article 6 du Code civil défend aux parties de déroger par des conventions particulières aux dispositions qui intéressent l'ordre public. C'est donc en vain que la femme étrangère qui épouse un Français déclarerait vouloir conserver sa nationalité d'origine; une pareille dérogation à la disposition de l'article 12 n'est point valable aux yeux de la loi (1).

L'article 12 produit ses effets, bien même que les lois du pays de la femme en question lui conservassent sa nationalité étrangère; les lois françaises n'admettent pas la double nationalité d'une personne. Ce principe fut formellement exprimé, en 1848, dans la correspondance devenue célèbre entre M. Crémieux, alors ministre de la justice de la République française, et lord Brougham d'origine anglaise, qui voulait obtenir la naturalisation en France. « La France, lui disait M. Crémieux dans une lettre du 12 avril 1848, n'admet pas qu'un citoyen français soit en même temps citoyen d'un autre pays. Pour devenir Français, il faut que vous cessiez d'être Anglais. Vous ne pouvez être Anglais en Angleterre et Français en France; nos lois s'y opposent absolument (2)..... » Or, le même principe trouve son application, quant au changement de nationalité de la femme

(1) Demolombe, édition 1874, t. I, p. 201, n. 168. — Aubry et Rau, sur Zachariæ, 4e édition, § 74, t. I. p. 266 et note 1. — Valette, *Cours de Code civil*, 1873, t. I, p. 51.
(2) Martens, *Nouveau Recueil général*, par Murhardt, t. XI, p. 636.

étrangère qui épouse un Français; si la loi de son pays lui conserve la qualité d'étrangère, la loi française s'y oppose formellement; la femme est censée ne pas ignorer que par son mariage avec un Français, elle perd sa nationalité et devient Française; du moment qu'elle consent au mariage, elle doit en subir les conséquences.

On est allé même plus loin avec les effets absolus de l'article 12; des décisions récentes de la jurisprudence ont accordé à la naturalisation, obtenue comme conséquence nécessaire du mariage, des effets rétroactifs. Le tribunal de la Seine jugea, en 1869, qu'une femme née d'un père russe, mariée à un Français, avait été investie de la qualité de femme française, non-seulement du jour de cette union, mais rétroactivement du jour de sa naissance (1).

Mais pour produire des effets aussi importants, il faut que le mariage de la femme étrangère avec le citoyen français soit valablement contracté. Le mariage nul ne pourra produire aucun effet, *quod nullum est nullum producit effectum,* que la femme ait été de bonne foi ou de mauvaise foi; » l'aliénation de sa nationalité est virtuellement subordonnée à la validité du mariage, qui seul la produit, dit M. Demolombe en parlant de la femme française qui épouse un étranger; par analogie de motifs, nous appliquerons cette décision au cas où une femme étrangère épouse un Français. Si le mariage est annulable, tant que la nullité n'aura pas été prononcée, la femme jouira de la qualité de Française;

---

(1) Jugement du tribunal de la Seine du 13 avril 1869, *Gazette des Tribunaux,* 18 avril de la même année. — Lawrence, sur Wheaton, *Droit des Gens,* t. III, p. 210.

mais dès que le mariage est déclaré nul, les choses seront rétablies dans le même état qu'avant la célébration du mariage; la femme sera censée n'avoir jamais été Française.

Des auteurs considérables, entre autres MM. Aubry et Rau (1), ont appliqué cette décision absolue, même au cas de mariage putatif, malgré les articles 201 et 202 desquels il résulte que le mariage putatif produit tous les effets civils tant à l'égard des époux qu'à l'égard des enfants. Le changement de nationalité de la femme étrangère est un effet tout particulier du mariage, dit-on, qui se produit de plein droit, indépendamment de la volonté de l'époux, et par conséquent qui ne peut résulter que d'un mariage valable. Il est cependant bien difficile d'admettre cette décision, en face des articles 201 et 202 qui disent expressément le contraire; en effet, le changement de nationalité de la femme est un effet du mariage: mais l'article 201 dit que le mariage produit ses effets, quand il a été contracté de bonne foi; on serait donc en contradiction avec la loi si on voulait lui nier un de ses effets, tel que le changement de nationalité de la femme, quand celle-ci est de bonne foi (2).

Ce changement de nationalité à l'égard de la femme étrangère qui épouse un Français, étant un effet du mariage, on s'est demandé si cet effet cesse dès que le mariage est dissous, par exemple après la mort du mari. Le doute est venu de l'article 19, qui dans l'hypothèse

(1) Aubry et Rau, sur Zachariæ, § 73, 4ᵉ édition, t. I, p. 266 et note 4.

(2) Demolombe, *Cours de Code Napoléon*, édition 1875, t. I, n. 183, p. 227.

inverse décide que, la femme française devenue étrangère par son mariage avec un étranger, reprend la qualité de Française dès qu'elle rentre en France, et déclare l'intention d'y résider avec la permission du chef de l'État. On conclut de là, que la femme étrangère devenue Française par le mariage reprend sa nationalité dès que le mariage est dissous et qu'elle réside à l'étranger (1).

Cependant l'opinion contraire a prévalu. Sans compter que pour la femme étrangère, qui épouse un Français, il n'existe pas de disposition analogue à celle de l'alinéa 2 de l'article 19, il faut remarquer que, même la femme française devenue étrangère par le mariage, ne reprend pas sa qualité de plein droit. On ne peut donc pas décider que l'étrangère, devenue Française par le mariage, perd cette qualité, quand le mariage est dissous ; une fois qu'une personne devient Française, elle ne peut perdre cette qualité, qu'en vertu d'une cause reconnue par la loi ; or la dissolution du mariage n'est pas une de ces causes ; il faut conclure de là que la femme étrangère, devenue Française par le mariage conserve cette qualité même après la dissolution du mariage par la mort du mari (2).

Nous avons vu ainsi ce que devient la nationalité de la femme mariée à un Français, quand le mariage est dissous ; nous allons examiner sur ce point une question

(1) Serrigny, *Traité de droit public*, t. I, p. 119.
(2) Aubry et Rau, sur Zachariæ, t. I, p. 266, § 73 et note 5. — — Demolombe, t. I, n. 168, p. 201 et 202. — Arrêt de la Cour de Paris, du 21 mars 1862, dans l'affaire de Rohan-Fenis (Dalloz, 1862, 2, 111). — Cassation, 22 juillet 1863, entre les mêmes parties (Devilleneuve, 1863, 2, 430).

bien plus délicate, pour le cas où le mariage n'est pas dissous, mais où il est intervenu une séparation de corps.

Voici dans quels termes on pose la question : La femme mariée à un Français, mais séparée de corps, peut-elle se faire naturaliser en pays étranger sans l'autorisation du mari ? Cette importante question a dans ce moment la plus grande actualité ; une affaire qui restera célèbre dans la doctrine et dans la jurisprudence soulèvera cette controverse, sur laquelle viennent de paraître trois savantes dissertations de grande valeur juridique. L'une a pour auteur notre illustre professeur, M. Labbé ; la seconde est du célèbre professeur de la Faculté de Douai, M. de Folleville ; enfin, la troisième est celle de M. Holtzendorf, professeur de droit à l'Université de Munich.

Nous nous proposons d'examiner la question seulement sur le domaine de la science, et certes, nous pourrions nous abstenir de donner le détail des circonstances qui ont provoqué cette controverse ; mais ces faits sont de nature à faciliter l'intelligence de la question ; et, puisque actuellement elle préoccupe tous les publicistes, et que les faits et les noms des parties ont été portés à la connaissance du public par toutes les feuilles, nous ne voyons aucun inconvénient à déclarer que nous voulons parler de la célèbre affaire de Bauffremont.

Madame Henriette Valentine de Riquet, comtesse de Caraman-Chimay, avait épousé en légitime mariage M. le prince de Bauffremont ; mais la vie conjugale étant devenue impossible, le tribunal de la Seine par un jugement en date du 7 avril 1874 prononça la séparation de corps entre lesdits époux, pour des motifs qui constituaient l'*injure grave* au plus haut degré, et qui créaient entre les deux époux une *barrière infranchissable*. Un arrêt de la Cour de Paris, en date du 1er août 1874, confirma le jugement du tribunal de la Seine, et la séparation entre les deux époux fut définitivement prononcée. Quelques mois après, la princesse de Bauffremont, séparée de corps, libre de choisir sa résidence, se retira en Allemagne, et le 3 mai 1875 elle obtenait la naturalisation dans le duché de Saxe-Altenbourg; elle devenait donc citoyenne allemande, puisqu'une loi du 16 avril 1871 décide que la naturalisation dans un État de la Confédération de l'Allemagne emporte la naturalisation dans l'Empire. Enfin, la naturalisation allemande une fois acquise, et les tribunaux allemands l'ayant considérée comme divorcée, madame la princesse de Bauffremont contracta un second mariage le 25 octobre 1875, avec M. le prince Georges Bibesco, notre compatriote et fils de Son Altesse le prince Bibesco, ancien prince régnant de la Roumanie.

Tels sont les faits qui ont donné lieu à de retentissants débats devant la justice, et qui ont été examinés par des personnes illustres dans la doctrine. Ces faits ont donné lieu à des questions controversées, qui ont un grand intérêt au point de vue du droit international; on s'est demandé d'abord, si la naturalisation, obtenue en Saxe-Altenbourg par madame la princesse de Bauffremont, sans l'autorisation du mari ou de la justice, pouvait être tenue pour valable devant la loi française. En second lieu, on s'est demandé, si une femme séparée de corps pouvait contracter valablement un second mariage en pays étranger. Nous ne pouvons pas examiner cette seconde question, sans sortir du cadre de notre sujet ; nous ne prendrons que la première, sur laquelle nous tâcherons de résumer brièvement les arguments *pro et contra*, en la dégageant autant que possible des faits qui ont suscité cette controverse.

La négative est soutenue avec beaucoup de talent par notre savant maître, M. Labbé (1). Une question préliminaire sur laquelle nous devons être fixés, c'est que : la femme mariée, *integri status*, sans que le mariage soit altéré par la séparation de corps, ne peut changer de nationalité qu'avec l'autorisation de son mari ou de la justice ; l'opinion qui a prévalu sur ce point, c'est que le mari ne peut pas changer la nationalité de sa femme, mais la femme ne peut pas non plus la changer sans l'autorisation de son mari (2). Certains auteurs, fondés sur la nécessité de maintenir la même nationalité entre les deux époux, ont poussé la rigueur bien plus loin ; ils ont décidé que la femme mariée ne peut d'aucune manière, même avec l'autorisation maritale, acquérir une autre nationalité que celle qu'elle tient par le mariage ; telle est l'opinion de Zachariæ et de Proudhon (3) ; en 1859 cette opinion trouva un nouveau défenseur dans M. Varambon, qui publia à cet effet une monographie très-appréciée. Mais, sans aller jusque-là, tenons pour un point établi que la femme mariée ne peut se faire

(1) Dissertation de M. Labbé, sur l'affaire Bauffremont, publiée dans le *Journal de droit international privé*, année 1873, t. II, pp. 409 et suivantes, livraisons des mois de novembre et décembre.

(2) Demolombe, n. 175, édition 1874, t. I, pp. 213 et 214.

(3) Proudhon, *Traité de l'état des personnes*, t. I, p. 126. — Zachariæ, 166, note 7. — Varambon, *Revue pratique*, 1859, t. VIII, pp. 10 et suivantes ; Dissertation sur la *Nationalité de la femme mariée*.

naturaliser en pays étranger sans autorisation du mari ou de justice.

Voyons maintenant si la femme séparée de corps peut se passer de cette autorisation. Personne ne doute que, par la séparation de corps, le mariage n'est pas dissous; les liens du mariage sont, en effet, en quelque sorte relâchés, la femme reprend l'administration de ses biens, elle dispose de son mobilier même, elle dispose de l'élection de sa résidence, mais le mariage tient toujours. Nous ne voulons pas examiner ici cette question, si souvent mise sur le tapis et restée sans solution, concernant l'opportunité du divorce; des motifs religieux et sociaux ont déterminé le législateur français à bannir le divorce et à maintenir seulement la séparation de corps. Tout le monde connaît que l'un des motifs qui ont fait triompher cette disposition, c'est le vœu d'une réconciliation possible entre les époux; souvent, les époux, sous l'influence de quelque irritation momentanée, se figurent que la vie conjugale est devenue impossible, et, sans trop réfléchir aux conséquences, ils demandent à la justice de faire cesser cet état de vie commune, qui leur paraît insupportable; mais quand ils se trouvent en présence des tristes conséquences de la séparation, ils commencent à regretter les colères passées et à souhaiter une réconciliation. Le législateur a voulu laisser une porte ouverte à cette réconciliation, et tout en apportant un remède au mal qui troublait la vie conjugale, en les séparant de corps, il a maintenu le mariage.

Le mariage subsiste donc, malgré la séparation de corps; or l'autorité maritale, qui est une des conséquences du mariage, subsiste aussi. La loi détermine soigneusement les droits conférés à la femme par la séparation; elle aura un autre domicile, la libre administration de ses biens et la disposition de ses meubles; mais tout se borne là. Aussi, voyons-nous dans l'article 1449, qu'elle ne pourrait aliéner ses immeubles sans l'autorisation de son mari ou de justice. L'autorisation du mari, attribut de la puissance maritale, montre que cette idée n'est pas chimérique! La loi affranchit la femme de l'autorisation maritale, pour les actes peu importants, pour les actes d'administration; mais elle l'oblige de se faire autoriser, ou du moins d'y suppléer par une autorisation de justice, pour tous les actes graves et importants de la vie privée. Le lien du mariage, comme dit très-bien M. Labbé, n'est pas brisé par la séparation de corps, il est seulement distendu pour éviter des frottements trop pénibles. Du reste, les auteurs et la jurisprudence sont d'accord que, malgré la séparation, la femme ne peut pas se passer de l'autorisation du mari pour certains actes importants; ainsi, en laissant de côté l'article 1449, la Cour de cassation a jugé plusieurs fois, que l'article 215 (1), qui exige l'autorisation, pour que la femme, *même séparée*, puisse ester en justice, s'applique non-seulement à la femme mariée sous le régime de la séparation de biens, mais aussi à la femme séparée de corps. L'article 217 ajoute encore certains actes juridiques, que la femme ne peut pas faire sans l'autori-

____

(1) Cassation, 6 mars 1827 (Dev., 1828, 1, 251). — Cass., 13 novembre 1811 (Dev., 1813, 1, 45). — Depuis, aucune décision de la jurisprudence n'a été rendue sur ce point. — M. Labbé, *loco citato*, p. 411.

sation du mari, même quand elle est séparée de biens.

Or, la naturalisation est un des plus importants actes de la vie, car il concerne l'état de la personne ; comment pourrait-on concevoir que le législateur l'aurait dispensé de l'autorisation maritale ? Ainsi, un des auteurs dont le nom fait autorité dans la science, M. Dalloz (1), le dit expressément : « *L'autorisation du mari*, au moins celle de justice, est nécessaire pour que la loi française reconnaisse les effets de la *naturalisation, dont la femme séparée de corps serait l'objet en pays étranger.* »

Nous pouvons donc conclure que la naturalisation obtenue par une femme séparée de biens, en pays étranger, n'est point valable aux yeux de la loi française, quand celle-ci n'a pas été autorisée par son mari ou par la justice. Quant à l'autorisation de la justice, elle serait bien difficile à obtenir en pareil cas ; la jurisprudence refuserait sans doute d'armer d'une autorisation judiciaire une personne qui a l'intention de frauder la loi française ; et c'est ce qui auraitlieu si on autorisait une femme séparée de corps à se faire naturaliser dans un pays étranger pour pouvoir ensuite contracter un second mariage.

Dans l'espèce que nous avons exposée, on a invoqué l'article 731 de la loi prussienne pour soutenir la validité de la naturalisation ; voici quels sont les termes de cet article : « Si une séparation *constante* de table et de lit a été judiciairement prononcée entre époux catholiques, elle a tous les effets civils du divorce. » Mais d'un côté il faut remarquer que cet article parle de la

(1) *Répertoire,* v° Droits civils, n. 118.

séparation *constante* entre les époux, ce qui ne s'applique pas à la séparation de corps, vu qu'en pareil cas, on espère toujours une réconciliation ; d'un autre côté, le législateur prussien, ayant converti en 1791 les séparations en divorce, n'a pu se référer qu'à celles qui étaient prononcées par les jugements rendus dans ce pays ; on ne peut donc pas invoquer l'article 734 de la loi générale de la Prusse pour une séparation prononcée en France. Il faut ajouter que même d'après la loi allemande, pour obtenir la naturalisation, il faut qu'on soit capable de disposer de sa personne (*disposition-fähig*) (1) ; ce qui ne peut pas s'appliquer à la femme française, séparée de corps, vu qu'elle demeure incapable pour faire des actes aussi importants, et qu'elle ne peut être habilitée que par l'autorisation de son mari et de la justice.

Enfin, le traité de Francfort fournit un argument de plus en faveur de la négative ; on voit, en effet, que les Alsaciens-Lorrains, qui voulaient opter pour la nationalité allemande, devaient être maîtres de leurs droits ; le gouvernement paraît n'admettre l'option de la femme que par l'organe de son mari ; il serait donc inconséquent d'admettre la naturalisation d'une femme mariée, — car la séparation de corps n'a pas brisé le mariage, — sans le concours de son mari ; or, l'option n'est qu'une manière d'être de la naturalisation, c'est toujours un changement de nationalité.

L'affirmative est soutenue par M. de Folleville (2) et

<hr>

(1) Article 8 de la loi allemande du 1er juin 1870, déclarée applicable à tout l'Empire allemand par l'acte additionnel du 16 avril 1871.

(2) M. de Folleville, brochure intitulée : *De la Naturalisation en pays étranger des femmes séparées de corps*, parue en 1876, comme

par M. de Holtzendorf. Voici quels sont les arguments de ce système : d'abord on invoque la *tradition historique*, laquelle paraît avoir reconnu à l'époux innocent, béné-ficiaire d'une séparation de corps, la faculté d'aliéner librement son état civil, par exemple de changer de re-ligion, ce qui entraînait, sous l'ancienne jurisprudence, la mort civile ; à plus forte raison pouvait-on se faire na-turaliser en pays étranger, car la naturalisation n'est qu'un changement de l'état civil. En second lieu, on invoque la considération que, ce qui empêche la femme d'obtenir la naturalisation sans l'autorisation du mari, c'est l'idée de maintenir l'harmonie et l'unité au foyer domestique ; on a voulu que les époux partageassent la même nationalité, les mêmes sentiments patriotiques, les mêmes affections ; cette unité de sentiments est né-cessaire dans la famille, le législateur l'exprime bien dans l'article 12, en donnant à la femme mariée la même nationalité qu'à son mari ; mais ce motif n'existe plus quand la séparation de corps est intervenue entre les époux ; l'unité de domicile cesse, et on peut sans incon-vénient adopter une autre nationalité.

On fait remarquer, en outre, qu'il y a des pays où la naturalisation résulte de l'installation définitive avec do-micile fixe ; or, si la femme séparée s'établissait dans un de ces pays, on ne pourrait pas soutenir que sa natura-lisation ne soit pas valable, car c'est un résultat inévi-table de la loi. On voit bien qu'en pareil cas, la femme

réponse à la dissertation de M. Labbé. — M. de Holtzendorf, profes-seur à Munich, article sur l'*Affaire Bauffremont*, publié dans le *Journal de droit International privé*, t. III, pp. 5 et suivantes; livrai-son de janvier-février 1876.

séparée est valablement naturalisée sans aucune autorisation de son mari. On ajoute en faveur de ce second système le principe d'inviolabilité de la personne et la liberté de l'état civil de toute personne, homme ou femme, garanties par le droit constitutionnel ; si pour la femme mariée on peut soutenir l'impossibilité de naturalisation, résultant des articles 212 à 214, il n'en est pas de même de la femme séparée, les pouvoirs du mari étant atténués et presque effacés par le jugement prononçant la séparation. Quant aux articles 217 et 1449, qui maintiennent la puissance maritale pour certains actes de la femme, il faut remarquer que ce sont là des actes de gestion, qui concernent la fortune et non la personne des époux.

Et puis, la naturalisation, dit M. de Holtzendorf, n'est pas un de ces actes judiciaires, pour la valeur desquels le concours du mari est nécessaire ; ces actes sont du domaine du droit privé, tandis que la naturalisation est essentiellement de celui du droit public ; aussi voyons-nous que le droit de conférer la naturalisation est confié aux autorités administratives, auxquelles la loi française a remis le soin de décider en matière de droit public. Quant à l'article 8 de la loi prussienne du 1ᵉʳ juin 1870, loin de fournir un argument en faveur de la négative, il ajoute un argument de plus en faveur de l'affirmative ; le mot *dispositionsfähig* veut dire *capable de disposer* ; ce qui doit s'entendre non pas de la capacité de sa personne, mais de la capacité de disposer de ses biens. Cet article 8 exige, pour certaines personnes incapables, l'autorisation nécessaire pour obtenir la naturalisation ; mais parmi ces personnes dont l'assentiment est exigé pour la naturalisation de l'incapable, figurent le père, le tuteur ou le curateur, tandis que le mari n'est pas énuméré. On conclut de là que, même aux yeux de la loi allemande, la femme séparée n'a pas besoin de l'autorisation maritale pour se faire naturaliser.

Cette question, éminemment controversable, tant au point de vue du droit international, qu'au point de vue du droit civil, est encore pendante devant les tribunaux français ; la décision de la Cour de Paris fixera la jurisprudence, et nous ne saurions dire, sans trop anticiper, lequel des deux systèmes sera admis. Nous avons exposé les arguments scientifiques des deux opinions ; mais quelle que soit leur valeur, il y a des considérations d'ordre public et de moralité sociale qui pourraient faire pencher la balance du côté du premier système.

SECTION V

DES DESCENDANTS DES RELIGIONNAIRES FUGITIFS.

L'une des plus grandes fautes de Louis XIV fut la révocation de l'édit de Nantes. Le grand roi haïssait les protestants, comme suspects d'aimer peu le pouvoir absolu des souverains ; et quoique, pendant quelque temps, grâce à la sage politique de Mazarin, il ne prît aucune mesure attentatoire à la liberté religieuse, cependant il voyait de mauvais œil les réformés. Aussi dit-il dans ses *Mémoires* : « ... Quant aux grâces qui dépendaient de moi seul, je résolus de ne leur en faire aucune, pour les obliger par là (les protestants) à considérer de temps en temps, d'eux-mêmes et sans violence, si c'était avec de bonnes raisons qu'ils se privaient volontairement des avantages qui pouvaient leur être communs avec nos autres sujets (1). » Après le traité de Nimègue, le roi eut de vifs démêlés avec le Saint-Siége au sujet de la régale; le clergé de France avait pris le parti du roi par la fameuse déclaration de 1682 rédigée par Bossuet; Louis XIV devait faire preuve de reconnaissance ; par l'édit du 17 octobre 1685 il révoqua l'édit de Nantes. Cet édit de Louis XIV donnait satisfaction aux longues instances de l'Église catholique, auxquelles s'ajoutait l'influence des personnes qui entouraient le roi : Louvois désirait cette mesure, Colbert l'approuvait, et les savants et philosophes de l'époque, comme Massillon, Bossuet, Racine, la Fontaine, y applaudissaient. Mᵐᵉ de Maintenon y était aussi pour quelque chose; ainsi en 1681 elle écrivait dans ses *Mémoires* : « Le roi commence à penser sérieusement à son salut et à celui de ses sujets ; si Dieu nous le conserve, *il n'y aura plus qu'une seule religion dans le royaume.* C'est le sentiment de M. de Louvois, et je le crois là-dessus plus volontiers que M. Colbert, qui ne pense qu'à ses finances et presque jamais à la religion (2). »

Enfin, l'édit de Nantes était révoqué par celui de 1685 ; cet édit enjoignit aux protestants de cesser tout exercice, soit public, soit privé, de leur culte, avec défense expresse de sortir du royaume et de transporter leurs biens en pays étranger, sous peine de *perdre la qualité de Français.* D'un autre côté, on interdisait aux réformés d'être notaires, procureurs, avocats, experts, imprimeurs, li-

(1) *Revue de Paris*, du 15 août 1856, p. 272.
(2) Duruy, *Histoire de France*, t. II, p. 251, note 1.

braires, médecins et même apothicaires; en un mot on les chassait de toutes les fonctions publiques, et on leur défendait l'exercice des professions libérales! Sous la pression de ces mesures vexatoires, un grand nombre de protestants quittèrent la France, et allèrent s'établir en pays étranger; mais ils perdaient par là la qualité de Français, car l'édit de 1685 prononçait cette déchéance. Cet édit fut renouvelé à plusieurs reprises, et il était encore en vigueur au moment où éclata la Révolution.

La Révolution devait réparer ces fautes de la royauté; une mesure réparatrice à l'égard des religionnaires fugitifs et de leurs descendants était nécessaire; cette mesure ne se fit pas attendre, et dès l'année 1790 une loi fut proposé, en vertu de laquelle on rendait la qualité de Français à ceux qui l'avaient perdue, en s'expatriant pour cause de religion. Voici quels sont les termes de l'article 22 de la loi des 9-15 décembre 1790 : « Toutes personnes qui, nées en pays étrangers, descendent à quelque degré que ce soit, d'un Français ou d'une Française expatriés pour cause de religion, sont déclarés naturels français, et jouiront des droits attachés à cette qualité, si elles reviennent en France, y fixent leur domicile, et prêtent le serment civique. Les fils de famille ne pourront user de ce droit sans le consentement de leurs père, mère, aïeul ou aïeule, qu'autant qu'ils seront majeurs et maîtres de leurs droits. »

Cette disposition a été confirmée par l'article 2 du titre II de la constitution des 13-14 septembre 1791. Elle ne se réfère qu'aux descendants des religionnaires expatriés, et non à ces religionnaires eux-mêmes, parce que ces derniers ont recouvré de plein droit, et indépendamment de leur retour en France, la plénitude de la jouissance des droits civils; cela résulte implicitement de la loi précitée, dont l'objet principal était de restituer aux religionnaires fugitifs leurs biens confisqués, leurs droits, auxquels on avait attenté par esprit d'intolérance (1). Du moins, la Cour suprême a admis cette opinion plusieurs fois; elle décida que le religionnaire fugitif, mort après la révocation des édits, était mort Français *integri status*, même s'il n'était pas rentré en France. Ceux-ci n'avaient donc aucune condition à remplir; ils recouvraient un titre injustement arraché. Il n'en était pas de même pour leurs descendants, nés en pays étrangers, à un moment où leurs parents ne jouissaient pas de la qualité de Français; ceux-ci ne pouvaient jouir de cette qualité qu'en vertu d'une loi spéciale; ce but fut rempli par la loi de 1790 et par la constitution de 1791.

Le bénéfice qui résulte des lois précitées en faveur des religionnaires fugitifs s'étend à leurs descendants, à quelque degré que ce soit, qu'ils soient nés antérieurement ou postérieurement à la promulgation de la loi de 1790; nul doute que ceux qui sont nés après la promulgation sont déclarés naturels français, dès qu'ils se conforment aux conditions exigées; il y a rétroactivité qui fait remonter les effets de leur naturalisation au jour de leur naissance; mais ceux qui sont nés avant la promulgation ne pourront jouir de cette qualité qu'à partir du jour de la promulgation de la loi de 1790 : l'effet rétroactif ne saurait remonter au delà de cette promulgation. Rien ne s'oppose à ce que le bénéfice

(1) Cassation, 30 avril 1806 (Sirey, 1806, 1, 291). — Cass., 13 juin 1811 (Sirey, 1811, 1, 290). — Merlin, *Répertoire*, v° Religionnaires.

dont nous parlons soit invoqué aussi bien par les descendants *par les femmes*, que par ceux qui descendent par les hommes (1) ; le texte de la loi de 1790 s'exprime dans des termes généraux qui comprennent les uns et les autres, et l'esprit de cette loi se prête beaucoup à cette interprétation.

La loi ne fixe aucun délai pour l'accomplissement des conditions qu'elle exige ; on peut donc bénéficier du privilége qu'elle accorde, à toute époque, en se conformant aux conditions auxquelles est subordonné ce bénéfice. On s'est demandé cependant si la loi de 1790 est encore en vigueur ; les auteurs sont d'accord pour admettre l'affirmative ; d'abord elle n'a été abrogée ni expressément ni tacitement ; en outre, rien n'indique que cette loi soit temporaire et transitoire. Au contraire, son insertion dans la constitution de 1791 corrobore l'idée, que son caractère est de perpétuer le bénéfice en question à tous les descendants des religionnaires fugitifs nés et à naître. Qu'on ne dise pas que l'article 7 de la loi du 30 ventôse an XII abroge les lois antérieures au Code (2) : la loi de 1790, étant spéciale dans son objet, et sa nature étant plutôt politique que civile, ne tombe pas sous l'article 7 de la loi de ventôse ; elle est donc en vigueur, tant qu'elle ne sera pas abrogée expressément ou tacitement par une autre loi.

(1) Demolombe, *Droit civil*, édition 1874, t. I, p. 200, n° 167 *bis*. — Aubry et Rau, sur Zachariæ, 4ᵉ édition, § 70, t. I, p. 211, note 30. — Cour d'Aix, 15 mars 1869 (Sirey, 1869, 2, 171).

(2) M. Aubry et Rau, *loc. cit.*, et M. Demolombe, *ibid.*, admettent que la loi de 1790 continue d'exister. Dans la pratique, on en fit l'application en 1824 et en 1828 pour valider l'élection de M. Benjamin Constant, de Romand et d'Odier. — En sens contraire, Demante, *Cours analytique de Code civil*, t. I, pp. 72 et 73, n° 30 *bis*.

CHAPITRE III

DE LA NATURALISATION RÉSULTANT DE L'ANNEXION D'UN TERRITOIRE ÉTRANGER

Le Code civil ne renferme aucune disposition à cet égard, bien que ce mode de naturalisation soit reconnu par le droit des gens et par les usages politiques. Ce sont des lois spéciales, des traités politiques, des conventions diplomatiques, qui règlent la situation des habitants d'un territoire annexé. Le silence absolu du législateur civil sur ce point était une mesure dictée par la prudence et par les raisons pacifiques qui doivent inspirer toute disposition législative concernant le droit civil. Régler la situation des habitants d'un territoire annexé eût impliqué, de la part du législateur français, le désir d'étendre les frontières du pays, ce qui aurait éveillé la susceptibilité des nations voisines.

Il y a un principe, reconnu dans le droit des gens, qui justifie en quelque sorte pourquoi la naturalisation est la conséquence de l'annexion d'un territoire; c'est que *la diversité de race et de langue n'empêche pas l'unité d'une nation*, comme l'unité de race, de langue et de religion ne s'oppose pas à la séparation des habitants en nations différentes. Voici des exemples qui justifient la réalité de ce principe : nous ne pouvons pas rappeler sans douleur l'exemple qui prouve que la diversité de langue et de race ne s'oppose pas à l'unité nationale; en effet, avant 1870, il y avait deux provinces appartenant à la France, qui n'avaient avec ce pays ni communauté de race, ni identité de langue; et cependant elles étaient tellement dévouées à la France, elles étaient tellement françaises pour ainsi dire, que leur séparation fut un deuil sans consolation, autant pour la mère-patrie, que pour les habitants des provinces abandonnées! Ces provinces sont l'Alsace et la Lorraine. En sens contraire, on n'a qu'à regarder l'Espagne et le Portugal, entre lesquels il y a identité de race, presque la même langue et la même religion; géographiquement même, ces pays semblent n'en faire qu'un seul, et cependant la séparation entre les habitants de cette grande péninsule en deux nations différentes s'est perpétuée à travers les siècles. On peut donc attacher, sans inconvénient, la naturalisation comme une conséquence de l'annexion.

L'annexion résulte soit de la conquête, soit de la cession volontaire de territoire par traité de nation à nation. La simple occupation, ayant toujours un caractère précaire et accidentel, ne produit pas l'effet de l'annexion au point de vue de la naturalisation. Dans les temps anciens, la guerre mettait toujours en jeu la liberté des individus et la propriété; aujourd'hui il n'en est plus ainsi. *Aujourd'hui*, comme disait notre illustre maître M. Giraud (1), *le territoire envahi ne passe plus, par le fait seul de l'invasion, sous la domination de l'envahisseur.* Quant à la liberté personnelle, la question ne fait même plus de doute; l'esclavage n'est plus une conséquence de la guerre. Il y a tout au plus un changement de nationalité qui s'opère par le fait de

(1) M. Giraud, à son cours du Droit des gens, professé à la Faculté de Paris, année 1871.

l'annexion; mais pour cela, il faut que l'annexion ait reçu la sanction des traités, après la cessation des hostilités.

Sans doute l'invasion donne au vainqueur certains droits; mais tous ces droits ont un caractère temporaire. qui ne touche pas la condition et l'état des habitants du territoire envahi. Ainsi l'envahisseur a le droit de ne pas souffrir sur le territoire occupé l'autorité publique de l'État ennemi; il n'y a d'exception à cette règle que pour certaines attributions essentielles de l'autorité locale, par exemple la police municipale. Provisoirement le vainqueur a le droit d'exercer le pouvoir souverain, comme il a le droit d'exiger des impôts et de préposer ses agents à la perception de ces impôts. Mais, par contre, l'envahisseur ne peut pas traiter le territoire occupé comme une partie intégrante de son pays; l'occupation ne change point la condition civile et politique des habitants du territoire envahi.

En somme, l'occupation est un état provisoire, qui dépend des événements de la guerre et qui n'a rien de définitif; aujourd'hui les guerres internationales ne sont plus des luttes d'individu à individu, mais d'État à État; tout ce qui est civil est en dehors de la guerre, et le vainqueur doit le respecter. *Pendente bello*, l'occupant d'un territoire étranger est momentanément substitué au souverain antérieur; mais cet état provisoire n'est définitivement réglé que par les traités diplomatiques qui mettent fin aux événements de la guerre.

Ces traités diplomatiques règlent le sort des habitants du territoire annexé. La civilisation moderne a introduit une pratique suivie en diverses circonstances, et qui constitue un véritable progrès dans les usages politiques concernant l'annexion : c'est de consulter la population du territoire annexé sur le fait de l'annexion. La France fut la première qui fit l'application de ce beau principe, qui ne permet plus de disposer d'un peuple comme d'un troupeau. Ainsi, lors de la cession de Nice et de la Savoie à la France, on consulta la population de ces deux provinces, et ce n'est qu'à la suite de leur suffrage affirmatif que l'annexion eut lieu. En 1866, après la guerre entre l'Italie et l'Autriche, on consulta la population vénitienne pour savoir si elle voulait passer sous la domination de l'Italie ; l'annexion n'eut lieu qu'après le vote unanime des Vénitiens. Mais cette pratique a été méprisée pendant les douloureux événements qui ont séparé de la France les deux provinces l'Alsace et la Lorraine. En 1870, la Prusse n'a point consulté la population des provinces annexées ; et, chose étrange, ce sont les docteurs allemands qui vantèrent ce beau principe, en 1859 et en 1866, comme un grand progrès de la civilisation moderne !

L'annexion, soit par la conquête, soit par une cession volontaire, opère un changement de nationalité chez les habitants du territoire réuni à la France. Voilà le principe. Mais une question délicate s'est élevée sur son application. On s'est demandé : quelles sont, au juste, les personnes auxquelles ce principe doit s'appliquer? A *priori* on peut concevoir deux systèmes pour répondre à la question. On peut se placer au point de vue de l'*origine*, et décider que toutes les personnes originaires du territoire annexé deviendront françaises par la naturalisation qui est la conséquence nécessaire de l'annexion. On peut aussi se placer au point de vue du domicile et décider que quiconque est établi sur le territoire annexé, comme citoyen, changera de nationalité par le fait de l'annexion ; sauf, dans un cas comme dans l'autre, le droit d'exercer l'option dont nous parlerons plus loin.

Pothier (1) examine ce point délicat dans les termes suivants : « *Quid* de ceux qui sont *nés* dans des provinces qui ont été réunies à la couronne....? *Il est certain*, dit-il, *que lorsqu'une province est réunie à la couronne, ses habitants doivent être regardés comme Français naturels*, soit qu'ils y soient nés avant ou après la réunion. Il y a même lieu de penser que les étrangers qui seraient établis dans ces provinces et y auraient obtenu, suivant les lois qui y sont établies, les droits de citoyens, devraient, après la réunion, être considérés comme citoyens, ainsi que les *habitants originaires* de ces provinces, ou du moins comme des étrangers naturalisés en France. »

Pour bien trancher la question, il faut distinguer deux hypothèses : d'abord, le cas où une nation tout entière s'absorbe dans une autre, par suite de la conquête : alors tous les membres de cette nation deviennent citoyens et prennent la nationalité du peuple conquérant. La question est bien plus difficile pour le cas où une portion de territoire seulement, démembré d'un pays qui continue d'avoir son individualité, est annexé à un autre pays.

Dans la doctrine de Pothier on exige cumulative-

(1) Pothier, *Traité des personnes*, partie I, titre II, section I, Édition 1821, t. XXIII, p. 219.

ment : *a)* l'origine, c'est-à-dire la naissance, ou la naturalisation ; *b)* et le fait du domicile actuel. On fit l'application de cette doctrine aux annexions du temps du Consulat, dans le traité de réunion du 11 ventôse an VI pour la République de Mulhouse, et du 28 floréal an VI pour la République de Genève. Il paraît cependant que logiquement le domicile seul devrait prévaloir ; ainsi Demolombe s'exprime dans des termes très-précis sur ce point, en disant : « Régulièrement, logiquement, cette *naturalisation* collective, réelle autant que personnelle, qui résulte de l'accession d'un territoire étranger désormais soumis à la souveraineté française, *comprend tous ceux qui s'y trouvent établis et attachés par le domicile, mais ne comprend que ceux-là* (1). » Les savants commentateurs de Zachariæ et notre éminent professeur, M. Bufnoir, partagent la même opinion (1).

Néanmoins, dans la pratique ce n'est pas cette idée qui semble avoir prévalu. Aussi, pour prendre un exemple étranger à la France, nous ferons remarquer qu'en 1739 certaines portions de territoire avaient été séparées de la Belgique, pour être annexées aux provinces du Luxembourg et du Limbourg ; par suite du traité du 14 avril 1839, et lors de la discussion de la loi du 4 juin 1849, qui fixait la nationalité des personnes habitant ces portions de territoire, on décida que toutes les personnes qui y étaient nées avaient perdu la nationalité belge.

(1) Demolombe, *Droit civil*, édition 1875, t. I, p. 171, n° 157. — Aubry et Rau, sur Zachariæ, 4ᵉ édition, t. I, p. 258, §72. — M. Bufnoir, à son cours.

Dans le traité du 24 mars 1860, promulgué le 11 juin de la même année, et qui fixait la nationalité des habitants de Nice et de la Savoie, annexées à la France, on consacra un autre système. D'un côté, on s'attacha exclusivement à l'origine; et en conséquence, la qualité de Français fut conférée à toutes les personnes originaires de Nice et de Savoie, même si elles n'y étaient plus domiciliées. D'un autre côté, en s'attachant exclusivement au domicile, la qualité de Français fut accordée à toutes les personnes sardes d'origine, domiciliées dans Nice et la Savoie au moment de la réunion de ces provinces à la France, même si ces personnes n'y étaient pas nées. Voici en effet quels sont les termes de l'article 6 du traité du 24 mars : « Les sujets sardes *originaires* de la Savoie et de l'arrondissement de Nice, ou *domiciliés* actuellement dans ces provinces, qui entendront conserver la nationalité sarde, jouiront, pendant l'espace d'un an, à partir de l'échange des ratifications (1) et moyennant une déclaration préalable, faite à l'autorité compétente, du droit de transporter leur domicile en Italie et de s'y fixer, auquel cas la qualité de citoyen sarde leur sera maintenue... » Par conséquent, si dans le délai d'un an, les personnes envisagées dans cet article n'avaient pas fait leur option pour la nationalité sarde, la qualité de citoyen français leur était virtuellement conférée.

Enfin, le traité entre la France et la Prusse, du 10 mai 1871, ratifié le 18 mai de la même année, quoiqu'il ne s'explique pas d'une manière directe sur les

____

(1) Les ratifications ont été échangées à Turin, le 30 mars 1860.

individus qui deviennent citoyens allemands, par suite de l'annexion de l'Alsace et de la Lorraine à l'empire allemand, semble exiger cependant la *naissance* en même temps que le *domicile*, comme dans le système de Pothier. L'article 2 de ce traité est conçu dans les termes suivants : « Les sujets français, *originaires* des territoires cédés, *domiciliés* actuellement sur ces territoires, qui entendront conserver la nationalité française, jouiront jusqu'au 1ᵉʳ octobre 1872, et moyennant une déclaration préalable faite à l'autorité compétente, de la faculté de transporter leur domicile en France et de s'y fixer, sans que ce droit puisse être altéré par les lois sur le service militaire, auquel cas la qualité de citoyen français leur sera maintenue. Ils seront libres de conserver leurs immeubles situés sur le territoire réuni à l'Allemagne. Il résulte donc des termes de cet article que les habitants des provinces annexées à l'Allemagne, qui n'auront pas opté pour la nationalité française jusqu'au 1ᵉʳ octobre 1872, deviendront citoyens allemands s'ils réunissent cumulativement la *naissance* et le *domicile* sur le territoire des deux provinces cédées.

Mais en Allemagne on n'interpréta pas la chose de cette manière ; on décidait, au contraire, que la nationalité française devait être perdue (sauf à la conserver par l'option) pour quiconque serait *né* dans l'Alsace et la Lorraine. Sans doute, ce dissentiment par lui-même n'aurait pu lier d'aucune manière l'interprétation française ; il aurait amené un conflit de lois, et voilà tout. Certaines personnes auraient pu être considérées comme citoyens français, au point de vue de l'interprétation française; citoyens allemands, au point de vue de l'interprétation allemande. Cependant la convention additionnelle de Francfort, du 11 décembre 1871, ratifiée le 9 janvier 1872, trancha la question, en donnant raison à l'interprétation allemande. C'est ce qui résulte, en effet, de l'article 1er de ladite convention, qui est ainsi conçu : « Pour les individus *originaires* des territoires cédés, *qui résident hors d'Europe*, le terme fixé par l'article 2 du traité de paix pour l'option entre la nationalité française et la nationalité allemande est étendu jusqu'au 1er octobre 1873. L'option en faveur de la nationalité française résultera, pour ceux de ces *individus qui résident hors d'Allemagne*, d'une déclaration faite soit aux mairies de leur domicile en France, soit devant une chancellerie diplomatique ou consulaire française, ou de leur immatriculation dans une de ces chancelleries. » Dès lors, le doute n'était plus possible ; on ne regardait point au domicile ; les Alsaciens et les Lorrains, dans quelque lieu qu'ils fussent domiciliés, sont devenus Allemands, s'ils n'ont pas opté pour la nationalité française dans les délais qui leur étaient accordés par le traité. On ne s'attachait donc qu'à la *naissance*, pour déterminer à quelles personnes devait s'appliquer la naturalisation résultant de l'annexion. Une circulaire du ministre de la Justice, du 30 mars 1873, adressée aux préfets, confirmait officiellement cette interprétation, qui désormais devint obligatoire même pour les autorités françaises.

Quand une portion de territoire étranger est annexée à un pays par la conquête, ou par la cession, et sanctionnée par les traités, il est d'usage de ne pas frapper brusquement par le changement de nationalité, les personnes appartenant à cette portion de territoire. D'habitude, les traités fixent un certain délai, dans lequel il est loisible aux personnes qui en sont atteintes de conserver l'ancienne nationalité, en remplissant certaines conditions, qui se résument dans le changement de domicile en dehors du territoire annexé et dans une déclaration de l'intention de garder la nationalité ancienne. Ce droit, qui subordonne la naturalisation, résultant de l'annexion, à la volonté des parties intéressées, est connu sous le nom de *droit d'option*.

Ce droit, reconnu aujourd'hui par la pratique des nations civilisées, trouva son application tant dans le traité du 24 mars 1860 que dans celui du 10 mai 1871. Nous avons cité plus haut les termes de l'article 6 du traité de 1860, relatif à l'annexion de Nice et de la Savoie (1); il résulte des termes de cet article que les personnes qui voulaient conserver la nationalité sarde jouissaient d'un délai d'un an, à partir de l'échange des ratifications, pour exercer le droit d'option. Les ratifications du traité ont été échangées à Turin le 30 mars 1860; par conséquent, pendant une année à partir de ce jour, c'est-à-dire jusqu'au 30 mars 1861, les citoyens de Nice et de la Savoie, qui voulaient conserver la nationalité sarde, devaient formuler leur option en remplissant les formalités suivantes : 1° en faisant une déclaration, dans ce but, à la municipalité de la ville où ils avaient leur domicile; 2° en transportant leur domicile en Italie, ce qui avait lieu fictivement en vertu d'une simple décla-

(1) Article de M. Rosquier, avocat à Nice, publié dans la *Revue pratique*, « Nice et Savoie », année 1862, t. XIII, pp. 273 et suiv.

ration à la municipalité de la ville italienne, qu'on avait choisie pour y établir son domicile. — En pratique, on avait facilité l'exercice du droit d'option en simplifiant ces formalités ; pour conserver la nationalité sarde, on n'avait qu'à se présenter à la chancellerie du consul sarde, à Nice par exemple ; là, on signait une double déclaration, dont l'une était envoyée à la municipalité de l'ancien domicile, l'autre à la municipalité italienne où on avait choisi le nouveau domicile. C'était là un moyen très-simple pour se soustraire à la naturalisation, qui résultait du traité par lequel Nice et la Savoie étaient cédées à la France.

Le droit d'option fut consacré aussi par le traité de 1871. Nous avons reproduit l'article 1er de ce traité, d'où il résulte que les Alsaciens-Lorrains ont pu opter pour la nationalité française, jusqu'au 1er octobre 1872, en remplissant les deux conditions dont nous avons parlé à propos du traité de 1860. Ce délai fut prolongé jusqu'au 1er octobre 1873, au profit des Alsaciens-Lorrains résidant en dehors de l'Europe, en vertu de la convention additionnelle de Francfort.

Pendant l'intervalle accordé par les traités pour exercer l'option, les personnes appartenant au territoire annexé sont dans une condition douteuse. Si dans le délai accordé l'option n'a pas été exercée, ou plus généralement si l'option n'a pas été valablement faite, soit que le délai fatal fût expiré, soit que le fonctionnaire, devant lequel elle a été exercée, n'eût pas qualité pour la recevoir, — les personnes qui tombent sous le coup du traité, deviennent rétroactivement citoyens du pays qui s'est annexé une portion de territoire étranger. Si.

au contraire, l'option a été valablement exercée, on est censé n'avoir jamais cessé d'avoir la nationalité pour laquelle on a opté.

Mais voici une question qui a soulevé certaines difficultés : La naturalisation résultant de l'annexion produit-elle les mêmes effets, quant aux femmes et aux mineurs qui se trouvent sur le territoire annexé? Et, en ce cas, ces personnes peuvent-elles jouir du droit d'option? En parlant de la naturalisation proprement dite, nous avons admis que ses effets ne s'étendent pas à la femme et aux enfants de l'étranger naturalisé; c'est que la naturalisation est un acte personnel, une sorte de contrat entre le naturalisé et la nation qui l'adopte ; contrat qui ne peut produire d'effet qu'à l'égard de la partie contractante. La nationalité constitue un droit acquis à la femme et aux enfants; le père de famille, en changeant de nationalité, ne peut leur ôter d'aucune manière ce droit acquis ; sa naturalisation, acte volontaire et purement personnel, ne saurait préjudicier ni à la femme ni aux enfants de l'étranger naturalisé. Il n'en est pas de même, quant à la naturalisation qui résulte de l'annexion ; nul doute que cette naturalisation collective ne s'étend à la femme et aux enfants de celui qui change de nationalité par suite de l'annexion.

Nous avons vu, cependant, que les traités accordent le droit d'option, comme un moyen d'échapper aux conséquences de l'annexion. Les individus majeurs et jouissant de leurs droits n'ont qu'à remplir certaines formalités pour garder la nationalité ancienne. Mais la femme et les enfants n'ont pas la même capacité; les actes de la femme, concernant son état, sont subordonnés à la volonté du mari, ou tout au moins les changements ne sont permis qu'avec l'autorisation de celui-ci. D'un autre côté, les enfants mineurs sont incapables d'exprimer leur volonté; leur silence comme leur option ne pourraient leur être reprochés. Car, pour opter valablement, il faut être maître de ses droits.

Quant aux mineurs, nous croyons que les principes admis en matière de naturalisation ordinaire doivent s'appliquer même dans les circonstances de l'annexion. L'enfant suit la condition de son père, au moment de la naissance; dès ce moment il a une nationalité, que personne ne peut changer sans son consentement. Le silence comme l'option faite par le père en son nom ne sauraient le lier; le père n'est pas le maître de disposer de la nationalité de son fils, dans le cas d'annexion comme dans toute autre circonstance; ou du moins, pour lui attribuer ce droit, il faudrait une loi spéciale qui lui donnât ce pouvoir, ou une stipulation expresse dans le traité. Telle est l'opinion de Dalloz (1), et qui fut consacrée en jurisprudence par un arrêt du 16 décembre 1828 de la Cour de Grenoble.

Un célèbre avocat de Nice, M. Rouquier, faisant l'application de ces idées aux sujets sardes de Nice et de la Savoie, dans une savante dissertation insérée dans la *Revue pratique*, pense que l'option ne peut être exercée que par l'enfant lui-même; il faut donc accorder aux enfants mineurs le délai d'un an prévu par l'article 6 du traité de 1860, pour faire l'option; mais, comme pendant la minorité leur volonté ne saurait être valable-

______

(1) Dalloz, v° *Droits civils*, 593.

ment exprimée, on ne peut faire courir ledit délai qu'à partir de leur majorité. Du reste, l'article 20 du Code sarde accordait aux enfants mineurs, nés d'un père sarde qui aura perdu cette qualité, le droit de réclamer la nationalité sarde, dans l'année qui suivra leur majorité, en faisant une déclaration en règle et en établissant leur domicile dans les États sardes. Par conséquent, que le père, qui se trouve dans les provinces annexées, ait opté pour la nationalité sarde, ou qu'il devienne Français par l'adhésion à la nationalité française, résultant de son silence, cette conduite du père n'engageait d'aucune manière l'enfant mineur au moment où le traité est intervenu (1).

Jusqu'à la majorité la nationalité des enfants mineurs, logiquement, devrait être en suspens ; ce n'est qu'à partir de cette époque, que la loi suppose qu'on puisse avoir une volonté libre et éclairée, pour se prononcer valablement sur les actes de la vie civile ; or, rien ne peut intéresser une personne plus que la question de nationalité, parce qu'elle concerne l'état de cette personne. Dans les conférences de Francfort, on fit des efforts pour faire triompher ce système logique ; mais il était bien difficile de réussir en présence des négociateurs allemands, imbus des doctrines romaines sur la puissance paternelle. Les délégués allemands déclarèrent que le délai d'option, accordé par l'article 2 du traité du 10 mai 1871, était applicable à toutes les personnes originaires de l'Alsace et de la Lorraine, aux mineurs comme aux majeurs :

(1. *Revue pratique*, t. XIII, année 1862, pp. 287 à 289 ; article de M. Rouquier, « Nice et Savoie. »

quant à l'objection que les mineurs ne pourraient valablement exprimer leur volonté, on répondit que : les déclarations d'option des mineurs seront valablement faites, si les mineurs sont assistés de leurs représentants légaux. Du reste cette idée est celle qui est consacrée par la loi allemande du 1ᵉʳ juin 1870, en matière de naturalisation en Allemagne, déclarée applicable à tout l'empire allemand le 16 avril 1871 ; voici, en effet, quels sont les termes de l'article 8 de cette loi : « La concession de nationalité d'État s'étend, s'il n'est pas fait de dérogation, en même temps à la femme et aux *enfants mineurs*, encore soumis à la puissance paternelle (1). »

Les déclarations du gouvernement allemand étaient évidemment en contradiction avec la jurisprudence et les lois françaises sur ce point ; néanmoins on tâcha de se mettre d'accord, et M. Dufaure, le garde des sceaux, dans une circulaire du 30 mars 1872, obligea les autorités françaises de recevoir les déclarations des mineurs Alsaciens-Lorrains, assistés de leurs représentants légaux, et, en même temps, il exprimait le désir d'harmoniser la loi française avec cette pratique, par une disposition législative spéciale. Cette circulaire fit mauvaise impression aux yeux du gouvernement allemand ; on voyait que cette pratique, quoique contraire aux traditions françaises, n'était cependant pas trop préjudiciable à la France.

Le gouvernement allemand éleva alors de nouvelles prétentions ; par une communication de M. d'Arnim du 15 juillet 1872, et une autre du 1ᵉʳ septembre de la même

(1) *Annuaire de législation étrangère*, t. 1, pp. 163 et 263.

INTRODUCTION

En traitant le sujet de la Naturalisation, nous n'avions pas songé, dès le début, de donner à notre travail une publicité étendue; nous avions l'intention de remplir seulement une condition, exigée par la Faculté de droit, pour obtenir le titre de Docteur. Mais les encouragements bienveillants de notre cher et illustre maître, M. Charles Giraud, de même que les conseils de plusieurs de nos amis nous ont engagé de dépasser notre première intention. Certes, nous n'avons pas la prétention d'avoir tout dit sur un sujet aussi vaste que celui de la Naturalisation : c'est une goutte d'eau dans l'océan de la science! mais qui pourra néanmoins apporter certains éclaircissements sur les nombreuses controverses, qui se sont élevées, au point de vue politique et civil, au sujet de la Naturalisation.

L'étroite relation qui existe entre ce sujet et les événements politiques de tout temps, fait que les dispositions législatives concernant notre matière se sont succédé avec beaucoup de rapidité, comme nous verrons dans le cours de ce travail. Il n'est pas d'événement politique, pas de changement constitutionnel, qui n'ait laissé en cette matière une trace de son existence. Nos forces ont-elles suffi pour traiter dans toute son étendue un sujet aussi vaste que difficile ? La modestie nous empêche de le croire. Du reste, grand nombre de controverses, agitées dans la doctrine et dans la Jurisprudence, n'ont pas encore reçu une solution constante ; aussi nous n'hésitons pas à dire que les points d'interrogation sont encore multiples sur la Naturalisation.

Les difficultés contre lesquelles nous nous sommes heurté plus d'une fois dans le cours de ce travail, les obstacles que nous avons rencontrés, et l'obscurité qui règne autour de grand nombre de questions relatives à notre sujet, sont une excuse pour nous, si quelque lacune se présente dans cette étude. Ce n'est pas sans crainte que nous venons discuter publiquement des questions agitées et traitées par des personnes, dont le nom seul fait autorité dans la science.

Le Code, il faut le reconnaître, n'abonde pas en dispositions relatives à notre sujet ; les commentateurs parlent avec un laconisme qui est souvent regrettable. Du reste beaucoup de questions touchent le droit des gens et le droit constitutionnel ; aussi, le législateur a-t-il gardé peut-être un silence intentionnel pour ne pas éveiller les susceptibilités des nations voisines. Les auteurs dans les travaux desquels nous avons puisé nos idées méritent cependant une mention, qui sera le témoignage de notre reconnaissance.

Notre travail se divise en deux grandes parties : le Droit romain et le Droit français ; cette dernière partie comprend le Droit civil et le Droit des gens.

En Droit romain, les notions sur la Naturalisation étaient assez restreintes, sans compter que la Naturalisation individuelle n'a été pratiquée chez les Romains que trop lard ; mais l'acquisition de la cité différait de la Naturalisation, telle qu'elle existe aujourd'hui. En revanche la division politique des personnes jouait un très-grand rôle ; aussi lui avons-nous consacré une large part, en parlant sur la Naturalisation à Rome. Sans doute la discussion des questions du Droit romain est un peu sèche, comme celle de toutes les questions qui n'ont qu'une importance historique ; cependant la morale, les idées philosophiques et l'histoire se mêlent tellement à ces questions, que leur examen pourra présenter un certain intérêt, non-seulement aux yeux du jurisconsulte, mais aussi pour tous ceux qui cherchent la base des institutions modernes dans l'histoire de l'antiquité.

Pour remplir notre but, nous avons mis à profit d'abord les savantes leçons de MM. Labbé et Gide, professées à la Faculté de Droit ; mais ce qui nous a guidé surtout dans notre chemin, ce sont les travaux de MM. Giraud, Savigny, Maynz, Troisfontaines, Ortolan, Accarias et Demangeat ; nous n'avons pas négligé Pothier et Cujas ; et maintes fois nous avons eu recours aux auteurs de la classicité latine, parmi lesquels ceux qui nous ont fourni les plus précieux renseignements sont Pline et Cicéron.

En Droit français et dans le Droit des gens, nos opinions ne sont souvent que l'écho des idées de nos illustres et savants maîtres MM. Giraud et Bufnoir. Les questions historiques sont résolues d'après MM. Chambellan et de Valroger sur plusieurs points. Mais à part les idées de l'École, nous avons cherché dans les auteurs anciens et modernes, de même que dans les répertoires de Jurisprudence, tout ce qui nous a paru digne d'être rapporté. Bacquet, Merlin, Denisart, Pothier nous ont fourni les ren-

seignements sur les questions historiques ; nous ne saurions oublier une excellente monographie de M. Demangeat sur la *Condition des étrangers*, qui a été pour nous
une source intarissable de notions, en ce qui concerne
l'ancien droit. Nous avons exposé et analysé, autant que
possible, les opinions des auteurs juridiques, comme Demolombe, Demante, Colmet de Santerre, Valette, Beudant sur *la Naturalisation*, Aubry et Rau, Martens, Foelix,
Lawrence sur Wheaton et autres ; nous avons complété
ces idées par certaines savantes dissertations publiées dans
les revues de Jurisprudence ; ainsi sur la naturalisation
de la femme mariée, nous avons donné place à une question célèbre, qui n'est pas encore vidée en jurisprudence,
mais sur laquelle ont paru depuis le commencement de
cette année quatre importantes dissertations : celle de
MM. Labbé, Holtzendorf, de Folleville et Bluntschli.
Heureux, si nos efforts auront produit le résultat désiré !
Ceux qui liront notre travail nous jugeront ; mais, pour attirer la sentence de l'opinion publique, ce n'est pas sans
crainte que nous lui livrons cette Étude sur la Naturalisation, en disant : *Jacta alea esto !*

Constantin J. STOICESCO.

Paris, 1876.

année, on formula une solution nouvelle. Les mineurs originaires de l'Alsace et de la Lorraine, ne pouvaient opter ni par eux-mêmes ni par leurs représentants légaux ; ils devaient suivre nécessairement la nationalité du père ou du tuteur, on les forçait ainsi de se soumettre au parti pris par ceux-ci. Mais ces prétentions ne pouvaient pas lier le gouvernement français ; on continua, par conséquent, à admettre que les mineurs originaires de l'Alsace et de la Lorraine pourraient opter, étant assistés de leurs représentants légaux ; voici quant aux mineurs non émancipés.

Les mineurs émancipés furent assimilés aux majeurs ; ils exerçaient leur option en faisant une déclaration, conformément à l'article 2 du traité de 1871, et en transportant leur domicile en France, s'ils étaient domiciliés dans les provinces annexées ; il faut rappeler que le traité, dont nous venons de parler, s'appliquait à tous les individus originaires de l'Alsace et de la Lorraine, qu'ils y fussent domiciliés ou non ; cette idée n'était pas logique, mais elle a été consacrée par la convention additionnelle de 1871, ratifiée en 1872.

Notre dernier mot sera pour les femmes mariées des provinces annexées. La condition de la femme, au point de vue de la nationalité, se confond avec celle du mari, au moment du mariage ; c'est une idée, que nous avons déjà développée, à propos de l'article 12, et sur laquelle il n'est pas temps de revenir maintenant. Le mariage communique à la femme la nationalité du mari ; désormais cette qualité est pour elle un droit acquis et personnel, auquel le mari ne peut pas toucher. Aussi, nous croyons que l'option du mari, ou sa soumission au

traité, n'ont aucun effet à l'égard de la femme. M. Rouquier (1), faisant l'application de ce principe au traité
de 1860, décide que : la femme sarde de Nice ou de
la Savoie, devenue Française par l'effet dudit traité,
n'est pas liée par l'option que ferait son mari pour la
nationalité sarde ; en sens contraire, si le mari veut
changer de nationalité, en se soumettant aux effets du
traité d'annexion, la femme peut user du droit d'option
pour conserver sa nationalité sarde. Quant à l'application du traité de 1871 à la femme mariée, notre savant
maître, M. Labbé, dans sa dissertation publiée récemment dans le *Journal de Droit international* (2), nous
dit que le gouvernement allemand paraît n'admettre
l'option de la femme mariée que par l'organe de son mari,
et comme conséquence de l'option, que le mari fait par
lui-même. En France, on leur accorda le droit d'option,
comme l'exercice d'un droit personnel ; seulement,
pour plus de sûreté, on conseilla comme une mesure
de prudence, de prendre l'autorisation du mari ; ceci
n'est point en contradiction avec l'idée d'autorité maritale, car en exerçant l'option, on ne change pas de
nationalité, mais on conserve la nationalité ancienne ;
la pratique, admise en France sur ce point, est donc
en parfaite harmonie avec les principes qui régissent
la matière de la naturalisation.

(1) Article de M. Rouquier, dans la *Revue pratique, loc. cit.*
(2) *Journal du Droit international privé*, année 1873, livraison de décembre, t. II, p. 420, article de M. Labbé sur l'affaire de Bauffremont.

TABLE DES MATIÈRES

DROIT ROMAIN

DE LA CONDITION DES PERSONNES AU POINT DE VUE DE LA CIVITAS, ET DE LA NATURALISATION A ROME.

PREMIÈRE PARTIE

DES DIFFÉRENTES CLASSES DE PERSONNES AU POINT DE VUE DE LA CITÉ.

SECONDE PARTIE

DE LA NATURALISATION CHEZ LES ROMAINS, OU DES MOYENS PAR LESQUELS LES *non-cités* DEVENAIENT CITOYENS.

DROIT FRANÇAIS

DE LA NATURALISATION.

PREMIÈRE PARTIE

DROIT COUTUMIER.

SECONDE PARTIE

DROIT INTERMÉDIAIRE.

TROISIÈME PARTIE

DROIT ACTUEL.

FIN DE LA TABLE.

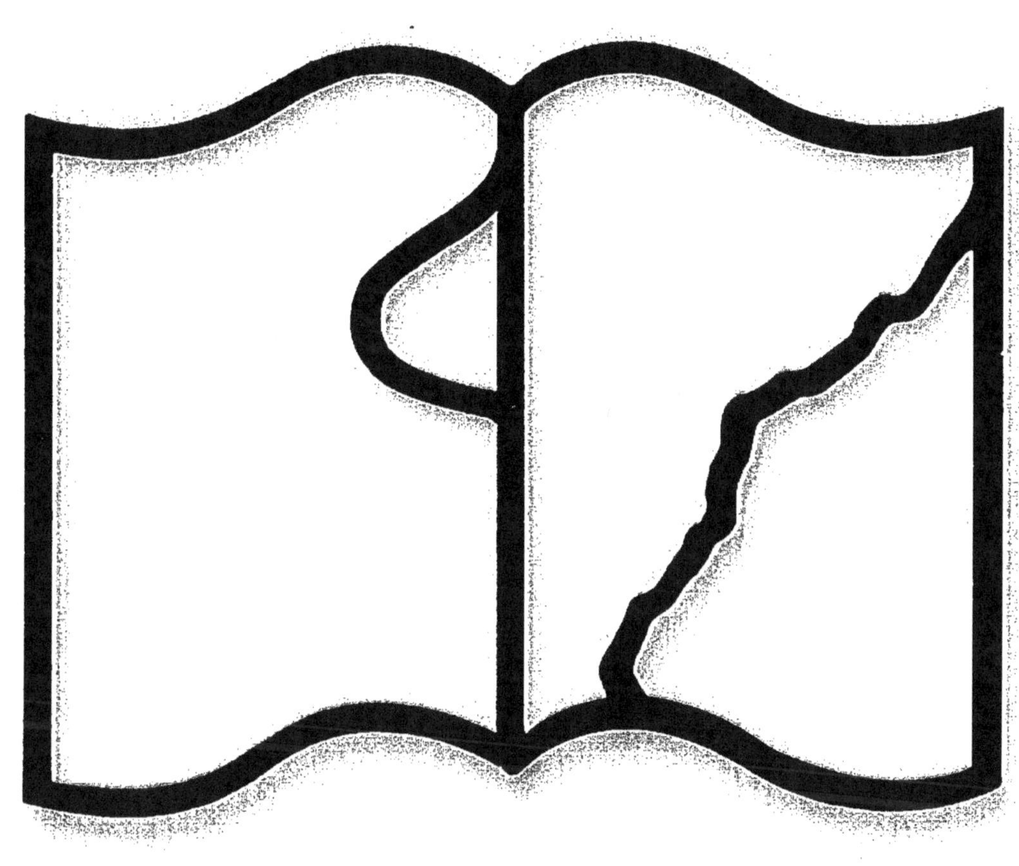

www.ingramcontent.com/pod-product-compliance
Lightning Source LLC
La Vergne TN
LVHW050135060726
842524LV00001B/221